U0085215

思想觀念的帶動者

文化現象的觀察者

本土經驗的整理者

生命故事的關懷者

心靈工坊 PsyGarden

SelfHelp

顛倒的夢想，窒息的心願，沉淪的夢想

為在暗夜進出的靈魂，守住窗前最後的一盞燭光

直到晨星在天邊發亮

靈魂謀殺
亂倫與權勢性侵的創傷治療之路

Seelenmord:

Inzest und Therapie

烏蘇拉‧沃爾茲（Ursula Wirtz）——著

席敏娜——譯

目錄

打破禁忌、打破沉默

　　《靈魂謀殺》自一九八九年首次問世以來，至今都絲毫不減其話題性和爆炸性。今天，我很高興把它送到另一片土地、另一個大陸。

　　二十世紀的八〇年代，「性虐待」在許多國家走出了禁忌的領域，從而走出了集體壓抑，成了一個可以公開討論的話題。從那時起，不僅專業領域忙於處理性剝削的問題，自助團體、兒童保護中心，以及專門處理兒童和青少年性虐待創傷的諮詢中心也紛紛成立。

　　社會媒體對家庭暴力、性騷擾和性侵的報導，提升了人們對兩性之間權力不平等關係的認識，對日常性別歧視的集體討論也帶來了意識的轉變。近年來，在 #Me Too 運動的激發下，數百萬人在 Facebook 和其它社交媒體舉報教會、大學和體育界的性別歧視、性騷擾和性虐待；世界各地的兒童性虐待案件通報數量大幅增加，尤其在新冠大流行期間激增。

　　這一話題的社會層面已經進入人們的視野。在歐洲，這帶來了科研與實踐合作的改善，兒童性虐待的跨學科研究也得以加強。其間，性虐待已被納入國際創傷研究的科學主流，也有了各種創傷治療方法和干預措施的描述，對虐待的預防以及對受害者的支持都有很大進步。

　　今天，我們知道，根據世界衛生組織（WHO）的說法，性虐待的社會意義類似於大眾疾病。根據創傷後續支出的研究，性虐待所造成的創傷不亞於疾病，並會帶來衛生保

健系統巨大的財政負擔。

　　儘管消除了這些禁忌，但性虐待的事實仍然一次又一次被揭露，也一次又一次地震驚世人，因為性暴力從根本上打破我們對人和世界的信任，並且摧毀我們的價值觀。

　　我希望隨著這本書中文版的問世，能讓家庭中和依附關係中的性虐待在亞洲地區不再是一個禁忌，性暴力的創傷性後果也將不再被壓抑和掩蓋。我在臺灣和中國的經歷讓我充滿希望，也相信隨著對 #Me Too 運動的公開討論，對性暴力和集體強暴文化的長期沉默將被打破。

　　我們需要有公開的啟蒙和討論，以便能夠更好地幫助受害者，讓他／她們感到自己並不孤單：他／她們終於被聽到了，並且在處理自己所經歷的那些事情時，他／她們能夠感受到來自外界的支持。我相信這本書的內容能有助於受害者更加理解他／她們內在的心理過程、他／她們的症狀和防禦機制，以及他們如何發展出更具建設性的因應方式。

　　這本書同時描述了「靈魂謀殺」在性虐待背景下的含義：對靈魂和身體完整性的攻擊、解體和去人格化的感受、自我異化和自我憎恨、恐懼和最基本的無助、一種無價值和無望的狀態，以及一種被摧毀的信念和信任：造化中存在一種有意義的秩序。然而，正是靈魂使得對意義的體驗成為可能，使愛的體驗——對自己的以及對凡塵的「你」和超驗的「你」的愛的體驗——成為可能。這就是為什麼童年和青少年時期的性暴力經歷總會使人的靈性層面蒙上陰影，因為創傷經歷可以摧毀意義。無論人們是在哪個部位受到其他人的創傷，都會動搖個體價值結構的核心。

　　我寫這本書是為了陪伴絕望的受害者去尋找靈魂，給他／她們帶來希望，讓他／她們重新相信：關係是有可能的；也讓他／她們在對自己和世界失去信心之後，能夠重新

愛和信任。這本書關注的是：在內在和外在世界完全陷入黑暗之後，如何重新獲得意義和方向。這本書讓我們意識到，人是一個活潑的、學習能力很強的網路、是一個系統，即使這個系統因為刺激超載而崩潰，例如進入創傷性邊緣狀態，但仍有能力進行自我重組。我們內在有一種靈魂的自我修復力量，它努力與缺失的東西連接，以便再次變得「完整」；在與敵視生命的力量對峙的時候，治癒的力量總是會生發出來。在我最近出版的《飛越創傷：蛻變的奧祕》（已在臺灣翻譯出版）一書中，我提到了一種轉化的潛力，這種轉化的潛力，是極端的、在暴力去主體化的邊緣狀態中所固有的、與生俱來的。這種痛苦的轉化可以成為給生活重新定位的催化劑；它是徹底崩潰後的再出發和突破，使人迎來嶄新的見解和立身於世的方式，意義創造和意義扭轉的可能性也得以擴展。

受過性創傷的人往往會陷入絕望，因為他／她們迄今為止熟悉的、成功的因應日常生活的方式不再起作用；他們懷疑生命的意義。這本書是關於：在自我意象和世界觀被摧毀後，如何尋找意義，以及在暴力的創傷經歷後，如何展開對自我身分認同的追問。

我多年來對受害者的治療經驗告訴我，我們可以在有阻力和阻礙的地方成長，就像我們在大自然的樹木身上看到的一樣，若植物能在受傷的地方、在有阻礙的地方生長，那麼我們也可以。這也正是榮格所說的「超越式生長」（overgrow）。創傷研究已經對創傷後成長進行了深入探討，並且發展出了行之有效的治療方法，將受害者從過去的桎梏、折磨人的意象、噩夢和羞恥感中解放出來；幫助他／她們重新獲得自由；過上自主的生活，重新開始生活，而不僅僅是生存；重新與人交往；居住在自己的身體裡。

我從榮格心理學的角度寫下了這本書。榮格心理學是一種希望心理學，能夠將我們與對應生活和塑造生活的資源重新聯繫起來。沒有什麼東西一成不變，或永遠無望地石化、死亡；我們可以改變自己。

　　我祝願所有讀到這本書的受害者在他們的痛苦中感受到被理解和被看見，並且能再次擁抱信、望、愛。願《靈魂謀殺》的內容也能有助於那些陪伴受創者的治療師們。

烏蘇拉・沃爾茲，
寫於二〇二二年十二月

關於性侵／性暴力的真相

　　自從二〇〇七年在大學心理諮商工作中第一次面對亂倫性侵受害者以來，這個議題始終伴隨著我。在過去的十五年裡，我在德國和中國經常遇到這樣的受害者，因此萌生翻譯《靈魂謀殺》的念頭。新冠疫情期間，兒童性剝削和性虐待於世界各地急劇增加，「到府收貨」，「免下車」等新型剝削形式的出現，以及非法網路性交易的流行，都讓翻譯這本書的願望變得更強烈，很高興這本書現在能在臺灣出版。

　　亂倫和權勢性侵是對身體和靈魂的全面攻擊；它侵犯一個人的整個生命、整個自我身分認同，並可能在情感、智力和精神上造成嚴重創傷。雖然頭腦可以壓抑或者否認這種傷害，但生理反應卻持續存在，並以其他人無法理解的方式影響受害者的生活。許多受害者會不自覺身陷在虐待關係裡，並有強迫性重複的行為，難以掙脫；他們成年後往往生活在孤立中、也常覺得沒有人相信他們，感到孤獨；恥辱感、內疚感和無價值感支配著他們。家人、朋友和訓練有素的專業人士的反應往往會加重受害者的痛苦。很多時候，年幼的亂倫受害者在犯罪者的威脅下發誓要保密，使得核心家庭以外的人無從知曉這種傷害。

　　當我們受到創傷時，我們往往不是唯一的受害者。在亂倫家庭中，如果虐待經歷不能被整合和轉化，就會有一個典型的受傷家庭靈魂模式世代相傳。如果受害者沒有專業的幫助，無法處理和應對他們的創傷，創傷會傳給後代。

　　這種現象在近年來變得更加突出。面對被性侵受害者持

續增多的情況，諮商師和治療師感受到深深的無力感。我們缺乏專業的治療指導和對助人者的培訓，也缺乏給受害者的自助指導，幫助他們自我治癒。這是翻譯這本書的初衷——即提升我們個人和社會對性剝削問題的瞭解。

亂倫創傷與我們的集體主義文化、父權結構、拐賣婦女兒童以及家庭暴力等問題密切相關。在東西方文化中，我們都能觀察到社會和價值觀上對女性的物化。透過翻譯這本書，我希望可以提升我們對兩性不平等權力關係的批判性認識。

靈魂是人的本質、是人的核心，對這個核心的侵犯會產生創傷性後果。同時，創傷、傷口是一個路標，向我們展示我們需要治癒的東西，以實現個人和集體的治癒。

要治癒心理創傷，往往需要深入到問題的根源、進入冥界。在這本書中，作者烏蘇拉‧沃爾茲博士為我們提供了一張進入和走出冥界的地圖，猶如這條路上的守護與陪伴，並鼓勵我們盡自己所能找回自己的靈魂、在生命中經歷過靈魂的死亡之後，重新變得有活力、重新過上有靈魂的生活。

這本書在德語區已經暢銷了十七年。它易於閱讀、對受害者和專業人士都有幫助，並為治療亂倫和其它形式的性權力濫用提供了實用的方法。其廣博的內容和清晰的語言使它成為心理學家和非專業人士、受害者和自助團體不可缺少的治療手冊。

打從一開始，我就被作者深厚的治療功力和她對亂倫受害者深沉的愛意所打動、吸引，希望這本書的翻譯不僅能傳達治療實踐中的具體方法，也能傳達這種愛與深情。翻譯過程對我來說也是一次心靈之旅，幫助我面對個人和集體的陰影，在心裡架起一座西方和東方、身體和靈魂、冥界和世間之間溝通的橋樑。

最後，我深切希望被忽視、被壓迫、被剝削和被虐待的受害者能夠在本書中感受到被看到和被理解，並相信——他們將不再獨自面對他們所受的創傷。

席敏娜於慕尼黑，
寫於二〇二二年十二月

關於越界與背叛

朱惠英（心理學博士）

　　《靈魂謀殺》這本書首度出版於一九八九年，距離現今時隔有三十四年；而在臺灣以及國際間對於性暴力的議題的重視，比起三十四年前，可謂不可同日而語。在宗教界、運動界、影視圈爆發多起性侵害案件，道貌岸然的成年人對於未成年人或是弱勢者的性侵害，不再被隱匿，而是開始被大量披露；過來人也更勇於現身說法，讓更多的黑暗事件得以曝光，但讓人感傷的是，性侵害案件依舊是層出不窮，這不單是個體的問題，也是系統的問題。

　　從天主教神職人員對兒童的性侵害案件遭到披露後，法國調查發現，約有二十二萬名兒童曾經遭受神父的性侵害，這消息引起世界輿論的譁然。在天主教教會系統內的性侵害案件遍及世界各國，可見這已經不單單是個體的問題行為，更是系統性的包庇；在《驚爆焦點》、《感謝上帝》的影片中，均直指天主教教會高層的不作為，更是助長性侵害的行為繼續發生。而於教育界與體育界，像是聽障生被學長性侵，以及體操選手被教練性侵害的案件，在爆發後也驚見其受害人數之多，均非三、五年內少數人的惡習於短時間內所累積，而是長期以來系統性的陋習。

　　性侵害案件的發生，常見的元素就是兩造之間具有權力位階不對等的現象；握有權勢的一方，運用自己的優勢（不論是在體型、智能、年紀、地位等）控制弱勢的一方，迫使對方就範的行為，描述出在性侵害案件中加害人與被害人

之間的權力（power）以及操控（control）的議題，也就是說，加害人運用自身權勢之力量，操弄其控制力讓被害人不得不從，也讓加害人藉此獲得自身性慾以及心理權力控制慾望的滿足。

大多數的性侵害案件，發生於熟人之間，就是加害人與被害人是相識的，甚至是信任的。但是也因為信任，使得被害人疏於防備，或者礙於兩人間的上下從屬關係或是權力位階不對等，以至於無從反抗。性侵害對被害人的影響，不因被害人在性侵害的當下是否了解此一行為的性暴力本質而有所不同，然而性侵害的傷害的展現，有的像是有如烈火炙燒般的鋪天蓋地，或者有的如浸潤式、點滴滲透式的腐蝕，對被害人的影響無法一概而論，但關鍵都在於信任被破壞了。

在關係上的越界，是熟人間性侵害發生前的動力，原本是親屬關係、師生關係、神職人員與信徒關係、或者是治療師與個案的關係，兩造關係之間原本具有的單向性發生了跨界與逆反，破壞了關係的本質也傷害了對方。關係的單向性，指的是在兩造之間，負責照顧、滋養、保護或教育等握有權力和勢力的一方，在角色的設定上必須持守著這樣的位置與姿態，恆久地、持續地扮演著付出的角色，不論來自於對造的眼神多麼炙熱、對於調整關係的渴望有多麼強烈，或是對自己的愛慕多麼讓人暈眩，出於對對照的愛護，對於這種愛慕渴望不予回應，而是以照護、滋養來回應，轉化才能發生。

但是握有權勢的一方，對於自己內在的慾望難以看守，甚至誤將權力當成是滿足自身慾望的工具，在應扮演的照顧、滋養、保護或教育的角色上越界，期望獲得的不僅只是關係角色設定上的付出與不求回報，更將自身的性慾、情愛關係的渴望、被崇拜的慾望等，加諸在被照顧的對造身上，

此時保護的外衣包裹著邪惡的慾望，傷害就降臨在對方的身上。

　　背叛的發生，在於棄守關係的承諾，不論是為人父母師長者、代替神來牧養子民的神職人員，或是協助個案處理創傷的治療師，一旦在關係中跨界、違背了原本角色的職責，對被害人來說，就是天地瞬間崩塌的傷害，那份單純的信任被毀滅後從此難以復返。

　　烏蘇拉・沃爾茲博士在本書中將她治療亂倫被害人的豐富經驗分享給讀者，並從權勢性侵的視角探討亂倫性侵害的傷害，包含她運用脈輪的知識去理解被害人身體各部位所需要的協助，或是運用團體治療工作協助被害人等，雖然歷經三十四年的時間，但在閱讀本書時，仍有歷久彌新之感，不禁佩服烏蘇拉・沃爾茲博士在治療性創傷個案的真知灼見。例如，在這本書中，作者針對將亂倫一詞用於親屬之間的性侵害案件表達反對立場，認為『亂倫』一詞，影射著這一場於社會倫常所不允許的性活動，像是兩個人共謀之下的行為；然而實際上在所謂亂倫行為下的兒童，並未具有表達意願的能力與空間，他們是被強迫參與這一場性活動的，作者強調，這其實就是一場性侵害，而非你情我願的亂倫。筆者認為，用『家內性侵害』一詞，更能精準的描述發生於家庭系統下對於具有親屬關係之人所做的性侵害行為。相反的，握有權勢者在原本關係角色上越界、背叛了應負有保護與照顧的職責，以及利用了對方的弱勢來滿足個人的慾望，這樣的權勢性侵害也是『亂倫』、也是作者在本書最後要提醒的性侵暴力，對於助人工作者來說都是需保持警醒之處。

否認的共犯結構

盧郁佳（作家）

　　中國女友揭發男藝人是騙取女粉絲身心的慣犯後，隔了兩年又三個月，該名男藝人回臺開演唱會、播搞笑短片，宣稱是女粉絲見色起意、還逼他顏射。女觀眾聲援應和，說女生是自願的。我指出男藝人騙粉絲濫用權勢、短片顛倒是非，男讀者回擊：「這不重要，跟其他人都沒關係。」視爭論為浪費社會資源。

　　另有多位女粉絲控訴男主持人劈腿，該男主持人事前帶不只一位女粉絲見父母，說「有了就生、就結婚」；事後卻屢逼墮胎。政論節目《鄭知道了》來賓嘲笑受害女性「還不是看他帥」，媒體女網紅評論「墮胎也是自願的」。

　　這些扭曲事實力挺加害者的說詞，稱為強暴迷思，這構成了強暴文化，灌輸青少年：性侵不但可行、且是常態，只要事後全推給受害者就沒問題了；男人若非不知情被誣陷報復，就是被動屈從於女人無恥誘惑，還通常兩者皆是。我總在迴護性侵者的個人歷程中迷失，直到《靈魂謀殺》由多年治療、訪談、自助小組、問卷、講座和演講回應，以及大量童年亂倫性侵受害者的經驗中，提煉出真相：

　　童年性虐待剝奪孩子體驗快樂、享受活著、萌芽發展的能力，是謂謀殺靈魂。性剝削使兒童依戀加害者，導致靈魂一生陷落沉黯失語的深淵。即使在成年後，也經常重複受虐，甚至不斷力挺加害者、為其開脫，受認同混淆折磨至崩潰。

書中回顧了精神分析萌芽期的重案。我也在此重新從愛瑪·愛克斯理的傳記中整理出更完整的始末，以及佛洛伊德在提出歇斯底里症後，又再次推翻的時間點：

出身維也納顯赫的社會主義家庭，美貌的婦運分子愛瑪·愛克斯坦二十七歲因胃病、月經失調、經痛，行走困難、性問題、輕鬱症，成為佛洛伊德首位女病人。佛洛伊德判定，她歇斯底里是性的轉移、月經失調是因為童年自慰。

佛洛伊德的知己、耳鼻喉外科醫生弗利斯一八九二年出書發明「鼻反射性神經症」，宣稱鼻感染導致月經失調、不孕、流產。所以佛洛伊德把愛瑪交給弗利斯，當他第一樁重大手術的實驗品，一八九五年初弗利斯赴維也納切除愛瑪鼻甲骨後，她數週不斷分泌黏稠惡臭的血塊。第一位外科醫師插管引流無效、第二位清創拉線頭，從傷口拉出手術遺留的紗布至少半米長。鮮血噴了半分鐘，病人蒼白到脈搏停止。醫師說「躺著的可憐生物面目全非……太噁心了，我逃到隔壁房間喝水，難受到灌了小杯白蘭地才回神」。一個月後她又大出血，幾乎流血致死。弗利斯不斷提建議，同一時間，維也納的外科醫師則明智裝聾，都對弗利斯不敢領教，但也只是心照不宣，並未呼籲醫界禁止弗利斯行醫害人。佛洛伊德更去信安撫弗利斯，說弗利斯只是遇到每個人都會遇到的意外，愛瑪也仍尊敬他，她的鼻病是歇斯底里。

愛瑪月經大量出血，佛洛伊德又說是歇斯底里、性的轉移，因為她引誘醫生，而讓她切除子宮。後人推測是出血性疾病、肌瘤。愛瑪三十歲鼻骨就被鑿掉，一側塌陷，毀容難以見人；三十九歲起繭居臥床二十年，中風過世。佛洛伊德和弗利斯絕交，燒掉所有和弗利斯的通信。佛洛伊德死後數年，女兒安娜為他出書信集，刪掉愛瑪案例。九十年後，馬松於一九八五年拿出完整信件，說明佛洛伊德隱瞞愛瑪等女

病人可能遭亂倫性侵的事實。

　　一八九六年佛洛伊德在演講、通信中透露他父親性引誘兒女們，造成他的歇斯底里、強迫症。半年後，他的父親過世，佛洛伊德開始經常噩夢，認為喪父導致他神經衰弱症，進而導出誘惑理論：童年受性虐待將導致強迫性神經官能症、歇斯底里症。次年，佛洛伊德撤回該理論，改為伊底帕斯理論，說亂倫性侵害是女兒幻想。

　　受害者揭露性侵，其揭露不被採信，連治療師都普遍視為幻想。難道健康的鼻子被鑿掉、血流成河也不算嗎？不算。此案說明了，體制不相信性侵真的發生；不是客觀中立判定沒證據，而是防衛機制使共犯對證據視而不見。

　　悲天憫人廣受後世尊敬的佛洛伊德，對待愛瑪不如獸醫對待一條狗。愛瑪像家畜一樣沒有聲音，任憑佛洛伊德用圖利自己的方式說了算。庸醫做完實驗安全下莊，只有愛瑪用一生付出代價。佛洛伊德把愛瑪的手術後遺症說成精神病、把眾多女個案被亂倫性侵說成幻想，替統治維也納的豪族父老洗地；那麼，他否認自己父親犯了錯，並透過伊底帕斯理論宣揚栽贓受害女兒們，也只是無數次變節中的一次而已。

　　像網民宣稱男藝人騙愛騙砲「不重要」，榮格也稱亂倫性侵不值一顧，並侵犯他的病人薩賓娜·斯皮爾萊恩。宗師的妥協塑造了醫療共謀圈、創造了今天的氛圍，指 #me too 運動為「取消文化」，並主張不該僅因名人一時犯錯就抹煞其一生拼搏奉獻，態度彷彿受害者根本不存在一樣。

　　《靈魂謀殺》舉出的強暴文化，在臺灣都很常見。書中引述今天仍有人在洗白亂倫性侵，說「健康的兒童有足夠的心理力量來克服受虐」。在臺灣，國片《無聲》描寫童年受性虐待的女孩仍與性侵她的男孩打球嬉笑，成年男觀眾同樣

留言讚揚「原來小孩子比大人想的堅強，不需要大人想太多過度操心」。在廣泛的否認下，亂倫性侵在臺灣極其普遍，不說不聽，幾乎不可能曝光。網民揚言性侵不重要、「跟社會所有人都沒關係」，隱然向千千萬萬個年輕、年老的倖存者、正在受害的兒童下封口令。但他／她們的界線若可任人踐踏，那麼所有人都將成為權力潛在的受害者，說明性侵害跟所有人都有關係。

因此《靈魂謀殺》不僅介紹個別的復原，被賦予希望的，更是集體的轉型正義。今天所有強暴迷思都已在童話、神話、《聖經》中奠定雛形，現代高比例的治療師性侵害個案也已在佛洛伊德、榮格姑息養奸中醞釀。本書打破黑箱來釐清歷史、扭轉價值觀；在治療靈魂的同時，也開啟社會性的治療，繼往開來，以治療文化取代強暴文化。本書出版三十四年後終於有了臺灣版，我得以從中目睹集體真相與公義伸張，是因為我活到了這一天，許多人沒有這樣的幸運。

否認，維持了表面的和平，卻犧牲了社會鬥爭下的受害者。治療，是復歸自己的生命重掌自主。許多被謀殺的靈魂仍在復原的艱險長路上掙扎。本書是在家中強敵軍機導彈恐嚇、認知戰全面滲透發酵下，為他／她們方寸孤島送來百億美元的軍援。

致謝

本書能夠順利付梓，多虧許多女性朋友的熱心參與。感謝所有參與了治療和訪談的人士，我從她們身上獲益匪淺。自助小組裡女性們的合作、她們對問卷的回答，以及對我的講座和演講的諸多回應，都大大激勵著我圍繞這個話題展開工作，並在我躊躇時鼓勵我繼續下去。

從美國的文學作品、美國的同事以及在美國參觀的各種治療中心，我也學到了很多。感謝華盛頓州西雅圖海景綜合醫院性侵中心（Sexual Assault Center at Harborview General Hospital, Seattle, Washington）的瑪麗·法蘭斯·明頓（Marie-France Minton）女士，她花了很多時間讓我深入瞭解她的工作，並為我提供了許多文章和摺頁冊；感謝加州康特拉科斯塔縣（Contra Costa County）虐待兒童防治委員會（Child Abuse Prevention Council）的負責人卡蘿·布萊恩（Carol Bryant）女士，她未發表的論文大大拓寬了我的視野；也非常感謝茱蒂絲·L·赫爾曼（Judith L. Herman），她向我介紹了麻薩諸塞州劍橋市立醫院關於被虐待兒童和邊緣型人格障礙的最新研究。

還要感謝劍橋女性中心的女性們，她們向我介紹了亂倫諮詢資訊網的模式。這樣的諮詢中心，其實蘇黎世也迫切需要；非常感謝「亂倫資源」（Incest Resources）的愛蓮娜·威斯特龍德（Elaine Westerlund）向我提供了她有關亂倫和性愛的博士論文。

感謝紐澤西州蒙茅斯縣（Monmouth County）家長聯合分會的女性們允許我參加她們的團體會議和加害者治療小

組，在此過程當中，我體會到了對加害者的治療工作是多麼困難。

同樣要感謝的，還有我的朋友格爾達（Gerda）、芭芭拉（Barbara）和吉塞拉（Gisela），我和她們討論了我的很多想法；感謝艾爾西・阿曼（Elsie Amman），在她位於盧加諾湖畔（Luganer See）寧靜的小屋裡，我找到了現本書的靈感並寫下部分書稿。

特別要感謝的，還有我的伴侶約克・佐貝利（Jürg Zöbeli），他體貼的陪伴提醒我，在完成這本書稿困難重重的情感工作之外，不要忘了生命和愛情。他對文本的批判審視和看法，是我非常寶貴的支持。

前言

　　自從一九八九年的耶穌受難日我為這本書寫序以來，已經過去了許多年，這本書被認為是亂倫治療工作的範本，也是亂倫受害者們的希望所在。

　　當今時代，家庭和社會背景下的性暴力問題比以往任何時代都更具有現實上的意義。戰爭中，大規模強暴被用來作為一種征服儀式和確保權力的工具，早已不再是禁忌話題。但是，儘管媒體對性暴力該話題的關注度很高，很多專業團體在與受創者工作時仍然束手無策。

　　過去十年來，對創傷取向的心理諮商和治療的需求大幅增加。精神創傷學的研究分支早已被建立起來，發表了大量的文章；創傷學的科學學會也已成立、創傷專科培訓和延伸教育也在蓬勃發展。

　　本書所介紹的治療方法，在我多年於臨床實踐上處理創傷體驗的過程中，得到了證實和發展，這其中包括對戰爭創傷和酷刑背景下創傷體驗的處理。在創傷治療中，我全方位地開展工作，即我從一種人性觀和世界觀出發，也就是說，我不僅把人看成是生物—心理—社會的存在，而且注重人的靈性層面。我將重心放在談「缺失」的創傷觀點之上，增加了對創傷的前瞻性看法；同時也強調這樣一種觀點：創傷體驗可以帶來意識的轉化。在多年對這個話題的參與過程中，我清楚地認識到，我們試圖慢慢理解的靈性世界觀的一切組成元素，都叢集創傷衝擊當中。

　　治療陪伴的階段跟其它治療是相似的。最初的工作是要樹立穩定性、疏導壓力、建立安全感和構建共同展開工作的

信任基礎。這方面資源導向的工作方法有很多，可以提升我們的自我保護能力、放鬆肌肉、平復呼吸，使我們與創傷事件保持一種想像中的距離。

第二個階段的治療主要是處理對創傷的反覆回憶。如果過去創傷的真相仍然被壓抑和否認，人就無法生活在當下，也無法計畫未來，因此，針對創傷的科學研究特別關注記憶這個話題。特別是腦科學的研究，讓我們瞭解到創傷經歷是如何儲存的、在哪裡儲存的、「閃回」（flashbacks）是如何發生的，以及「觸發物」扮演了什麼角色，哪些觸發物讓創傷情境重現，就像發生在當下這一刻一樣。基於這些研究，發展出了整體性的治療方法，來修復零散的記憶碎片，使行為不再受分裂過程和防禦機制的控制。在德語區，直到二〇世紀九〇年代末，心理學家們才開始對解離的概念、對過去的記憶或身分認同感等心理功能的分裂等展開科學研究。雖然被性剝削的女性們早已以「多重人格」的身分站了出來，並非常生動地描述了她們的「多重人格」體驗，但是，真正把解離型身分認同障礙看做是一種處理創傷經歷的自我調節過程，仍然是較新的科學討論。在此期間，為多重解離狀態的性剝削受害者服務的的治療工作，已經發展出了卓有成效的工作準則，以盡量避免因為錯誤治療和干預給受害者帶來再度創傷。

第三個階段的治療是建構新的、有意義的生命計劃，重新發現自己的生命有充滿創意的可能性，進而發展出一種發生了轉化的世界觀，讓靈性覺知進一步深化。最新的創傷研究也為這一階段的治療做出了重要貢獻：關於健康促進論（salutogenesis）學和復原力的研究、創傷後成長（PTG, Post-traumatic growth）的研究都給了我們很多關於人類適應力、生命藝術和智慧的啟示。

作為一位榮格心理分析師，對我來說，對古老的人類問題的放大——即生與死、破壞與再造、分解與重組，是創傷治療的一個重要組成部分。我試圖去識別那些原型模式。人類象徵系統用這些原型模式為古老的人類問題，如生與死、毀滅與治癒等繪作了插圖。神話和童話、神祕主義和煉金術、大腦研究和神經生物學，包括佛教體驗世界的見解，這些都是理解創傷、對創傷展開治療的重要線索。

受過創傷的人需要這樣的視角：有些事情可以變得有意義，可以重新變得美好，正如童話、神話和靈性傳統的智慧告訴我們的那樣。象徵結構的轉化力、藝術表達的自我價值調節功能，讓我們意識到意象比語言更能深入心靈，畫面感意味著溝通的飛躍，也讓我在創傷治療工作中越來越常使用感受性藝術治療的方法。畫家波希（Bosch）、哥雅（Goya）、畢卡索（Picasso）、巴塞利茨（Baselitz）、孟克（Munch）、凱特·科爾維茨（Käthe Kollwitz）、路易莎·布爾喬亞（Louisa Bourgeois）和弗里達·卡蘿（Frida Kahlo）的繪畫作品有助我以易於讓人理解的方式將肢解、碎片、暴力和心靈破碎等象徵化。

對患者創傷的治療也提升了我自己在治療過程中的創造力。我和病人們一起，從病人身上學到了發展願景的能力，用想像力去創造未來；在藝術表達、遊戲和白日夢中，去發掘可以支持生命的價值。我們一起研究出一種象徵性的態度，在尋找意義和價值的過程中，打開進入無意識的可能性、實現造物般發展的潛能，同時，這種態度也支持了意識發展的過程。創傷治療是在象徵能力死亡之後，讓人再次變得富有創造力的漫長過程，是讓人參與形塑這個世界，以及參與到自己和這個世界的關係中的漫長過程。

創傷治療是從地獄中走出的道路，是重新書寫自己的歷

史，一切都不再是以前的樣子。如果我們鼓勵患者講述自己的故事，建構一段有意義的生平敘事，那麼，創傷治療就會成為生命道路上的關懷和陪伴，同時可以克服僵化的、封閉的創傷系統，從而發展出一種心理上的開放系統。創傷治療鼓勵人們重新投入生命，這是一個「死而復生」的辯證轉化過程。

對於這項工作，我以榮格的治療意圖為指引：「我所追求的效果是創造一種靈性的狀態，在這種狀態下，我的病人開始用他的本體來做實驗，讓心靈中寸草不生之地和因絕望而石化了的地方，再次變成一種流動、變化的而且死而復生的狀態。」（榮格文集第十六卷，第九十九段）

即使在《靈魂謀殺》第一次出版的十六年之後，我依然堅持這「死而復生」的基本理念。

二〇〇五年五月

烏蘇拉・沃爾茲

www.wirtz.ch

痛苦，詛咒，黑暗，詭異，黑色的詭異肉湯。父親，撒旦，黑暗，
迷失，深淵，坦克，沒有盡頭的監獄，褻瀆，褻瀆，我身體裡有說
不出的毛骨悚然的感覺。哪裡是開始，哪裡是結束，什麼都感覺不
到，活著，就像什麼都沒有發生過一樣，無語，無奈。誰會想知道
些什麼，誰也聽不到任何消息。這一定是我的錯，撒旦的幼雛，
在我身上叫囂著褻瀆我、使用我、玷污我、在我身上嘔吐、讓我發
臭、在我身上塗抹。牠正接管我的身體。我什麼都做不了，牠擁有
我的身體，我放棄了我的身體；牠留給我唯一的可能，就是被玷
污、被虐待。我是垃圾、廢物，被毀掉、被玷污、被打上烙印。

在我哥哥的房間裡，百葉窗是放下來的。外面，陽光明媚，人們都在做著自己的日常工作。而裡面……

我躺在哥哥的床上，我已經什麼都不是了。不，只是一團糟，被無數的手臂揉捏、擠壓著。手無處不在、我無處可逃，它們對我的身體為所欲為。我不再是一個人，我只是個對某人來說、為了某種目的，可以隨意拿去用的東西……這個東西只想要最小的空間，在自己存在的最遠角落裡消失。哦，我消失不了，我被關在地牢裡，被有著多隻手臂的、黏糊糊的、噁心的摩洛克（Moloch）[1]壓著。這個由手臂做成的地牢允許一切發生，沒有逃脫的可能。它玷污了我的肚皮，擦得到處都是。它燃燒、我窒息。什麼都做不了。生命停止了，直到這一切結束。

「一切都被撕裂了，我被分離了、脫落了。我真切地感覺到所有的聯繫都斷掉了：和烏蘇拉（本書作者、治療師）的聯繫也斷了——她不理解我、我也不理解她，我已經崩潰了。

原始的塵世悲哀。神已經不存在了！我不是我，我迷失了自我，跟我有關的聯繫都斷了。」

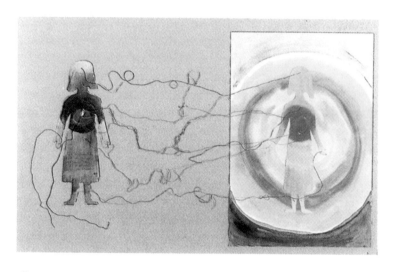

「另一位個案認為，她已經失去了和世界、和他人以及和我這個治療師的所有聯繫。她在困境中有創意地表達了這一點。她畫了一幅自畫像和一幅我這治療師的畫像。這兩幅畫是用線連起來的，但她又把它們剪斷了。我又把它們綁在一起，我想通過這種象徵的做法，再次與她支離破碎的自我取得聯繫。」

1　譯註：摩洛克，也譯為摩洛，是一位上古近東神明的名號，有不同拼寫方式 Moloch、Molech、Molekh、Molek 或 Moloc 等。此神與火祭兒童有關。摩洛盛行於上古的地中海東南岸地區，迦南人、亞捫人、希伯來人、腓尼基人乃至黎凡特和北非的很多其他民族都知道這位神明。

「他試圖成為很多角色,也確實扮演很多角色,但沒有哪個角色是
完整的:魔鬼、國王、天使、傻瓜、孩子、老人⋯⋯。他犧牲了,
也被犧牲了。他站在地獄,頭在天堂。他透過當個牧師和父親來尋
找自己的結構。對他來說,法律比人更重要──他破壞!他是魔
鬼─天使、神─魔、乞丐─國王、老人─小孩。他因為傷害別人,
自己也受傷,卻沒有注意到他正站在自己的血泊當中。他是人嗎?
他很害怕,也讓人害怕。權力與無力。如果我是他,我可能是害怕
死亡⋯⋯!」

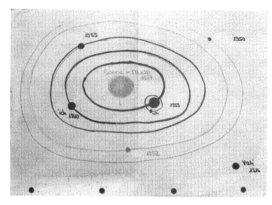

亂倫的魔咒

每個真相都會帶出一段醜聞。

——瑪格麗特・尤瑟娜（Marguerite Yourcenar）[1]

第一章

亂倫和靈魂謀殺

── 從初夜權到重複性亂倫

　　亂倫的話題早已不再是禁忌。看一眼報紙就知道，我們到處都能看到以下這樣或類似的報導：《虐童──父親是加害者》、《是亂倫》、《犯罪現場──家庭》、《亂倫──萬無一失的罪行》。我們終於打破了對亂倫這種「祕密犯罪」的沉默，也終於看到了被背叛、被剝削、被虐待的孩子。

　　在瑞士，愛麗絲・米勒（Alice Miller）[2] 率先擔任起受虐兒童們的「律師」。在國際層面上，一九八五年，世界衛生組織在伯恩舉辦了「反對變童和虐童」大會，[3] 會議討論了反對兒童性虐待問題；一九八七年和一九八八年，在蘇黎世舉行了第一屆和第二屆反對亂倫及其相關問題的國際會議。這個問題在瑞士的政治層面也越來越引起重視。一九八七年，聯邦委員茱蒂絲・斯塔姆（Judith Stamm）向聯邦議會提出了一項由六十一位議員共同簽署的提案，要求聯邦委員會向議會報告瑞士兒童遭受虐待的性質、程度和原因。目前，蘇黎世的一個工作小組正在開展一諮商中心的專

2　編註：愛麗絲・米勒（Alice Miller）是位瑞士心理學家、心理分析師與作家，主要以兒童受虐事件為關注重心。

3　譯註：「反對變童和虐童」為第十四次國際醫學科學組織理事會（CIOMS）圓桌會議的主題（Battered Children and Child Abse. The XIVth CIOMS Round Table Conference），1985 年 12 月 4-6 日於瑞士伯爾尼召開。

案，該中心將專門處理兒童遭受性虐待的問題。[4]

在奧地利，一九八八年，「聯邦家庭、青年和消費者保護部」編寫了一本關於防止兒童遭受性虐待的小冊子。「禁止虐待兒童工作組」已於一九八三年在因斯布魯克（Innsbruck）成立。

在德國，一九八三年，「山澗」（Wildwasser）小組的工作首次引起了公眾的注意，它提高了人們對兒童遭受性虐待事件的認識。同時，「山澗」已經成為諮詢和資訊中心，在德國的其它三十個城市設有自助小組。

亂倫應該被理解為是對兒童的性暴力，因為亂倫是虐待兒童的一種形式。雖然談論家庭性虐待的禁忌已經被打破，並且也已經成了媒體的熱門話題，但很多問題仍未得到解答。到底什麼是亂倫？亂倫是血緣亂倫還是強暴？醫生、教師、心理醫生的性剝削[5]也是亂倫嗎？

為了理解這個概念，我們需要了解這個詞的來源。從詞源上來看，亂倫一詞可追溯到拉丁文 casatus（純潔、貞潔）和 incestus（不純潔、不貞潔、放蕩）。動詞 incestare 有「玷污、污穢、褻瀆」的意思。這個詞的拉丁文含義涵蓋

4　譯註：此處的工作小組指的是「預防性剝削的專業機構 Limita」（Fachstelle Limita, zur Prävention sexueller Ausbeutung）。該機構於 1990 年創立，總部設在蘇黎世，但在防止性剝削的行動上於整個瑞士德語區作有非常卓越的成果。這裡的諮商中心指的是「受害者諮商中心 Castagna」（Die Opferberatungsstelle Castagna）。

5　編註：本書中所說的「性剝削」，不僅限於家庭中的亂倫性剝削，也可包括「臺灣兒童及少年性剝削防制例」下所定義之對兒童或少年性剝削行為，如：一、使兒童或少年為有對價之性交或猥褻行為。二、利用兒童或少年為性交、猥褻之行為，以供人觀覽。三、拍攝、製造兒童或少年為性交或猥褻行為之圖畫、照片、影片、影帶、光碟、電子訊號或其他物品。四、使兒童或少年從事坐檯陪酒或涉及色情之伴遊、伴唱、伴舞等行為。（資料來源：衛生福利部保護服務司網頁）讀者可就該詞出現的脈絡來判斷為何種性剝削。

了不貞和淫穢等違反道德的行為。這些詞給人的感覺是：亂倫是骯髒的。

德語辭典[6]在亂倫條目中提到了「血恥」（Blutschande）這個詞，並作了以下解釋：「上下級親屬和姻親之間以及兄弟姐妹之間的性行為」。這個定義引人注目的地方是，它描述的更多是一種刑事犯罪，只要涉及到血緣親屬之間生兒育女，就意味著違法。我們都知道，在我們的文化中，因為血緣關係，性愛變成了亂倫。在這項定義中，不包括虐待或性剝削的概念。它只是違反了公認的亂倫禁忌。

這個詞的第二部分「恥」（Schande）表達的情感，才與亂倫受害者的內在體驗有關。「恥」源於 schänden 這個動詞，意思是玷污和侮辱、褻瀆神聖的東西。而在印歐語中，「恥」指的是恥辱，這與隱瞞和掩飾有關。

這些詞描述了遭受性虐待者的情緒範圍。同時也說明了亂倫經歷讓受害者感到羞恥；亂倫和鄙視和唾棄有關，和羞辱、責罵、可恥有關。恥辱和羞愧、沉默和隱瞞、污穢和玷污、愧疚和與世隔絕，這些情緒總是和亂倫經歷聯繫在一起。

在我看來，「血恥」這個詞只是定義了這些情感上的情緒。但是，它並沒有描述清楚亂倫最主要是指涉什麼。直到法國大革命期間，才出現了將亂倫罪定義為「囚禁和虐待」的說法。比如，一八一三年的《巴伐利亞刑法典》規定，父母和其他血親「與子女或其他後代發生性關係，或以其它方式虐待子女，以達到自己目的者……不得擔任任何公職，並得失去所有身份、剝奪所有親權……此外，還要受到勞動院

6　原註 1：參見 Wharig, G. 的論述，出自《華氏德語大詞典》（*Das Große Deutsche Wörterbuc*），1966 年於居斯特洛出版。

二至六年更嚴厲的懲罰。」在今天看來，不得不說，「父母性侵」的說法是錯誤的，是有所隱瞞的，因為絕大多數情況下，加害者都是男性。

此外，這部法典也處罰那些「對被監護人施行（性）虐待的」繼父母、養父母、監護人、教師和教育工作者。然而，這個看起來相當先進的版本並沒有被納入普魯士刑法典，而普魯士刑法典才是帝國刑法典的基礎。[7]

站在今天的立場，我們反對這種對亂倫或血恥的理解最主要的原因在於：其僅僅強調不道德和性行為，卻掩蓋了以下的事實：亂倫毫無疑問是一種**濫用**權力、操縱和利用依附關係的行為。

這本書不是講核心家庭中**成年**血親之間的性接觸，而是將亂倫看做一種性愛化的暴力，一種「控制和服從儀式」。亂倫是對權力關係，而不是對血緣關係的濫用，從這層意義上來說，亂倫是一種不易察覺的暴力和虐待。在關於這問題的文獻中，人們已經確立了「性虐待」這樣的措辭。然而有人提出了合理的反對：虐待一詞似乎在語言上意味著：社會上存在著某種法律所允許的**利用**兒童和女性的情況。相較而言，「性剝削」一詞表達得更清楚，因為這個詞包含了權力的成分和壓迫的因素。在本書中，我將把這兩個詞當同義詞來使用。

重要的是，我們要看到，整個亂倫問題有一個政治面向，在這個面向中，我們關注的核心問題是：揭示那種允許並鞏固性虐待行為的社會結構。而該結構與強者和弱者之間

7　原註 2：參見 Hartwig, L./ Kuhlmann, C. 的論述，出自〈對女兒的性虐待──家庭暴力隱祕的一面〉（Sexueller Missbrauch an Töchtern–der verschwiegene Aspekt der Gewalt in der Familie）。發表於《新實踐》，1987 年第 5 期。

的權力關係和壓迫機制有關。

根據研究方法的不同，對亂倫的定義有許多不同的嘗試。在此，我想舉一些例子：

一九六二年，美國小兒科醫生凱姆普（Kempe）描述了「變童」（battered child）症候群，他將性虐待定義為：利用依賴性強、發育不成熟的兒童和青少年進行他們不完全理解、無法自覺同意或違反社會禁忌、違反家庭角色的性行為。

根據這個定義，我們可以看出，這種「關係」的合法性取決於「伴侶」雙方的同意。然而，這種關係的基本不對等性在於，兒童根本無法自主同意與成年人發生性關係。[8]

美國國家反兒童虐待中心將亂倫定義為「兒童的家庭成員對該兒童施行的家庭內性虐待」。這不僅包括性交，而且還包括任何對兒童進行性刺激的意圖，或利用兒童對加害者或其他人進行性刺激的行為。」這一定義有可能遭到反對，因為它給人的印象是，家庭裡的每一個成員都有同樣的性剝削傾向，從而掩蓋了真正的加害者。

蘇珊娜‧M‧斯格羅伊（Suzanne M. Sgroi）[9]則在亂倫的定義中增加了保密性這非常重要的面向。

「成年人（或年長的青少年）對兒童的性剝削是指成年人對兒童施行的性行為，而該兒童由於其情感和智力的發展程度，對這種性行為不知情，並無法自主同意這一性行為。在這樣做的過程中，成年人利用了其與兒童之間不平等的權力關係，勸說或強迫兒童配合。同時，保密義務是其核心，

8　原註 3：參見 Finkelhor, D. 的論述，出自《兒童性虐待──新理論與研究》中關於「知情同意」（informed consent）的討論。1984 年於紐約出版。

9　編註：蘇珊娜‧M‧斯格羅伊（Suzanne M. Sgroi）是美國醫生與作家。

它使兒童處於無法訴說、

з 。」 [10]

將亂倫視為強暴

茱蒂絲・赫爾曼（Judith Herman）在她寫的《亂
倫》一書中，從明確的女權主義立場出發，更尖銳地把家
內亂倫描述為強暴，因為即使缺少肢體上的暴力因素，這仍
然是一種被強迫的性關係。[11] 其他女權主義者如作家蘇珊・
布朗米勒（Susan Brownmiller）和瓦爾德（E. Ward）[12] 也反
對用亂倫這個詞，而主張用「父親對女兒的性暴力」，因為
只有使用這個說法才能充分評估罪行的嚴重性。

為「亂倫」一詞尋找其它替代概念的另一個原因在於，
我們在思考亂倫的同時，會習慣於聯想到亂倫禁忌，並聯想
到這是種相當罕見的行為。

從非女權主義者的角度來看，用「強暴」這樣籠統的術
語來囊括所有的亂倫行為，有失公平公正，其與亂倫的區別
也因此變得模糊不清。畢竟，亂倫是一種重複性的行為，持
續時間長。亂倫性愛行為往往會發生轉變，且通常會變得越
來越露骨，也越來越暴力，儘管它們原本是在溫柔或性啟蒙
的藉口下開始的。亂倫往往還缺少強迫和人身威脅因素，而

10　原註4：參見 Sgroi, S. M.（編輯）的論述，出自《兒童性虐待臨床干預
　　手冊》（*Handbook of Clinical Intervention in Child Sexual Abuse*）。1982
　　年於萊克星頓出版。

11　原註5：參見 Herman, J 的論述，出自《父女亂倫》（*Father-Daughter
　　Incest*）。1981 年於哈佛出版，第 27 頁。

12　原註6：參見 Brownmiller, S. 的論述，出自《違背我們的意願》
　　（*Gegen unseren Willen*）。1980 年於法蘭克福出版；參見 Ward, E.：
　　《父親對女兒的性暴力》（*Father-Daughter Rape*）。1984 年於倫敦出
　　版。

後者的因素：人身威脅，在亂倫中
⋯⋯因為成年人出於其權力地位，即使不使用
⋯⋯總能讓孩子順從他們的意志。然而，從受害者
⋯⋯以充分瞭解到，在亂倫行為中，肢體暴力和威脅
⋯⋯程度上發揮了作用。

如果把強暴簡單地理解為是對女性或女孩身體和靈魂的
攻擊、如果說強暴是權力的體現，那麼可以把亂倫理解為強
暴。圍繞強暴的迷思也與有關亂倫的神話中的迷思驚人地相
似，在這層意義上，這種比較也有其道理。但首先，我們必
須擺脫強暴主要是一種性行為的錯誤觀念。同樣，亂倫也並
不僅是出於性的動機，而是與壓迫有關。還有一種普遍的觀
點認為，女性在夜間穿著挑逗性的衣服在沒有人住的地方閒
逛，或者表現出其它明顯的誘惑行為，都無意識地挑起了她
們所遭遇的強暴。比如，我們普遍會立刻認為是年輕的蘿莉
塔（Lolita）[13]誘惑繼父亂倫。

與此觀念密切相關的是以下這種假設：女人在心靈深
處希望被強暴。因此，男人們強烈抗議，聲稱只有願意被強
暴的女人才有可能真正被強暴。在亂倫的情況下，也有人認
為，女孩根本沒有為自己抗爭。

關於強暴的迷思還包括女性只被陌生人強暴的事實。我
們也同時警告孩子們，不要讓拿著糖果的惡人趁機把她們拉
到灌木叢裡。然而，現實的情況是：恰恰是在家庭中那些值
得信賴的男人、鄰居和父輩的朋友們面前，孩子們才最不安
全。

13　編註：「蘿莉塔」（Lolita）的說法源自俄羅斯作家弗拉基米爾・納博
　　科夫（Vladimir Vladimirovich. Nabokov）所寫的小說《蘿莉塔》，故事
　　描述一名中年男子亨伯特・亨伯特（Humbert Humbert）瘋狂地愛上了
　　一名12歲的女孩朵洛蕾絲（Dolores），在設法成為她的繼父後和她有
　　了性關係。「蘿莉塔」即為小說中亨伯特對朵洛蕾絲的暱稱。

不幸的是，以下這種謬論也非常流行：即女人為了報復男人而編造了強暴的故事。同樣，在家庭中，膽敢談論性虐待的少女們的可信度也遭到質疑。

在我看來，很重要的一點是，所有從事亂倫創傷治療相關工作的人都要問自己，這些迷思對他們的影響有多大。否則，他們可能會不自覺地沉浸於其中，欠缺對個案真正的共情和理解。

路易絲・哈特維格（Luise Hartwig）和卡蘿拉・庫爾曼（Carola Kuhlmann）在其關於社會教育理論的文章中，參照德國第一本關於該主題的書籍《作為加害者的父親》（Väter als Täter），將性虐待定義為「一種狀態，在這種狀態下，男人隨意地處置女孩，將她們淪為自己的性玩物，而不是把她們當作有趣的人來認真對待……。這包括對女孩每一種形式的侵犯，無論是祕密的、小心翼翼的，還是女孩必須忍受男人或自己進行的撫摸、被強迫的口交或強暴」。[14]

最後，我想介紹一項非常具體的定義，這項定義是由女性治療師艾娃・黑爾德布蘭德（Eva Hildebrand）提出的：

「當一位處於權力地位的家庭成員試圖透過與另一個處於弱勢地位的家庭成員發生性行為，來滿足自己的需要（如權力需要、身體接觸的需要、被認可的需要）時，就會發生亂倫。性愛包括一切相關行為，從愛撫、親吻、反覆對一個人的乳房或其它身體部位進行口頭評論，到與受害者或在受害者面前進行口交、肛交或生殖器性交和手淫。」[15]

---

14 原註 7：參見 Hartwig/ Kuhlmann 的論述，同原註 2，第 442 頁。

15 原註 8：參見 Hildebrand, E. 的論述「對亂倫受害者成年女性的治療」（Therapie erwachsener weiblicher Inzestopfer）。出自 Cheek，L.（Eds.）《家庭中對兒童的性虐待》（*Sexueller Missbrauch von Kindern in Familien*）。1986 年於科隆出版。

我認為，各種對於亂倫的定義中已經非常清楚地指出了亂倫與背叛有關，與濫用兒童在情感上對最依賴的人的信任有關。在有權期待溫暖、關懷和保護的地方，兒童正好最容易受到剝削。這意味著，在家庭中以及在家庭附近的環境中，朋友、同居伴侶、鄰居們對孩子的虐待尤其嚴重。

亂倫是靈魂謀殺

　　在看過了試圖為亂倫提出的不同定義後，我想提出另一種對亂倫的命名，這一命名特別觸動我；它入木三分，一針見血地指出了亂倫體驗的核心。我想說的是，亂倫是「靈魂謀殺」（德文：Seelenmord；英文：Soul murder）。「靈魂謀殺」這個詞會立刻讓我們聯想到某種嚴重的犯罪，正如申戈德（Shengold）[16] 在他的文章中對「靈魂謀殺」的精彩描述一樣 [17]，他認為這個詞包含了一種道德上的抗議。靈魂謀殺與非人道有關、與毀滅人的本質有關、與攻擊人的尊嚴和身份認同有關。這就是為什麼我們使用靈魂謀殺這個詞，特別是在我們都熟知的大屠殺這類背景下。我將在另一章中討論這種形式的靈魂謀殺。靈魂謀殺總是與權力有關、與消滅和摧毀人格的慾望有關。

　　第一次接觸到這個名詞，是在我研究父親對孩子心理發展的重要性的時候。我曾仔細研究過史瑞伯案（Schreber）。

16　編註：李奧納德・申戈德（Leonard Shengold）是位知名美國精神科醫生，因其對虐待兒童的研究而聞名。

17　原註 9：參見 Shengold, L. 的論述，出自「對兒童的虐待與剝奪──靈魂謀殺」（Child Abuse and Deprivation. Soul Murder）。收錄於《美國精神分析協會雜誌》（*Journal of the American Psychoanalytic Association*），1979 年第 27 期，第 533-559 頁。

保羅‧丹尼爾‧史瑞伯（Paul Daniel Schreber）是一個被廣泛引用的偏執狂經典案例。他的父親是位教育家，他在兒子身上嘗試了一套完善的高壓教育系統，目的是要實現兒子對父親的絕對服從。實現這種服從的手段是透過壓制和恐懼來教育。這些專制和壓抑的教育機制所帶來的心理效應，被兒子自己在著作中描述為「靈魂謀殺」。然而，基於良知，兒子自己卻無法指控父親是那靈魂謀殺者，而是懷疑醫生或上帝本身是這項罪行的始作俑者。莫頓‧沙茨曼（Morton Schatzman）在他極具爭議的《對父親的恐懼》（*Die Angst vor dem Vater*）一書中做出了這樣的評論，讓我立刻想到了亂倫的主題：

「如果他能再推開一層面紗，我想他一定會認清，自己的父親才是主要的加害者。只要這麼做，他就不會被宣判是瘋子。顯然，禁止受害者正確地指認兇手，正是靈魂謀殺的一項特點。」[18]

在我跟那些幼年被父親強暴過的女性一起工作的過程中，我經常體會到，所謂的瘋癲，以前被稱之為「歇斯底里」，而現在被診斷為「邊緣型人格疾患」的情況，都和強暴帶來的暴力創傷、和靈魂謀殺有關。在過去，這類案件被認為預後不良，主要是因為沒有認識到這是靈魂謀殺，所以也無法治療。和史瑞伯一樣，這些女性也無法確定她們的父親是加害者，我將在後面更詳細地討論這個問題。

我把亂倫和靈魂謀殺聯繫起來，是想傳達亂倫造成了對人性徹底的攻擊；遭受了亂倫的孩子不再能像其他孩子一樣思考和感受，所有的行為都有了不同的色彩。對身分認同的侵犯是最核心的，這其中也包括性身分認同。因此，很多成

18　原註 10：參見 Schatzman, M. 的論述，出自《對父親的恐懼》（*Die Angst vor dem Vater*）。1978 年於萊恩貝克出版，第 39 頁。

年女性拒絕原諒加害者也就不難理解了。她們認為，她們不可能原諒那個謀殺了她們靈魂、剝奪了她們對生活和愛情所有希望的人。

我在本書中要處理的亂倫主題，主要是指家庭內部的靈魂謀殺，尤其是父親或繼父對女兒的性剝削。這種形式的亂倫在研究中被完好地記錄了下來，在我的治療實務中也是最常見的。當然，也有母子亂倫的現象，但是這種現象無論從數量還是從性質上來說，都處於不同的層面。值得注意的是，曾遭受性虐待的男孩後來往往成長為施行虐待的男人，而曾遭受性虐待的女孩長大成人之後，則會再次選擇與那些會虐待她們的男人結婚。她們仍然是受害者，而男孩們卻成了加害者。

在美國調查研究期間，我也有機會處理男性受害者的受虐問題。男孩尤其容易在家庭之外的領域成為性剝削的受害者。

此外，我還會從更廣泛的意義上來談亂倫——即兩個人之間有很強的依附關係，而這種依附關係是一種被濫用的信任關係。這裡我指的是保姆、教育工作者、教師、牧師、醫生，尤其是心理治療師。心理治療中的性虐待是一個高度禁忌的話題，迫切需要提高透明度。

與亂倫事實有關的數據

雖然亂倫研究常常因其方法上的缺陷和統計價值不足而受到批評——有人認為它像一種羅夏克墨漬測驗[19]；這大多

19 編註：羅夏克墨漬測驗（Rorschach Test）最初是由瑞士精神醫生赫

說明了研究者的個人偏見，而並非調查的主題——但我想用一些簡單的統計數據來說話。以下是大多數調查人員普遍認為具有說服力的數據。

對兒童進行性剝削的頻率

瑞士

每年四萬至四萬五千名兒童（瑞士兒童通訊社）。

對兒童性犯罪的刑事指控：一九八六年一千六百零三起，定罪三百九十九起，其中三百八十五起的加害者是男性。沒有特別的亂倫統計。

奧地利

每年一萬至兩萬五千名兒童。

德國

根據警方一九八六年的犯罪統計，百分之九十二的受虐兒童年齡在六至十四歲，百分之八的受虐兒童年齡在零至六歲。

每年有三十萬名受虐兒童，未報告案件的數量是透過不同的比例確定的。聯邦刑警局：十五分之一；鮑爾曼（Baurmann）：十八分之一；卡夫曼（Kavemann）和洛斯托特（Lohstöter）：二十分之一。

每一個被虐待的男孩對應十個被虐待的女孩。有文章（Emma, 1985）認為，四分之一乃至二分之一的女性都有

曼・羅夏克（Hermann Rorschach）於 1921 年所設計的一種人格測驗。該測驗是藉由讓受試者看過特定墨漬形狀後，回答該墨漬形狀像是什麼，來推測受試者當時的人格狀態，以作為心理治療上的參考。

過被性虐待的經歷。

　　加害者：根據聯邦政府的數據，百分之九十三的加害者是兒童認識的對象，三分之二來自家庭或家庭附近的環境。罪犯的男女比例為九比一。

　　在十八至二十件虐待個案中，只有一件會被報導。被報導的案件中，只有五分之一會真正得到審理。

英國

　　每十名兒童中就有一名兒童是性虐待的受害者。

荷蘭

　　百分之五至十五的女孩。

　　百分之一的男孩。

澳洲

　　十六歲以下，三分之一的女孩。

　　同一年齡段，九分之一的男孩。

美國

　　每四名成年女性中就有一名兒時是性暴力受害者；

　　佔所有成年男性的百分之三至九；

　　受虐兒童的平均年齡：七至十一歲；

　　虐待時間：亂倫為長期犯罪，持續時間為三至五年。

受害者和加害者

　　我似乎應該補充一些關於加害者和受害者的術語。文獻

中總是使用這些術語，以十分清楚地說明誰應該對性剝削負責。在女權主義運動中，這種關於女性和受害者的詞語組合是不受歡迎的，因為它針對的是由意識形態塑造的女性受害者形象。女性已經內化了這種受害者角色和被動性，所以，要盡量避免在亂倫領域繼續使用這種使女性難以擺脫其角色、妨礙其抵抗的詞語。但我認為赫爾曼的說法是正確的：「因此，即使很多人反對，亂倫也必須被視為成年人要負全責的罪行。〔加害者〕和〔受害者〕這兩個詞也準確地反映了這種情況。使用這些術語並不意味著複雜的人類被簡化成單純的類別。一個對女兒進行性虐待的男人當然不僅是個加害者；一個與父親發生過性關係的女性，她的身分也並不僅限於她的受害者身分。」[20]

在荷蘭，「反對兒童性虐待協會」的女性也為自己辯護，並反對使用「受害者」一詞，因為在與機構的公共關係工作中，她們越被看作是受害者，越是容易被操縱。[21]

另一種對加害者－受害者模式完全不同的批判來自家庭動力學陣營。作者們批判說，這種簡單的加害者－受害者關係並不符合複雜的家庭關係，事實上，所有家庭成員，包括父親、母親、兄弟姐妹和受害者本人，合謀了亂倫。在亂倫動力中，每個家庭成員都有份兒。家庭代表著類似「協作統一體」的群體，其情感上的缺陷最能在受害者—受害者（每位家庭成員都是受害者）的互動模式中得到理解。[22]

在安格魯撒克遜（也就是英語）世界中，「倖存者」

20　原註 11：參見 Herman, J. 的論述，同原註 5，第 4 頁。

21　原註 12：參見 Rijnaarts, J. 的論述，出自《羅得的女兒們》（Lots Töchter）。1988 年於杜塞道夫出版，第 23 頁。

22　原註 13：參見 Hirsch, M. 關於這個問題的討論，出自《真實的亂倫：家庭內部性虐待的心理動力》（Realer Inzest: Psychodynamik des sexuellen Missbrauchs in der Familie）。1987 年於柏林出版，第 12 頁以下。

（survivor）這個詞被普遍使用，因為其中有某種活躍的成分在發揮作用。「倖存」與其說是被動的忍耐，不如說是自我力量的體現。不過在我看來，德文的「亂倫存活者」聽起來很生硬。我對「存活」（Überleben）這個詞的感受也沒有英語中的「to survive」那麼主動，而是更強烈地和「又一次擺脫了什麼，剛剛承受了什麼」聯繫在一起。存活離充實的生活非常遙遠。後面我會詳細介紹這兩者間的關聯。在本書中，我會交替使用受害者和亂倫倖存者這兩個詞。

被視為所有權的父女關係

我們的文化社會化是理解父女亂倫的核心。在我看來，我們有必要仔細審視父親在家庭中的權力地位，來理解「Pater familias」[23] 一詞的原意。這也意味著要告別「家庭神話」、告別這個值得信賴的安全庇護所。家庭已經成了暴力的溫床，保護和安全最沒有保障的地方恰恰就是家庭。

有亂倫狀況的核心家庭的社會孤立進一步鼓勵了性虐待。家庭並不像我們願意相信的那樣，是一片溫柔和安全的綠洲。

我想提醒大家，「familia」一詞的原意是指對人口的所有權。家庭主要是指所有權，原本並非指任何親屬或血緣關係，而是指以權力和財產為基礎的支配關係。「famel」的意思是奴隸，「Pater familias」並非指家庭的父親，而是指統治奴隸的主人（Pater 的意思不是生產者，而是 rex 或 basileus，即統治者）。父權統治在羅馬家庭和伊斯蘭家庭

23　編註：Pater famillias 為拉丁文，指的是羅馬家庭中的戶長。

中表現得尤為明顯，今天父女亂倫的現實顯示出，我們並沒有從傳統中走出太遠。

從《塔木德》（*Talmud*）[24] 中的法律條目來看，顯然存在買賣兒童的婚姻。《聖經》和《可蘭經》中也有類似的記載。買賣女兒是父親和她未來丈夫之間的一種交易。女兒只是被轉手、換了佔有者，因此可以這麼說：她只是個物件。始終只有在女孩被性佔有時，婚姻才算完成。這樣理解的話，強暴不是對人身權利的侵犯，而是對女孩「所有者」的一種盜竊罪。佛羅倫斯·拉什（Florence Rush）在她關於兒童性虐待的書中對這些傳統進行了徹底的分析。[25]

文化人類學對亂倫禁忌的起源和功能研究得非常深入、詳細，它們用物品交換來理解女性被買賣的事實。我想到李維－史特勞斯（Levi-Strauss）[26]，他把禁止亂倫理解為強迫一個人把母親、姐妹或女兒交給另一個男人的規則。既然女人被視為男人的財產，也就和男人的規則有關，只能由男人來打破，所以打破禁忌同樣不是對女人的犯罪，而是對擁有女人的男人的犯罪。這也是一種對財產的侵犯。

在這種背景下，父女關係的特殊性就顯得尤為明顯，因為未婚的女兒是唯一除了父親之外，沒有任何其他男人可以對她提出要求的女人。荷蘭女權主義作家約瑟芬尼·里耶納茨（Josephine Rijnaarts）已經把這些關聯說得非常清楚。直到父親必須把她送給別的男人之前，未出嫁的女兒只屬於父親，而別的女人都不屬於他，嬸嬸和侄女屬於叔伯，兒媳

---

24 編註：《塔木德》（*Talmud*）是一部極為重要的猶太宗教經典，其中記錄了猶太律法與傳統。

25 原註 14：參見 Rush, F 的論述，出自《保護得最好的祕密：對兒童的性虐待》（*Das bestgehütete Geheimnis. Sexueller*）。1984 年於柏林出版。

26 編註：克勞德·李維－史特勞斯（Claude Levi-Strauss）是著名法國人類學家，其研究對於之後的結構主義與結構人類學有著關鍵性的影響。

和孫女屬於兒子，母親屬於母親的丈夫。

只有未婚的女兒和妻子是他不受限制的財產，他可以隨心所欲地處置。這讓我想起亂倫受害者的陳述；她描述了父親如何把想要保護女兒的妻子支開：「再等等，在她結婚之前，讓我再得到她一次。」

凱薩琳娜‧布拉迪（Katherine Brady）[27] 在書中以非常相似的方式描述了她向父親宣佈訂婚時父親的反應：

「終於，我父親準備不再碰我了。現在有了比他的性滿足更重要的東西：所有權——我屬於另一個男人的事實。不管他有多反感，這一點他是能理解的。」[28]

這些說法讓人聯想到日耳曼法律中所描述的女性作為農奴的處境；普魯士土地法中的監護權（Munt-Gewalt）規定了父親對女人和女兒的處置權力。[29] [30]

女人是財產，是可交換的物件，這個「物件」沒有決定自己命運的權力。這些不僅是過去的、過時的法律，而且是直到今天仍然在不斷發生的、令人痛心的事實。寫到這裡，我自然而然會想起那些色情片的製作、賣淫、綁架女孩和強迫婚姻。

再看看我們的歐洲鄰國，比如土耳其，就會非常清楚地看到，雖然在阿塔圖克（Atatürk）[31] 改革之後，一九二六年

27　編註：凱薩琳娜‧布拉迪（Katherine Brady）是位美國作家，代表作為《父親節：真實亂倫故事》（*Father's Days: A True Story of Incest*）一書。

28　原註 15：參見 Brady, K. 的論述，出自《父親節》（*Father's Days*）。1979 年於紐約出版，第 100 頁。

29　譯註：中世紀屬人法的核心概念，表示一家之主對家庭共同體中的特定群體的權力。

30　原註 16：參見 Hartwig/ Kuhlmann 的論述，同原註 2，第 437 頁。

31　編註：穆斯塔法‧凱末爾‧阿塔圖克（Mustafa Kemal Atatürk）是已故的前土耳其總統，也是作家與革命家，被稱為是近代土耳其之父。

正式提出的女性平等權利是以民法為基礎的，但它們與現實生活毫無關聯。特別是在農村，女孩於結婚前，必須絕對服從父親，然後再服從丈夫。完好無損的處女膜仍然決定著女人作為商品的品質和她作為交換物品的價值。在伊斯坦布爾大學進行的一項調查中，百分之九十七的男學生回答說，他們不會和一個不再是處女的女孩結婚。在德國開業，有土耳其裔病人的婦科醫生們都很清楚，性生活不是私事，而是家庭事務。完整的處女膜是處女的證明，因此這成為婦科治療中的一項核心問題。

蘇黎世婦科綜合醫院的醫生報告說，許多土耳其丈夫們在女性懷孕時要求立即對胎兒進行性別鑒定，而在鑒定出是女嬰時則催促其墮胎。印度的情況類似。因此，印度成立了一個由印度女性、衛生和民權組織組成的「反性別鑒定技術論壇」。一九八八年，《明鏡週刊》（*Der Spiegel*）[32] 中一篇文章報導，在非洲，商業利益決定合作夥伴的選擇。新娘的父母「為女兒索要牲畜和現金」；如果女兒們不能生育，或者不是「完好無瑕」地嫁到夫家，父母必須退還聘禮。仲介公司向德國巴伐利亞州想跟泰國女性結婚的男人們承諾，他們有退回和調換泰國女孩的權利。據報社報導，仲介費是每個女人一萬馬克。[33]

即使在德國和瑞士，求婚的過程也仍然證明女性缺乏自主權和父親對她們具備所有權。年輕人若想結婚，必須向新娘的父親求婚，是父親把對女兒的所有權讓給了另一個男人。

---

32 編註：《明鏡週刊》（*Der Spiegel*）是德國最重要的時事政治刊物之一。

33 原註 17：參見 Kuckuck, A./ Wohlers,H.（編輯）的論述，出自《父親的女兒》（*Vaters Tochter*）。1988 年於萊恩貝克出版，第 142 頁。

Day Jus Primae Noctis——初夜權

　　從中世紀開始，我們就有了所謂的領主權，這是地主的一種特權，他可以擁有奴僕女人們的新婚初夜。這個權力究竟是否真實存在有頗多爭議，但顯然，這種對奴僕女人貞操的索取，在現實生活中經常發生，直到稍後才被所謂的「貞操息」（Jungfernzins）、「衣衫先令」（Hemdschilling）或「圍裙息」（Schürzenzins）[34] 所取代。

　　在一些國家中，父親會根據自己的性能力，向家裡的女人們索取初夜。這些人包括女兒，也包括他的兒媳。這種佔有女兒或兒媳的習俗，在不同的民族都有記載。在這裡，我們也可以清楚地看到，這其實並不是一種「摘花」儀式，而是一種對權力和佔有的要求。

　　這顯然與迦太基會議（西元三九八年）以來就一直存在的習俗有關。這一習俗是：在新婚之夜禁欲，並將這第一夜獻給上帝。這種習俗流傳下來的名稱是「Droit de Seigneur」，其實是「主的權利」[35]。我想，這種習俗原本有很深的心理含義。「初夜權」的制度也許是一種原始儀式

34　譯註：初夜權，是中世紀莊園主們對於他們的家臣和農民所擁有的一項特權，也是對依賴他們的農民的一種羞辱性象徵，來顯示其優越地位。該權利規定，莊園主可在新婚夜與他治下的農民的新娘共度一晚。後來這項制度被終止和廢除，封臣和僕從只要交出一筆叫做「婚嫁費」的稅金（即這裡所說的「貞操息」、「衣衫先令」、「圍裙息」），即可贖回新娘的初夜之身。有一些歷史學家指出，在俄國，地主們直到十九世紀還在要求行使這項權利。

　　這種權利在任何時候都沒有得到認可，既沒有得到王權的認可，也沒有得到教會的認可，但它是農奴制的一種表現，農民強烈地依賴他們的領主，即使是人身侵佔，農民也不得不接受，或者即使要求賠償金，也不得不被依賴的農民無異議地接受。

35　譯註：西方人稱上帝為「主」，但是這裡的「主」後面變成了「領主」。

的退化形式。在這種儀式中，祭司作為神權的代表，被獎勵「摘花」。榮格曾解釋過巴比倫神廟的習俗，根據這個習俗，年輕的女孩必須在她結婚之前，把自己獻給一個她再也見不到的陌生人。這樣一來，原型的性能量就不能投射到個人的男性身上，所以，性愛是在個人和超個人兩個層面來體驗的。

第二章

佛洛伊德和榮格對亂倫的看法

——從歇斯底里到神祕結合

亂倫是一種事實，而不僅是一種源於幻想、必須抵禦的內在心理衝突。我陪伴的女性們是因為真實發生的性虐待而生病。帶著這份確信，我站在精神分析傳統之外。

經常有同事問我，是不是真的相信個案的所有陳述，是不是真的很肯定那些女性在童年時是被性引誘的。他們懷疑性虐待並沒有真的發生，而只是一種幻想。

我經常被人淡淡地嘲諷，病人一廂情願的幻想竟然這麼容易就能騙得了我。經常和童年時期受過性虐待的成年女性一起工作的治療師們也有類似的經歷。相信這些女性，承認她們的經歷是真實的，從而理解她們神經疾患由來的這種做法，治療師們以前根本沒聽說過，也不曾體會過。因為對於佛洛伊德來說，幻想出來的心理真實比身體層面的真實更有意義。讓我們感到寬慰的是，在培訓中，我們瞭解到，佛洛伊德本人也曾經犯過這種錯誤；當初，他也認為自己被病人虛構的性引誘故事所蒙蔽，但後來佛洛伊德意識到了自己的錯誤，收回了「性引誘」理論（the theory of seduction），這種理論認為歇斯底里來自童年遭受的性創傷，而且是父親們性引誘造成的創傷。

近年來，大量的出版物試圖解釋佛洛伊德後來為什麼又背棄了性引誘理論。佛洛伊德及其精神分析因此已名譽掃地。愛麗絲·米勒稱精神分析是「迷宮」，是「虛假療

法」。馬松（Masson）[1] 談論的是佛洛伊德的懦弱和缺乏勇氣，因為他居然羞於為一個會讓人不太舒服的理論（性引誘理論）代言；像弗羅倫斯‧拉什這樣的女權主義者也譴責佛洛伊德的遮羞策略和掩飾手法。我想簡單闡述一下關於該理論的討論，因為佛洛伊德的思想即使在非專業領域也已成為常識。

伊底帕斯情結[2] 被認為是精神分析人格理論和神經症理論的核心。這個理論中的亂倫並不是指家庭成員之間真實發生的性事件；由該理論看來，事實上什麼都沒有發生，亂倫只是孩子對異性父母一種無意識的慾望。性侵的故事並不是真實的、加害者必須為之負責的事件，而是患者所報告的純粹幻想活動，僅僅揭示了女兒的伊底帕斯情結。因此，事情發生的地點只是在內心的舞臺，而並非是在現實的家庭當中。這麼一來，故事的重點就發生了變化：在真實的性侵事件當中，父親是加害者，而在伊底帕斯幻想當中，女兒是幻想的創造者，而父親則成了受害者。

一八九六年四月二十一日一晚，佛洛伊德對父親們有了截然不同的看法。他指責父親們對女兒們造成了傷害，並且這些傷害波及到女兒們生活的各方面。在佛洛伊德當時為維也納的同事們做的演講中，他明確談到了自己父親犯下的性引誘行為。從佛洛伊德的書信中，我們甚至瞭解到：「不幸的是，我的親生父親就是一名變態，造成了我弟弟……，還

1　原註 1：參見 Masson, J. 的論述，出自《可憐的孩子，別人對你都做了些什麼？——西格蒙特‧佛洛伊德對誘惑理論的壓制》（*Was hat man dir, du armes Kind, getan? Sigmund Freuds Unterdrückung der Verführungstheorie*）。1986 年於萊恩貝克出版。

2　編註：伊底帕斯情結（Oedipus Complex）的名稱來自於一名希臘神話中的王子伊底帕斯，在故事中他殺死了父親並娶母親為妻，被心理學家佛洛伊德用以比喻他所主張的戀母仇父複合情結。

有他的一些妹妹們的歇斯底里。」

但他對病人陳述事實的這種信任只維持了一年左右的時間，這是早期的研究結果（馬松在書中表明，佛洛伊德在現實中堅持這一理論的時間更長）。到一八九七年九月，佛洛伊德收回了他對受虐女性們信誓旦旦的、頗有先見之明的（父親）「性引誘」（女兒的）理論，並用伊底帕斯理論取而代之。他對受虐女性們的背叛、對她們所敘述的和所記得的（性虐待事實的）不信任，直到今天都造成了深遠的影響。

佛洛伊德為什麼會放棄性引誘理論？目前對該問題主要有三種不同的解釋。

1. 發生在佛洛伊德的病人愛瑪‧愛克斯坦（Emma Eckstein）身上的事件和佛洛伊德朋友弗利斯（Fliess）的過失。

我只想簡單說明一下，愛瑪‧愛克斯坦是佛德洛伊的第一位女病人。人們認為她的故事是讓佛洛伊德發現父親性引誘女兒的原因之一。她患有歇斯底里的症狀，我必須在這裡提醒大家，對於佛洛伊德來說，神經質的表現顯然是源於「性」，且神經疾患是一種性愛在心理上的轉移。然而，他的好友弗利斯卻認為這種轉移也體現在身體上。由於愛瑪有月經疾患，佛洛伊德將其與童年手淫聯繫在一起；而他的朋友弗利斯剛剛寫了一篇關於鼻子和性器官之間因果關係的論文。根據這篇論文，對鼻子進行外科手術是治療月經問題的好方法，佛洛伊德因此同意弗利斯對病人的鼻子進行手術。這是弗利斯進行的第一個重大手術。愛瑪成了這個把陰道問題轉移到鼻子這晦澀理論的白老鼠。這次手術最終成了一場災難。由於疏忽，弗利斯在傷口處留下了半米長的紗布，導致患者持續流鼻血，生命垂危。佛洛伊德起初非常擔心這場

醫療事故，但後來他把病人持續流鼻血解釋為歇斯底里。他認為這是一種引誘醫生的手段，並用這種解釋為男人弗利斯辯護，而無視女人愛瑪·愛克斯坦。愛瑪致命的癥狀並沒有被重視，而是被象徵性地解讀。這麼一來，這名女性就被打上烙印——不值得信賴的歇斯底里，她對父親性引誘她的描述也被斥為純屬幻想的產物。

2. 佛洛伊德缺乏道德勇氣

馬松認為，佛洛伊德因其誘惑理論而日益被孤立，使他失去了逆流而上的勇氣；他也不願給可敬的維也納家族父老們帶來負擔。

3. 佛洛伊德與父親的關係

在《佛洛伊德和他的父親》[3]一書中，瑪麗安·克呂爾（Marianne Krüll）對佛洛伊德轉向伊底帕斯理論做出了非常微妙的解釋。她把他的心態變化理解為一種防禦機制，這種防禦機制確保佛洛伊德不必再去追究自己童年的實際事件，讓他自己可以放過自己的父親。在給朋友弗利斯的信中，佛洛伊德曾經強烈地指責過父親。

佛洛伊德自述了一個與父親葬禮有關的夢，夢中給他下達的命令是：「要你閉上（一隻）眼睛」。佛洛伊德指出了這句話的雙關含義，也就是對亂倫問題睜一隻眼閉一隻眼的縱容態度。在克呂爾看來，放棄性引誘理論的同時，佛洛伊德確實可以（對亂倫問題）視而不見。父親去世後，佛洛伊德陷入了深深的危機中，他將其描述為智力癱瘓，並最終導致了寫作上的癱瘓。此事可以理解為：對於反常的父輩們，他再也沒有任何想法，同時再也寫不出任何文字。

3 　原註 2：參見 Krüll, M. 的論述，出自《佛洛伊德和他的父親》（*Freud und sein Vater*）。1979 年於慕尼黑出版。

這裡我提到了精神分析的背景，因為在今天的法學語境中，以及在治療實踐中仍然可以找到這些理論的痕跡。究竟遭受性虐待兒童的報告是否可信？一旦涉及到這個問題，民眾對孩子所做聲明的真實性總會提出懷疑，就像對那些所謂的歇斯底里病人的懷疑一樣。

因此，我想再次強調，亂倫是一種真實的、嚴重的創傷。佛洛伊德對創傷的理解已經被證明是錯誤的。目前基於大屠殺、酷刑和強暴等嚴重創傷的研究已經清楚地表明：導致神經疾患癥狀的不是無意識的幻想，而是真實的事件，這些事件能夠傷害心理並使人生病。

關於亂倫的精神分析文獻是以佛洛伊德學說為背景的。伊底帕斯主題的中心，則是圍繞父親、母親，或者是圍繞兒女展開的。父親的不倫行為被解釋為父親的戀母情結仍然沒有得到解決。對父親來說，其敬而遠之的女性代表了母親的負面形象，母親會為了他的性慾而懲罰他；而女兒則代表了母性愛護、給予的一面。

與女兒有關的精神分析解釋都圍繞著女孩現實生活中的伊底帕斯情結展開。她從小就受到母親的打壓，所以現在只能求助於父親來滿足口欲期需求。早期的性慾和陰莖嫉妒，後來發展成了濫交。在這種模式中，母親被視為拒絕女性角色的人，因為她對自己的父親感到失望，這種敵意源於她未解決的戀父情結，而她把這種敵意投射在女兒身上。除了這些精神分析學的解釋之外，還有一種觀點認為，亂倫最終根本不是生殖器性行為，而是為了滿足幼兒的口欲期需求。

神祕結合

在榮格的分析心理學中，真實的亂倫根本算不上問題。榮格不處理具體的性問題，也輕視「家庭敘事」的意義；榮格還給自己引來了這樣的指責：「把性的概念蒸發掉了」，直到人們不再知道（性）這個詞應該是什麼意思[4]。

然而，在佛洛伊德和榮格的書信中，於性慾理論框架內來解釋亂倫卻佔據了重要地位。榮格在其著作《性慾的變化和象徵》（*Wandlungen und Symbole der Libido*）中提出將亂倫在精神層面上的意義解釋為一種象徵，這意味著與佛洛伊德的決裂。他否定了性慾（libido）的首要性，從而反駁了佛洛伊德的陽物中心論立場。榮格在回憶錄中描述，他有兩個月不能碰筆，因為他知道自己的觀點會讓他失去和佛洛伊德的友誼。

看來，亂倫這個話題對佛洛伊德和榮格來說都是個複雜的情結。在分析心理學中，情結被理解為是一種情緒非常強烈的心理因素。情結具有一定的自主性，只有在一定條件下才允許意識進入。情結就像亞人格，像小「魔鬼」一樣，想要捉弄我們。情結通常是因為受情感衝擊之類的創傷而產生的。大多時候，我們都意識不到自己的情結，這就給了情結很大的空間。

我想說說我對榮格將亂倫理解為情結的一些想法。榮格非常明確地指出，只有在「最罕見的情況下」，亂倫對他來說才是個人的麻煩。因此，他的興趣只在於亂倫現象的原型背景。在我們的治療個案身上，他最終只看到了一個集體主

4　原註 3：參見 Dehing, J. 的論述，出自〈他人眼中的榮格〉（*Jung aus der Sicht der anderen*）。收錄於《分析心理學》，1987 年 4 月 18 日出版，第 289 頁。

題下精神病理性的一個面向。

對榮格來說：「不管是真的發生了性創傷，或者只是個幻想，……都無關緊要」[5]。他在回憶錄中寫道：「對我來說，亂倫和變態都不是什麼引人注目的新鮮事，也不值得什麼特別的解釋。它們和犯罪一樣屬於那些黑暗的、被壓抑的部分，它們敗壞我對生活的品味，使我太清楚地看到人類生存的醜陋和無意義。」[6]他喜歡給人一種印象，即作為一個鄉村孩子，性行為對他來說只是自然的，因此並沒什麼意思。但是，他對佛洛伊德的性愛觀非常堅決反對，並且在情緒上爆發出來，表達出完全不同的意見。例如，他批判佛洛伊德「青春期幻想很骯髒」，「把任何東西都拖入隱晦笑話心理學的幼稚——變態泥淖。」[7]

榮格（C.G.Jung）堅決反對佛洛伊德認為童年性創傷是神經疾患起源的論點。在他看來，幾乎沒有一個孩子沒有經歷過情緒上的衝擊，但後來患上神經官能症的人相對較少。我的印象是，榮格也有他個人的原因，來淡化童年性創傷的重要性及其可能帶來的神經疾患。

值得注意的是，榮格竟然會如此忽視幼兒時期的性驅力體驗。他的說法：「我們不關心托兒所的事」[8]，因此會讓人猜測，榮格排斥這個話題有充分的理由。在《神

5　原註4：參見〈致佛洛伊德的信〉，1912年5月17日出版，出自《佛洛伊德和榮格的通信》（*In: Briefwechsel Freud Jung*）。1976年於蘇黎世出版，第560頁

6　原註5：參見榮格的論述，出自《回憶、夢、思考》（*Erinnerungen, Träume, Gedanken*）。1979年於蘇黎世出版，第170頁

7　原註6：參見榮格的論述，出自《榮格文集》，1960-1978年於奧爾滕出版。第10卷，第191頁

8　原註7：參見Rittmeister, J.的論述，出自〈心理治療的任務與新人本主義〉（Die psychotherapeutische Aufgabe und der neue Humanismus）。收錄於《心靈》（*Psyche*），1968年12月出版，第942頁。

話和解放》（*Mythos und Emanzipation*）一書中，埃弗斯（Evers）[9]正確地指出，這種「托兒所事件」的意象背後還有更多的意義，但榮格沒有揭示它的內涵。埃弗斯只提到榮格對性的「再禁忌」[10][11]。其他作者們認為他的性禁忌是由他的新教父母造成的[12]。我個人對佛洛伊德和榮格之間往來書信的深入研究，使我確信，榮格不得不強烈地壓制自己曾是性剝削受害者這一事實。根據榮格自傳當中描述的個人經歷，榮格莫名其妙地抵制一個「在他的內心深處非常正派的人……因為這個人卻把陰險的動機強加於人，用不自然的痛苦來取代天然純潔的動機。」[13]

榮格自己還是孩子時，曾是一個「正派」同性戀誘惑的受害者，那是位他非常尊敬的長者。在回憶錄中榮格並沒有提到這種虐待；目前為止，據我瞭解，榮格從來都沒有透露過這個人的身分。在一九〇七年十月二十八日的一封信中，他試圖向佛洛伊德解釋自己懶於寫作的原因是什麼。他說那些情感性的東西、那些佛洛伊德稱之為「自我保護情結」的東西，像一個惡魔，阻礙他寫作。榮格寫道：「這種自我保護的情結，是基於我對你的敬仰具有『宗教的』、狂熱的特徵，雖然它並沒有給我帶來進一步的煩惱，但由於它具有明顯的色情色彩，讓我感到厭惡，覺得可笑。這種令人反感的感覺源於我小時候曾經受制於一位我非常崇拜的人的同性戀

9　編註：提爾曼・埃弗斯（Tilman Evers）是德國社會科學家與諮商師。

10　原註8：參見 Evers, T. 的論述，出自《神話與解放》（*Mythos und Emanzipation*）。1987年於漢堡出版，第95頁。

11　譯註：亂倫在佛洛伊德發現自己的女病人們被父親亂倫性侵之前是禁忌。在佛洛伊德發現這一禁忌並公之於眾，但是被維也納的同事們排斥之後，又改為性幻想理論，自此亂倫又成為禁忌，成為再禁忌。

12　原註9：參見 Herwig, H. 的論述，出自《人本主義治療》（*Therapie der Menschheit*）。1969年於慕尼黑出版，第108頁。

13　原註10：參見榮格的論述，出自《榮格文集》第10卷，第191頁。

行為。在維也納，女士們的談論（『他倆〔指榮格和佛洛伊德〕終於可以單獨在一起了）已經引起了我的反感，但我當時沒有意識到這件事。

現在，我不完全是單身了，但是這種感覺仍然阻礙著我，也直接讓我厭惡我和同事們間的關係。（男）同事們洞察到我的心理（暗指同性戀傾向），對我有強烈的移情。因此，我也害怕，在我跟您說到我的親密關係時，您會有同樣的反應。因此，我盡量迴避這些……」[14]

值得一提的是，他和佛洛伊德關係中愛的基調，立刻被誇大為具有宗教性的狂熱。榮格在這封信中非常明確地提到了他跟男人親近時內心的恐懼。事實上，這種恐懼似乎有雙重含義：害怕自己信任的男人會利用自己的信任來滿足他的性需求，同時對親近的恐懼也是對自己情慾衝動的恐懼。

榮格在給佛洛伊德的信中非常明確地指出，這種虐待對他的影響非常大，以至於他不得不壓抑它。顯然，他也飽受罪惡感的折磨，因為在以下的信中，他表達了對「懺悔可能帶來的後果」的恐懼和擔憂[15]。人懺悔的是罪惡和對戒律的違背。懺悔包括赦免，也包括罪惡感的解脫，羞恥感的救贖。榮格成長的家庭環境不允許他透露性虐待的祕密。作為一個男孩，他獨自一人，獨自面對男性身分的不安全感和受傷的自尊心。他在回憶中所描述的退縮與此相吻合：「我的整個青春期都可以在『祕密』概念下來理解。我幾乎陷入了難以忍受的孤獨。」非常打動人的是，榮格把他童年這種矛盾的感受描述為：「被拋棄還是被選擇，被詛咒還是被庇佑。」榮格幾乎沒有談到過他早期的經歷。「從兒時起幾十

14　原註 11：參見《佛洛伊德和榮格的通信》。同原註 4，第 105 頁。
15　原註 12：參見《佛洛伊德和榮格的通信》。同原註 4，第 105 頁。

年來，我心上都壓著一個絕對的禁忌。」[16]

在對性虐待所造成的後期影響的研究中，這種情緒上的退縮、陷入孤獨、羞愧和內疚並保持沉默，是我們熟悉的狀況。榮格所列舉的他人生的第十二個年頭（他稱之為「命運之年」[17]）的所有癥狀，也可能與他受到的性引誘有關。解離、分裂（Dissociation）或裂變（splitting-off）成兩種不同的人格；暈厥、疑似癲癇發作、承擔負罪感、認同加害人、記憶力喪失、失眠、折磨人的念頭等，往往被描述為虐待的後果；「從那時起，我就開始出現暈厥的情況」，醫生們認為是「癲癇」，「我生活在兩個時空中，是兩個不同的人」。他的許多表述都指向了在上學途中被同學撞倒的事件，然而以我們今天所知道的事實和研究結果，讀起來意思完全不一樣。這些描述就像一個轉移，來隱藏一個非同尋常的創傷。「神經衰弱也是我的祕密，但這是個可恥的祕密，是一個失敗」，「我對自己有一種憤怒，同時又為自己感到羞恥」。榮格把自己這段時間「奇怪」的失憶歸結為事故後的神經衰弱。他沒有責怪那個同學推了他，而是把責任都攬在自己身上。「不怪別人」，「是我的命運有個惡毒的安排。」

根據心理治療經驗，我們知道，人們會試圖掩蓋自己童年時遭遇的自戀上的虐待或性虐待事實，並反過來責備自己。榮格也給人這樣的印象，他非常害怕面對這童年時期的創傷。但是，被堵塞了的情感因為無法整合，又必須以某種方式表達出來。榮格不像愛麗絲·米勒描述的那些人一樣，

---

16 原註 13：參見《回憶、夢、思考》。同原註 5，第 47 頁。

17 原註 14：參見《十二歲是我的命運之年》（*Das zwölfte Jahr wurde für mich zum eigentlichen Schicksalsjahr*）。出自《回憶、夢、思考》，同原註 5，第 36 頁。

在處理童年的創傷時可以得到「律師」或「證人」的協助。他生長在一個無法提供情感保障的家庭。在回憶錄中，他描寫到，早在他還是個孩子的時候，一提到「愛」這個字，他就滿是不信任。

也許，榮格在「事故」發生後產生的幻覺，可以理解為他的無意識試圖處理發生在他身上的事情。他寫道，在接下來的失眠夜裡，他覺得自己不得不「去想一些我不知道也不願意去想的東西，一些我根本不允許自己靠近的東西」[18]。榮格在這裡指的是這樣一種幻象：上帝坐在金色的寶座上，將大量的排泄物落在明斯特教堂五彩繽紛的屋頂上，使教堂的屋頂被震碎、牆壁倒塌。教會的精神世界，這個道德、虔誠和信仰的代理機構被動搖到了毀滅的地步。榮格也坦言，當時他對父親所說的一切開始產生深刻的懷疑。榮格的許多與這「命運之年」有關的言論，如果放在性「謀殺」的背景下來看，就會呈現出不同的色彩。而否認自己的童年創傷究竟對榮格的理論有多大的影響，還有待進一步的仔細研究。烏蘇拉・鮑姆哥特（Ursula Baumgardt）在她對榮格的阿尼姆斯（animus）概念的批判省思中，提到了榮格「對我們一般理解的精神或靈性有冷嘲熱諷式的貶低」[19]，這種貶低是否和榮格被（那個「父親和其他權威們聚會」裡的代表[20]）性虐待的經歷有關，還有待調查。

從榮格的夢境中我們可以清楚地看出，早期的性虐待經歷給他留下了長久的陰影，並鮮活地佔據著他的夢境，而他卻沒有真正理解該如何解釋這些夢境。他在「懺悔」後寫

18　原註 15：參見《回憶、夢、思考》，同原註 5，第 42 頁。

19　原註 16：參見 Baumgardt, U. 的論述，出自《多塞爾巴特國王和榮格的女性意象》（*König Drosselbart und C.G.Jungs Frauenbild*）。1987 年於奧爾騰出版，第 114 頁。

20　原註 17：參見榮格的論述，出自《榮格文集》第 7 卷，第 228 頁。

給佛洛伊德的信中報告說，直到現在他才明白夢中看見佛洛伊德作為一個「年老的、極度虛弱的老人」走到他身邊的意義。「我的夢安撫了你對於我的危險性！我當時沒想到這一點，當然想不到！希望地下的神靈現在能讓我不再受這樣的折磨。」[21] 榮格在他的回憶錄中報告了一個非常類似的夢境，他夢見一個精神無法死去的老人。我不打算在這裡解釋這些夢境和男孩的性經歷，我只想指出，榮格的圈子主要由女性組成。而且，很顯然，地下的神靈終究沒有停止對他的折磨，因為他和男人間的關係始終存在問題。

我想，從這些分散的引文中我們可以看出，榮格經歷過的性剝削對他的影響比他自己所能承認的要大得多。不可否認，這種創傷影響了榮格的思想和他對性的態度。他在回憶錄中寫到，他主要關注於探索和解釋性行為在「超越其個人和生物功能意義」之上的「靈性意義」。[22] 也許，他對親身經歷的性虐待實際上的壓抑促成了這種重心轉移。紐約的馬文・戈德沃特[23]（Marvin Goldwert）認為，榮格的靈性化以及他轉向宗教——靈性世界，和他被性引誘的經歷有關。

他指出，榮格在十一歲、「可能正是開始被性誘惑的年齡」時，就開始向上帝禱告。[24] 榮格在他的回憶錄中提出了這樣的理由，「因為在我看來祂是沒有矛盾的。上帝並沒有因為我的不信任而變得複雜。」[25] 據戈德沃特說，這種轉向

21 原註 18：參見《佛洛伊德和榮格的通信》。同原註 4，第 106 頁。

22 原註 19：參見《回憶、夢、思考》。同原註 5，第 172 頁。

23 原註 20：參見 Goldwert, M. 的論述，出自〈童年性引誘和心理學的靈性化 —— 以榮格和蘭克為例〉（*Childhood Seduction and the Spiritualization of Psychology: The Case of Jung and Rank*）。收錄於《對兒童的虐待和忽視》（*Child Abuse and Neglect*），1986 年 10 月出版，第 555-557 頁。

24 原註 21：參見 Goldwert 的論述，同原註 20，第 556 頁。

25 原註 22：參見榮格的論述，出自《回憶、夢、思考》。同原註 5，第

宗教—靈性的行為可能部分是由性創傷造成的。在他逃離動物性的過程中，榮格過早地落入了上帝原型和靈性神祕主義的懷抱。」[26]

戈德沃特還提到了奧托・蘭克（Otto Rank）[27]；蘭克在七歲時受到性引誘，並將這一經歷描述為他「快樂的墓碑」，也是他後來痛苦的基礎。他的社會化讓他同樣無法談及這段經歷，從而退回到孤獨中。我認為，耐人尋味的是，亂倫對蘭克來說也是一個極具張力、讓他為之奉獻於創作、成為創作動力的主題。榮格在一九一二年收到蘭克的《詩歌和神話中的亂倫主題》（*Das Inzest-Motiv in Dichtung und Sage*）一書，並給佛洛伊德寄去了關於此書的評論，意欲在《年鑑》（*Jahrbuch*）中發表。然而，這篇評論一直沒有出現；榮格認為這本書極有價值，但不同意蘭克對亂倫問題的理論立場。

榮格也反對佛洛伊德處理亂倫問題的方法，認為其太過倒退（regressive）和壓縮（reductive），並就此提出了他自己更進步、更綜合的觀點。對榮格來說，亂倫是一個與完整性有關的意象。它與人永恆的願望有關，即重新成為一個完整的人，回歸最初的合一狀態。臍帶在生理上被切斷之後，在心理上卻難以割斷，這是所有人都熟悉的體驗。對榮格來說，固著於亂倫，意味著一種人類根深柢固的幼稚願望，希望自己仍然是個孩子。尼采所說的「褻瀆殿堂的執取和回望」（tempelschänderischen Griff und Blick rückwärts），就是性慾對最早的童年客體之固著。但這種倒退渴望的實現將意味著一個人個體化的結束。所以亂倫被認為是一種暴

---

33 頁以下。

26　原註 23：參見 Goldwert 的論述，同原註 20，第 556 頁。

27　編註：奧托・蘭克（Otto Rank）是位奧地利精神分析學家。

行，帶來心靈的死亡。將亂倫視為禁忌的作用就是要防止這種倒退。

當亂倫本能在「肉體」上被剝奪了實現的機會時，由於人不能直接滿足自己的慾望，這種本能就會精神化。因此，人的本能就會創造出意象，象徵性地表達與對立面的結合。榮格參照神話和煉金術思想，將「coniunctio」[28] 解釋為對立面統一的原型形象：國王與王后的婚禮、太陽和月亮、天與地的結合，以及「Hierosgamos」[29]，即神聖的婚姻。榮格沒有寫家庭中真實的性虐待，沒有寫社會內在結構中的暴力，而是寫亂倫原型，他把亂倫理解為「神祕結合（unio mystica）的一種猥瑣的象徵」，從而把性結合和神聖的行為聯繫起來。

在此背景下，值得注意的是，「禁忌」這個詞來源於波利尼西亞語動詞 tapui，意思是「使之神聖」。禁忌的事物於是充滿了神力和聖祕（numinosity）。[30] 也因此，違反禁忌也就意味著褻瀆；那些受到性剝削的人，再也無法體驗到性結合是種神聖的行為，而是被性的超越層面欺騙了。

對榮格來說，真實發生的亂倫其悲劇性在於，心靈最深處所追求的東西，不可能在形而下層面找到。在亂倫中，男女對立面結合的煉金術主題被深深地扭曲誤解了。追求完整性在亂倫行為中以變態的軀體形式出現，而陰陽結合的心靈任務卻根本沒有被意識到。沒有這種內在的主體性的整合過

28　譯註：coniunctio 是拉丁文，意思是「連結」，也是英文 conjuction 的原型。在榮格心理學中，coniunctio 常被用以說明各事物間彼此結合的關係性。

29　編註：Hierosgamos 原為希臘文，Hieros 意為「神聖的」，Gamos 意為「婚姻」，指的是男神與女神間的結合。

30　譯註：聖祕（numinosity）源自拉丁文，指所引起的靈性或宗教情感為神祕的或令人敬畏的體驗。由近代德國神學家、哲學家魯道夫・奧圖（Rudolf Otto）於 1917 年在其著作《論神聖》一書中提出。

程，個體化是不可能的。

　　至於真實亂倫對人的心理生活的影響，榮格根本不屑一顧。我在治療實踐中處理的個案，在榮格看來只是「胚胎期的、發育不全的世俗問題」。「認為亂倫受害者個人是神經質的」這種「歇斯底里的觀點」，他也不當回事。「這和歇斯底里病人所謂的性創傷一樣是不可能的」[31]

　　我明白為什麼榮格不能理解亂倫受害者具體的創傷經驗。在一九〇七年五月十三日給佛洛伊德的信中，榮格寫道：

　　「我現在有個六歲的小女孩，在分析治療中過度手淫和撒謊，聲稱她被養父（性）引誘。這件事很難辦！你有跟這麼小的孩子做分析的經驗嗎？除了她在意識層面對性引誘創傷毫無情感色彩的描述，我沒有獲得任何來自小女孩自發的、提示性的情感反應。目前看來，創傷就像是一個騙局。但孩子是從哪裡知道所有那些跟性有關的事情的呢？」對這個問題的回答，榮格並不認為是孩子親身經歷了這些事情，而是將這些事情轉移到孩子的想像中。顯然，榮格甚至考慮過是否應該把這個女孩診斷為思覺失調症，因為他寫道：「沒有失智的跡象！」[32]

　　榮格對這女孩的痛苦有多視而不見，從下面的評論中也可以看出：「催眠做得很好也很深入，但孩子完全無關痛癢地迴避了所有讓她描述創傷的建議。唯一得到的結果只有這個：在第一次治療中，她自發地說出了『香腸，女人說它會變得越來越大』的幻覺。當我問她在哪裡看到香腸時，孩子很快就說：『在醫生（您）那裡！』」這裡，我們能想到的

31　原註 24：參見榮格的論述，出自《榮格文集》第 5 卷，第 530 頁。
32　原註 25：參見《佛洛伊德和榮格的通信》。同原註 5，第 50 頁。

只能是話題轉移。從那以後，性愛的話題就完全關閉了。[33]
這女孩再也不談論性愛，在我看來並不奇怪。她可能感覺
到，即便自己說了別人也不會信。

佛洛伊德對這封信的回應是其所處年代處理性虐待個案
的一個非常典型的例子。他寫道：「就那六歲的女孩而言，
你一定已經在分析中經常發現並瞭解到，性侵是一種意識化
了的幻想，以及這種幻想（在我看來）是怎樣導致了普遍
的童年性創傷。治療任務包括找到兒童獲得性知識來源的證
據。孩子們通常提供的資訊不多，但會對治療師猜對了的內
容和跟他／她們情況相符的內容給予確認。排查親戚是必不
可少的。如果成功查到了，會有最刺激的分析……孩子不說
話，也是因為他／她很快就完全地進入了移情，你的觀察也
表明瞭這一點。」[34]

榮格願意這麼快就把性引誘當成騙局，這似乎令人吃
驚，因為他自己在童年時也是性引誘的受害者，甚至多年後
還把自己的被引誘說成是「暗殺」，即謀殺未遂（我前面提
過針對「靈魂謀殺」的論述），這是種暴力行為。然而，另
一方面，榮格欣然同意佛洛伊德否認性引誘理論，這一點也
可以解釋成是榮格對自己曾經被性引誘這一創傷的防禦。

因此，透過否認真實的早期兒童創傷的重要性，並將
其歸結為幻想，榮格一直在掩蓋自己真實的幼年創傷。愛麗
絲‧米勒也曾對此提出很嚴肅的批評，「在榮格概念創造的
叢林裡，找不到早年受虐待的兒童。」我想，經歷過的暴
力，在信任中失望、感到被剝削——尤其是被一個父親世界
的代表、一個受人尊敬的男人所剝削，而這個人「你什麼都

33　原註 26：同原註 25，第 50 頁。
34　原註 27：同原註 26，第 53 頁。

不能說」的警告，似乎在榮格身上特別奏效。「猶太人的兒子佛洛伊德用性驅力理論來替代他對禁忌的見解，信奉新教的兒子榮格把所有的惡都歸在了沒有童年的無意識中，從而找到了他和神學父親們的統一。『你什麼都不能說』的警告，讓這兩位思想家在晚年的時候仍然言聽計從，就像（伊甸園裡）帶來認知的禁果樹不曾被觸碰過一樣。」[35]

35 原註 28：參見 Miller, A. 的論述，出自《你不該注意到》（*Du sollst nicht merken*）。1983 年於法蘭克福出版，第 256 頁。

第三章

神話和童話中的亂倫現象

──性暴力的意象

　　我把亂倫形容為靈魂謀殺。神話、傳說和童話中用的是同一種語言。殘酷、邪惡、暴力作為人類生活的一部分，在我們所有的神話傳統中都能找到它的表現形式，如出賣靈魂和靈魂的喪失、如詛咒和魔法。在童話女主人公的石化中、在死亡的沉睡中、在被暴力綁架到冥界的過程中，我們都感受到了受虐女性的心靈困境。

　　我想參照原型意象主題，好讓父女關係中的亂倫動力主題變得更加具體。在榮格的深度心理學中，這種對童話和神話的實際處理，是理解人類生活中的過錯和困惑的重要方法。我們嘗試用童話的智慧來幫助我們在治療上取得豐碩的成果，因為在童話中我們看到無意識的過程是以原型表現出來的。因此，童話中一般所描述的關於人的處境，無非是「心理過程的自我表達」。當我在下文中追問童話、神話和傳說中的亂倫主題時，我重視的並不是要將各個傳說解釋成一個有意義的整體，而是聚焦在亂倫主題，並將之置於一個更大的背景中。

　　性暴力絕不僅僅是一個現代話題。現代化了的，只是我們現在將性剝削看做是對人格的侵犯，是對一個人身體自治權的攻擊。

　　在猶太教和基督教的傳統中，對女性的羞辱和性剝削一直盛行。經典裡有對強暴和亂倫的記載，但我們感知不到受害者，也沒有關心女性的心靈和身體傷害的跡象。經典裡

的這個話題只與侵犯產權、破壞「財產」有關。女性被認為是性財產，就像對於原住民來說，凡事首先要有交換價值一樣。在《舊約》中，女性被認定屬於物質價值層面，與「牛和房子」列舉在一起。「你不可貪戀你鄰居的房舍，他的僕人、妻子、牲畜，你不可貪戀一切屬於他的東西。」[1]

一個令人震驚的例子是〈利未人和他的妾〉的故事（《聖經‧士師記》第十九章），這是所多瑪和蛾摩拉敘事（Sodom-und-Gomorrha-Erzählung）的一個版本。利未人和他的妾走在自己國家未知地段的路上。夜幕降臨，他們被一個老人收留過夜。吃飯的時候，響起吵鬧的敲門聲。一幫男人要求老人把男客人交出來，好讓他們「享用一下」。但老人以陌生人是客人，不能對客人無禮為由拒絕了。可門外的男人們不依不饒，老人提出把自己的女兒交出去，以滿足那些男人們的要求，而這個女兒，還沒有男人碰過。

「兄弟們！別這樣！不要做強盜！這個人進了我的家門，我就不能犯這樣的罪！你們看看我的女兒，她還是個處女，我把她留給你們，你們想對她做什麼就做什麼，但不要對這個客人犯這樣的罪。」但男人們不接受他的提議。於是客人把他的小妾趕了出去，男人們整夜毆打、強暴小妾，最後把小妾扔在門外，第二天客人在門口發現了已經死了的小妾。

在文中，我們不知道父親為什麼要犧牲自己的女兒；文中也沒有提到為什麼要對那個小妾做那樣的怪事，只能聽到客人對財產（小妾）被毀之後的憤怒。接下來的懲罰，也絲毫不涉及女人作為人的存在，而只涉及對財產犯罪的報復。」他回家後，拿起刀，抓起（死了的）小妾，切成十二

靈魂謀殺：亂倫與權勢性侵的創傷治療之路

7
2

1　編註：出自《舊約聖經》中〈申命記〉的第五章第二十一節。

塊，送到以色列各地。」

他瑪被她同父異母的哥哥暗嫩性侵（《聖經》，撒母耳記下，第十三章）的故事，描述的也是同一類型的佔有權。暗嫩褻瀆並強暴了押沙龍（Absalom）的妹妹，然後羞辱她，將她趕走。兩年後，押沙龍報了仇，把暗嫩殺了。但很明顯，這裡他的復仇其實也不是為了妹妹，而是為了性佔有權，這種佔有要求也伴隨著他嫉妒的慾望。

《舊約》幾乎就是一個半公開、半遮掩的亂倫關係的寶庫。令人震驚的是，古老的神話仍然在我們現在的信念中扮演著重要的角色。比如《申命記》中記載，訂婚的處女在被強暴時如果沒有哭出來，就應該被石頭砸死。這背後的潛臺詞是，如果她大聲呼救，就可以避免被強暴。如果沒有呼救，並不會被理解為與恐懼和暴力威脅有關，而被看作是該女性想要被強暴的標誌。

同樣，性暴力的受害者至今仍被懷疑與加害者暗中勾結。在學校裡，聖人的傳說告訴我們，要寧死不屈，貞潔是最高的價值，受害者寧可死也不願意帶著罪惡的性愛污點活下去。我清楚地記得瑪麗亞·戈雷蒂（Maria Goretti）的傳說，她是位十二歲的殉道者，為維護自己的貞潔而死，所以被教會封為聖徒。一八九〇年她出生於義大利，是一個貧窮虔誠家庭的女兒。有一天，一個殘暴的男人襲擊並想要強暴她。她堅決自衛，於是襲擊者將她殺死。

在今天的男人圈裡，我們經常遇到的另一種謬論要追溯到〈約瑟和波提乏的妻子〉[2] 這個故事。這個女人被描寫成是一個好色、好鬥的女人，約瑟不受她勾引，為了報復，她就誣陷這個可憐的男人強暴。由此，人們普遍認為，指控男

2　編註：出自《舊約聖經》的〈創世紀〉第三十九章。

人強暴的女人是為了報復男人而撒謊。

聖經中〈羅得的故事〉[3]最為明顯地反映出我們在日常生活中不斷遇到的一種態度。「羅得和他的女兒們」這主題似乎對男人的幻想來說一直有著一種特殊的魅力，並透過頻繁的藝術表現證明了這一點。顯然，兩個年輕誘人的女子渴望一個老男人的想法，觸發了男性最深的幻想。我想到的是魯本斯（Rubens）、馬西斯（Massys）、真蒂萊斯基（Geatileschi）、阿爾多弗（Altdorfer）、威恩（Veen）、丁托列托（Tintoretto）、范萊登（van Leyden）、圖爾基（Turchi）等人的畫作，不勝枚舉。這些畫作的特點是描繪一個年輕又豐滿的女人，她的衣服誘人地露出乳房，甚至滑落到陰毛以上。這位朝氣蓬勃的、部分裸露的女人拿起酒瓶給老人倒酒。這裡，我們簡單引用一下這個啟發了眾多偉大藝術家的故事：

「羅得離開了瑣珥，和他的兩個女兒留在一個山洞裡。大的對小的說：『我們的父親老了，在這地上沒有一個男人可以照著世間的方式跟我們睡覺。來吧，我們給父親喝酒，和他一起睡覺，這樣，我們就可以從父親那裡得到種子。』於是，當晚他們就給父親喝酒，大的進去，與父親同臥，父親不知道她什麼時候躺下，什麼時候起來。早上，大的對小的說：『看，我昨天和父親躺在一起。今夜我們也要給他酒喝，讓你進去和他躺在一起，讓我們有父親的子孫。』他們這晚也給父親酒喝。小的起身與他同臥，她什麼時候臥下，什麼時候起身，他都不知道。所以羅得的兩個女兒都懷了父親的孩子。」（〈創世紀〉第十九章第三十節以下）

擺在我們面前的是一個典型的例子，即透過暗示曾被女

靈魂謀殺：亂倫與權勢性侵的創傷治療之路

3　編註：出自《舊約聖經》的〈創世紀〉第三十九章。

兒們灌醉和引誘，來證明父親對女兒們的慾望是正當的。這個神話反映的是在專業圈至今仍然沒有絕跡的典型場景：色情的氣氛；女兒們的誘惑、挑逗行為；一個無害的、不被人注意的父親、一個缺席的母親，以及被酒精灌醉的情境。代罪羔羊或者是女兒，或者是酒精，或者兩者兼而有之。

但從女權主義神學的角度來看，這種說法有著完全不同的解釋。在卡塞爾大學教授女權主義神學的海爾加‧索爾格（Helga Sorge）這麼說：

「只能是老父親為了從他的種子中生出後代，給女兒們灌了酒，並強暴了她們，這是《舊約》中男人們的一貫毛病。喝醉了的老男人能讓兩個女人懷孕，在我看來是不可能的，莎士比亞曾經說過：『酒精能激起慾望，卻會扼殺（性）表現』。而兩個喝醉了的女兒，卻無法自我保護。」[4]

在古代的神話傳統中，我們也瞭解到女兒對父親的罪惡之愛。我想到了奧維德（Ovid）[5]在《變形記》中提到的著名的〈密耳拉和克尼拉斯〉的寓言。阿芙蘿黛蒂[6]詛咒密耳拉會愛上並渴望自己的父親。在乳母的幫助下，她設法勾引了父親，騙了他九個晚上，不讓他認出自己來。當父親終於認出她時，便拔刀相向。密耳拉在森林裡徘徊了九個月，最後請求眾神將她變成一棵樹，從樹中生下了兒子阿多尼斯。

這個故事也有我們已經熟知的動機：母親不在場對父親構成了威脅，使惡女有可能引誘他。父親被描述為渾然無

4　原註1：參見 Kuckuck, A./ Wohlers, H. 編輯的論述，出自《父親的女兒》（*Vaters Tochter*）。1988年於萊恩貝克出版，第115頁。

5　編註：奧維德（Ovid）是生活於西元前一世紀的古羅馬詩人，他的代表作《變形記》是古希臘羅馬神話中最重要的作品之一。

6　編註：阿芙蘿黛蒂（Aphordite）是古希臘神話中，代表愛情、美麗與性愛的女神，地位等同古羅馬神話中的美神維納斯。

知，雖然乳母把小女孩帶來時提供了很多線索，告訴了他小女孩的身分：比如，她指出這個女孩跟密耳拉年齡一般大，還說：帶她走吧，她是你自己的。故事是藉由父親在渾然無知的情況下、經由愛情邂逅了女兒、而且發生在黑夜這樣的背景裡，來暗示父親的無辜。當然，另外的暗示也不可或缺，也就是乳母把女兒交給父親時，父親喝醉了。

父親醉酒可以理解成是一種為愛而陶醉的意象。在許多故事中，父親醉酒的責任被推給了女傭，而女傭因將女兒出賣給父親而受到母親的懲罰。值得讚歎的是奧托‧蘭克於一九一二年在維也納出版了《詩歌和神話中的亂倫主題》一書，與佛洛伊德的戀母情結解釋相反，他在書中指出了性虐待（控制妻子或女兒）主題的真正特徵和起源。

「這棵樹被劍劈開了，在這種象徵性表達的背後（根據阿波羅多的說法，父親用劍劈開了這棵樹，他的阿多尼斯降生了），我們可以看到父親虐待狂式的行為，而另一端，是『女兒誘惑了父親』這樣的狡辯。象徵性的表達只說出了父親的性慾和性行為，而這指明了父親對原始慾望的壓抑；這種慾望透過這種象徵性表達清晰地表露出來。和『女兒跟蹤父親』這樣的象徵性表達一樣，這其中揭示的，是父親殘存的合理化，原本是父親強暴了女兒，女兒不得不逃跑和反抗，卻硬要說成是女兒跟蹤父親、誘惑父親」[7]。

幾百年來，這則寓言不斷被改編，從這些改編裡可以明顯看出，父親並不是那麼地無辜。在亨利‧奧斯丁（Henry Austin）[8]一六一三年出版的英文版中[9]，父親的不倫之欲就

7　原註2：參見 Otto Rank 的論述，出自《詩歌和神話中的亂倫主題》（*Das Inzest-Motiv in Dichtung und Sage*）。1974年於達姆塔斯特出版，第343頁以下。

8　編註：亨利‧奧斯丁（Henry Austin）是著名英國詩人。

9　原註3：參見蘭克的論述，同原註2，第350頁；參見 N. Flinker 的有

表現得相當明顯。雖然這裡也暗示了國王並不知道自己對親生女兒的熱情，但案發後的愧疚感以及九個夜晚與女兒的對話，無疑讓人感到這個故事最終是建立在父親壓抑的慾望之上。這並不僅侷限於女權主義解釋框架內。所以，我們要對「好色的女兒勾引無辜父親」的這種說法，打上一個大大的問號。

神話、童話和傳奇中的永恆意象充分說明，父親的性慾、他想佔有美麗女兒的慾望，是一個古老的主題。童話故事象徵性地描述了一個女人從父親的魔掌中走出是其成長的必經之路。在強大的意象中，神話講述了建構我們生活的、被壓抑了的本能慾望。

我想講講流傳甚廣的阿波羅尼烏斯（Apollonius）國王的傳說，因為在這個傳說中，我們可以找到後來在童話和傳說中，所有與亂倫相關的主題。故事的素材可能取自希臘小說，後被翻譯成拉丁文，並在中世紀又經過多次改編。

安提奧庫斯國王（Antiochus）像許多童話中的國王一樣。有一天，他的妻子去世了，只剩下他一個人帶著他美麗的女兒。許多愛慕者都來追求這位賢慧的姑娘，但父親自己卻瘋狂地愛戀著自己的女兒，終於有一天他對她施暴；為了能不受干擾地獨享女兒，他想出了如何趕走女兒諸多追求者的辦法。他告訴眾人，凡是想要娶他女兒的人，都要揭開一個謎語，以證明自己的智慧和尊貴。他說，如果揭不開謎底，就要被砍頭。許多求婚者都掉了腦袋，更可怕的是，國王讓人殺了那些知道謎底的人，這樣他就不用放棄自己的女兒了。

趣文章：〈從奧維德到米爾頓的父女亂倫〉（*Father-Daughter Incest from Ovid to Milton*）。出自：《彌爾頓研究》（*Milton Studies*），第59-74頁。

有一天，國王阿波羅尼烏斯來到這個國家，揭開了父女亂倫之謎，被迫不得不逃亡。在逃亡的路上，他陷入困境，受到另一個國王的女兒照顧，之後阿波羅尼烏斯便娶了她。公主為他生了一個女兒，他給孩子取名叫「塔西亞」（Tharsia）。由於母親生孩子時候還太年輕，她躺在那裡就像失了魂，人們都以為她死了。國王把自己剛出生的女兒交給了一個寄養家庭，寄養家庭對孩子照顧有加。但在孩子十二歲時，因為太漂亮，漂亮得超過寄養家庭的姐姐，於是養母想要殺了這個女孩。然而，女孩幸運得救，並被送到阿塔那哥拉斯（Athanagoras）國王的市場出售。一個皮條客把她買到了自己的妓院裡。在那裡，她明白如何讓包括國王在內的所有顧客珍惜她的貞潔，她用藝術而不是用身體來取悅顧客，並以此維生。

　　在經歷了許多磨難之後，她的父親阿波羅尼烏斯國王也到這片土地上落腳。他為失去女兒而傷心欲絕，他以為女兒已經死了。為了安慰他，逗他開心，皮條客就派來塔西亞，好讓他心情開朗起來。她給他猜謎語，坐在他的腿上，溫柔地吻他的唇，擁著他的身體，好讓他快活起來。但國王把她推開。這時，塔西亞開始感慨自己的命運並講出了自己的故事，他因此認出了自己的女兒。之後他把女兒送給阿塔那哥拉斯國王為妻，因為這位國王在妓院裡放過了他的女兒，所以才有這個權利。在一次夢中，阿波羅尼烏斯國王得知他的妻子還活著，還像十八年前一樣美麗。整個故事以夫妻團聚結尾。

　　蘭克將阿波羅尼烏斯解讀為另一個安提奧庫斯，儘管他自己並沒有虐待女兒，但是透過賦予了妻子她女兒的形象，讓他佔有了女兒，因為他的妻子是和女兒保持著一樣的年齡。因此，里耶納茨（Rijnaarts）提出要談我們父權社會的

安提奧庫斯情結，而不是伊底帕斯情結。

在這裡，我只是呈現了這則寓言的一些片段，因為我只想在傳說的意象語言中找出幾個表現父女亂倫關係的主題。在下面的段落中，我們會清楚地看到這些神話對於遭受性剝削女性造成多大的觸動，而這些神話觸動了她們心靈體驗的核心。

故事一開始，妻子去世了，父親感到自己被拋棄。在童話故事中，我們也同樣瞭解到，當妻子去世，女兒到了可以出嫁的年齡，父親開始有了對女兒的非份之想。在此之前，女兒們似乎是不存在的。

同樣，阿波羅尼烏斯也是在十八年之後才開始尋找女兒。在故事的結尾，我們可以很清楚地看到，他關心的其實是女兒的所有權問題，然後，妻子一直保持著十八年前的年輕樣貌，以這種形式，他得到了女兒。

故事中，這種隱晦的「想要擁有女兒的動機」是一個反覆出現的主題。另外出現的阿波羅尼烏斯國王和阿塔那哥拉斯國王的形象，其實只是褻瀆女兒的父親的替身。這種以年輕貌美的女兒代替年邁妻子的意象，也反映了男權社會的現實。男人往往選擇年輕、弱小、依賴性強的伴侶來延長自己失去了的青春。在心理動力學關於亂倫的討論中，人們反覆指出，女兒是母親的替代品，而母親或者不在，或者在情感和性上拒絕了父親。女權主義研究者揭露出，這種論證是典型的男性正當化傾向。

在童話故事中，父親的這種普遍傾向被母親的死亡和女兒與母親相像等事實掩蓋了。也就是說，在整個王國裡，沒有人比得上死去的皇后，只有女兒和母親一樣美麗。

「在她成長的過程中，國王去探望了她一次，突然對她產生了強烈的愛意，決定娶她。」

這一時刻開始，女孩無法在父親的目光中照見自己。父親只有在把她看作一個女人和潛在的情人的時候，才會對她產生興趣。童話的表述是這樣的：她的金髮吸引了他的目光，然後，女孩的痛苦旅程開始了；在童話故事中，這往往意味著她必須逃走或者成為灰姑娘一般的存在。

父親在自己的情感方面一直沒有分化[10]，就用女兒來代替自己缺失的女性一面。無法真正與女兒產生共鳴，在童話故事中往往表現為父親的混淆。在困境中，他把自己交給了魔鬼，並且不知不覺中把女兒獻給了魔鬼，同時還以為只是把他家後院的那棵蘋果樹拱手相讓。就像他利用蘋果樹來獲得收成一樣，女兒也是為了滿足他自己的需要而用來剝削的。這個童話故事指出了父親的關係障礙。（見本章結尾的童話故事〈沒有手的女孩〉）

從《聖經》中我們知道，耶弗他（Jephta）因為錯把女兒當成狗而犧牲了自己的女兒。為了贏得與亞捫人的戰爭，他請求神的祝福，並立下誓言，他要把回到家遇到的第一件東西拿來獻祭。在家裡用音樂來歡迎他的，是他的女兒，他唯一的孩子。耶弗他失去控制，撕扯著自己的衣服說：「哦，我的女兒，你這樣給我帶來了多大的痛苦！」宣告女兒是代罪羔羊，把所有責任都推給女兒，這樣的亂倫者對我們來說太熟悉了。犧牲女兒，無論是為了戰爭的好運，還是為了父親們的性快感，都是一個古老的主題。這與對女性的

---

10 譯註：這裡的父親在情感方面的未分化與以下社會事實有關：男權社會將女性原則驅趕到地下，不鼓勵男性發展生命中女性的面向；也不允許男性過多地表達情感及情緒，男性因此失去很多獲得情感層面刺激的機會，因此情感功能得以分化的機會比較少。舉例來說：女性作為照顧者，和家人有更多互動，更容易分清溫柔的需要和性的需要，而男性則會在照顧孩子時把孩子對溫柔的需要解讀，或者投射為對性的需要，有的會進一步認為是女兒性引誘了他們。

背叛間有著很深的淵源。

在我們的寓言中，父親對女兒進行性剝削。他強行帶走了她、佔有了她。因此，在古老的傳統中、在語言的使用上，亂倫的內容已經很明確：主要不是關於性，而是關於「對她施以暴力、權力」，並把她據為己有。

我們知道，「佔有女兒成癮，想把女兒據為己有」是典型的亂倫主題。專業文獻中反覆描述了亂倫家庭的特點，即害怕分離和無法從關係中抽離。人與人之間的界限是非常模糊的，為了生存，相互之間是一種共生關係模式。在〈阿波羅尼烏斯〉這個故事裡，父親也不能放過女兒、不能為她打開通往女人的道路。他嫉妒地看守著女兒、他是唯一能佔有女兒的人。

這個話題我們在《聖經》中已經很熟悉了。我想起了《托比亞斯書》中的拉古爾（Raguel）（托比亞斯第七章）。這是個矛盾的父親、一個憂心忡忡的新娘的父親，他表面上希望女兒能找到如意郎君，但他又是一個掘墓人，新婚之夜，他已經為女婿挖好了墳墓。

「拉古爾起身，叫來僕人來幫他挖墳。他想：『說不定這個人也會死，我們就蒙羞了』。墳墓挖好後，拉古爾叫來妻子，對她說：『派一個女僕到洞房裡，去看看他是否還活著，如果已經死了，我們就把他埋了，不會有人知道。』」

榮格研究這個傳說，想把父親意象的兩面性說清楚。故事中並沒有把父親描述成一個不想放棄自己心愛女兒的壞人，而是將他惡魔的一面分離出來，成為惡鬼阿斯莫迪（Asmodi）；阿斯莫迪連殺了女兒的七個新郎。似乎，父親形象中邪惡的一面是令人無法忍受的，即使是在表現父親矛盾形象的童話故事中，邪惡似乎也是和父親分離的。在這裡，女孩們的困境是拜魔鬼所賜。令人震驚的是，魔鬼常常

作為虐待狂父親的化身出現。

我想起了一則名為〈魔鬼當老師〉的童話故事：

「從前有位母親，她有三個女兒，每天早上她都會帶她們去上學。她們的老師是魔鬼，他愛上了小女兒，卻找不到辦法對她施暴，於是就給她做了一個玻璃盒子和一枚安眠戒指。有一天，他抓住她，把安眠戒指戴在她手指上，她立刻陷入了沉睡。然後魔鬼把她放進玻璃盒子裡，扔進了大海。」

在這個童話故事中，母親似乎也和男性關係不好，因為她分不清老師與魔鬼。我們從父親身上沒有學到任何東西，或許可以說明一個沒有父親的女孩特別容易中「魔鬼」的圈套，或者說她只能體驗到男人們「魔鬼」的那一面。

在這裡，老師承載著父親原型的投射，卻被證明不是一個父親般的老師，而是隻惡魔。這位老師並沒有幫助女孩學習進步，而是想佔有她，讓她與世隔絕。他的目的並不是要促進女孩自主性自我的發展，讓她擺脫對母親的依戀，而是以暴力控制這女孩。他利用了這女孩，自己也變成了惡魔。在這個童話故事中，我看到了性虐待的典型情況描述。孩子與老師、父親、鄰居之間的信任關係被利用，威脅到女孩的人格整合，也威脅到她的情感成熟和自我發展。女孩被騙了，原本偽裝成靈性的東西[11]最終變成了可辨認的肉體。

睡在玻璃盒子裡這意象，把這種創傷經歷所造成的心理後果描述得很貼切。仿佛所有的情感都必須凝固，一切本能的東西都要被分離出去，因為它太危險了。保持類似睡眠的狀態就像一種防禦機制，可以保護自我不想起任何創傷性的

11　譯註：這裡指「師者，傳道授業解惑」之靈性上的教導，最後成了身體上的性侵犯。

東西，恍如在生命中死亡。被性剝削的女性感覺自己與所有的生命力分離開來，彷彿生活在一個玻璃罩下，一切真實的東西都顯得不真實。

　　宿命般的亂倫父親情結在許多童話故事中清晰可見。

　　榮格寫出了父親意象對後期生活所造成的惡魔般的影響：「如果我們想要看到命運惡魔般的力量是如何起作用的，我們可以在神經疾患患者靈魂中的黑暗和無聲的悲劇中發現，這些黑暗和悲劇的形成過程是緩慢而痛苦的。……我們常常稱它們為上帝之手或魔鬼之手，這不自覺地表達了一個心理學上非常重要的因素，也就是塑造我們靈魂生活的這種強制力，具有自主人格的特徵。」[12]

　　同樣，在〈沒有手的女孩〉這則童話中，父親也有魔鬼的特徵，當他出現時就像被惡鬼附體了一樣。這裡的惡鬼是所有非法、邪惡衝動的縮影，這點是我們在基督教的傳說中所熟知的。

　　聖人的傳說也給我留下了特別深刻的印象，比如蒂姆帕納（Dympna）的傳說，藉由賽格斯（G. Seghers）[13] 被收藏於慕尼黑施萊斯海姆（Schleißheim）畫廊的畫作極富表現力地被呈現了出來。根據傳說，她是七世紀愛爾蘭一位異教徒國王的女兒。她祕密成為基督徒，在母親去世後逃到了比利時，因為正如教會記錄中所說的，「好色的父親對女兒激烈的愛火熊熊燃燒」。但她的父親並沒有在狂熱中放過她，而是對她進行迫害，並試圖藉由花言巧語再次贏得她的芳心，而她拒絕了。在女兒再次拒絕了他的非禮之後，他將她

12　原註4：參見榮格的論述，出自〈父親對個人命運的重要性〉（*Die Bedeutung des Vaters für das Schicksal des Einzelnen*）。收錄於《榮格文集》第4卷，第363頁。

13　編註：葛拉德·賽格斯（Gerard Seghers）是十七世紀的佛拉蒙（Flemish）畫家。

斬首。在安特衛普的聖蒂姆帕納（Saint Dympna）教堂的一塊獻禮臺上，她被塑造成右手持劍的形象，在她腳下有著被捆綁的魔鬼。

　　在這裡，被打敗的魔鬼也象徵了戰勝邪惡。整個傳說是我們熟知的建構模式。母親去世了，女孩的困境也隨之開始。母親一死，她的角色就要由小女兒來代替。父親的引誘，讓我們想起從小被性侵的年輕女孩們講述的她們童年的故事。他們也曾感到受寵若驚，以為自己是父親最愛的、最美麗的孩子。父親試圖用禮物、特權、以及金錢來誘惑女兒。「只要妳說出去，我就殺了妳；妳不同意，我就殺了妳」——這種「我要殺了妳」的威脅在這個傳說中成了殘酷的事實。這不僅關於靈魂謀殺，而是關於肉體存在的毀滅。基督教的教義說，拯救靈魂比拯救身體更重要。因此，在塞格斯的畫作中，觀賞者感覺不到任何亂倫受害者所經歷的恐懼和絕望，他／她們看到的只是一個陶醉的蒂姆帕納，眼睛向上，等待著被劍擊中。父親惱羞成怒，抓著她的頭髮，揮劍將她斬首。有趣的是，這位聖人蒂姆帕納被看作是被魔鬼附體者和精神病患的守護神。

　　《塔木德》中也提到這種邪欲的惡魔，這惡魔常被看作是女性歇斯底里的原因。附體現象後來被診斷為歇斯底裡症，以此來掩蓋性暴力，這種現象在宗教裁判所時期尤為常見。據說，女巫們會組織與夢魘[14]的性狂歡，而這些夢魘最喜歡在睡夢中拜訪處女和修女，與她們發生性關係。惡名昭彰的〈女巫之槌〉（Hexenhammer）由兩位道明會僧侶在一四八七年前後寫成，描述了的痙攣、疼痛脫臼和「四肢鬆

14　譯註：夢魘是歐洲中世紀傳說中的一種男性惡魔，會趁女性在睡夢中時加以侵犯。

弛」是惡靈附體的證據。直到很久以後，經過研究人們才明白，這些癥狀是遭受性剝削的後果。在中世紀，據說夢魔以神職人員的形式出現，寺院幾乎都知道這種夢魔的到來會帶來怎樣的瘟疫。耶羅尼米斯‧波希（Hieronymus Bosch）[15]曾說過關於一名年輕女子的故事。這個女子在反抗夢魔時呼救，她的朋友們在她的床下發現了這個以主教希爾瓦納斯（Sylvanus）形象出現的夢魔。[16]雖然早在中世紀，尤其是在醫生們當中，這種現象的性起源早已廣為人知，但似乎將這些女性處決為女巫，要比要求教會代表們負責容易得多。

在由佛洛伊德編輯，由瓊斯發表的一系列關於「夢魔信仰」的論文中，有許多非常有趣的內容。遺憾的是，由於對夢魔信仰的解讀同佛洛伊德的看法一脈相承，使得這些論文的價值受損，即：這些癥狀最終都回溯到了「女性被壓抑的性交慾望，特別是與父母的性交慾望」[17]。前面我已經闡述過，這種精神分析的解釋在多大程度上掩蓋了受虐待女性真實的痛苦。

現在，讓我們回到阿波羅尼烏斯傳說，以近距離觀察這位嫉妒的父親不把女兒嫁給任何人，並且試圖用謎語來阻止追求者的動機。故事裡講得很清楚，安提奧庫斯國王出於惡意想趕走女兒的追求者，以便自己可以不受干擾地獨享女兒這份財產。

在這個主題後來的眾多演化中，父親的這種自私態度，以及與此相應的他的慾望，變得不那麼容易辨認。童話傳統也同樣受制於壓抑過程。究竟選擇哪些故事主題，取決於故

---

15 編註：耶羅尼米斯‧波希（Hieronymus Bosch）是十六世紀的著名荷蘭畫家。
16 原註5：參見瓊斯關於夢魔與噩夢之間關係的文章。收錄於 Jones, E.《噩夢》（Der Alptraum）。1912 年於萊比錫出版。
17 原註6：參見瓊斯的論述，同原註5，第34頁。

事的收集者，比如，格林兄弟被許多人指責為「自由得無法無天」，在今天已經不再是什麼祕密。在我自己對童話文學的研究中，我注意到，父親很少被用來解釋心理學的童話。我們知道，童話中的母親是邪惡、是雌性、是救贖、是陰影、是女巫、是孩子，而用父親來命名的童話，我還沒有看到過。也許這裡有某種禁忌在作祟？女兒們似乎尤其難以寫出父親的故事。我們的社會似乎讓我們特別難以面對作為個人的父親，但這又助長了人們對原型父親的渴望。

在阿波羅尼烏斯國王的傳說中，是父親提出了讓每個求婚者都必然會失敗的謎語。在這裡，我們面對的是普遍存在的主題，即父親只有在某些實際上根本無法實現的前提下，才會讓女兒逃出自己的手掌心。顯而易見的是，父親的真實意圖往往被掩蓋了，而表面上的辯解是，求婚者應該證明自己睿智有才幹，才能作為父親的合格繼承人來統治這個國家。

有很多童話故事被加工成了「三根金毛的魔鬼」這種類型，來描述嫉妒的父親不想接受女婿的例子。他們用最陰險的方式試圖毀滅求婚者。這些童話故事特別引人注目的地方在於，父親缺乏一種與女兒真正意義上的連接。這從來都和女兒個人的幸福無關，她自己的需求從來都不重要。滿足父親的需要總是優先於一切，這種現象我們在每件性剝削個案中都能看到。

在格林童話〈阿勒萊勞〉（Allerleirauh）中，為了逃離父親的控制，打消父親娶她為妻的念頭，女兒給父親佈置了艱鉅的任務，但國王仍然滿足了女兒所有的要求。女兒除了逃跑，別無選擇。這種「逃離父親」的主題是一個非常常見的童話主題。阿勒萊勞只有透過長期的逃亡生活，才能把自己從父親的控制中解救出來。她把臉弄黑，穿上動物的皮

毛，透過這種方式來表達自己受傷的自我價值感。「在誰看來她都很醜，好像把靴子戴在頭上一樣」。

個案退縮到灰姑娘的生活中去，感覺自己一文不值，活得像最稀爛的泥巴，這是在和遭受過性虐待女性的治療工作中眾所周知的狀況。這些女人常常夢見自己在洗澡，卻始終洗不掉身上的污垢。為了讓自己不被人認出來，她們把身體藏在寬大的衣袋裡；為了不讓父親看上美麗誘人的面容而把臉抓破，這背後的動機把童話和現實聯繫在一起。這就是童話故事〈留仙王的女兒〉所描述的：「女兒聽說要嫁給父親，就剪掉了頭髮，扔掉了婚紗，穿上了灰色的裙子，把自己的臉抓得鮮血直流。」

從格林兄弟的其他德國童話故事中，我們瞭解到，女孩請求上帝把自己變醜，好讓父親放她走的請求，並沒有得到實現，反而是魔鬼因為沒能讓女孩成為自己的女兒，出於報復，將她的臉抓傷、毀容，以至於父親對女兒失去了興趣。（出自童話〈奎德爾小狗〉）

關於魔鬼，我想到了另一個讓遭受性剝削的女孩們深有體會的重要主題，也就是魔鬼的命令：要求她們把眼睛和舌頭割掉，這樣就看不到和說不出更多的東西了。畢竟，整個亂倫話題主要是在「打破沉默」的呼喚聲中才被公開的。然而在漫長的歲月中，父親們似乎成功地割掉了女兒們的眼睛和舌頭。正是出於這個原因，在被性侵的女性自助小組中，特別重視把說話作為一種宣洩、淨化的體驗。已經沉沒到無意識中的東西，必須重新變得有意識，使它不再以干擾和阻礙的方式闖入意識生活。「寧死也不願說」這種廣為流傳的童話題材，在我們的心理學實踐中，尤其是在亂倫方面，具有很強的現實意義。不過，童話也展現了一種脫離沉默的方式，比如，它讓童話中的女主角對著爐子說話。女孩們的

聲音一定要被聽到，因為說話是一種療癒，為意識化鋪平道路。以童話的語言來表達，這本身就是對詛咒的救贖，幫助女性們從情感石化中啟程出發。

最後，我想詳細介紹一則童話故事，它事關對女兒反抗的懲罰，也可以理解成是一個女人把自己從矛盾的父親意象中解放出來的個體化之路。這則格林童話〈沒有手的女孩〉還有另一個版本：「一個父親希望自己的女兒能成為他的妻子，在女兒拒絕後，他砍掉了她的雙手和雙乳，給她套上白襯衫，把她放逐到這個世界上，繼續被追捕。」[18] 我曾在不同的場合，特別是在治療實踐中，遇上遭受性虐待女性的主要癥狀是手部皮膚明顯過敏或感到「無力」時，使用過這個童話。

接下來，我將述說這個令人印象深刻的以亂倫為主題的童話故事。

沒有手的女孩

一位磨坊主人逐日陷入了貧困，除了磨坊和磨坊後面的一棵大蘋果樹，他什麼都沒有了。一次，他到森林裡去砍柴，一個從未見過的老人來到他面前說：「你何必要受這砍柴的罪呢？我要讓你變得富有，只要你把磨坊後面的東西許給我就行。」「磨坊後面除了那棵蘋果樹，還能有什麼呢？」磨坊主人這麼想著，就答應了那位陌生人，並立了字據。那個陌生人幸災樂禍地冷笑著說：「三年後，我要來取屬於我的東西。」說完就走了。等磨坊主人回到家，他的妻

18　原註7：參見格林童話集第31則中的評論。

子質問他：「告訴我，我們家這些財富從哪冒出來的？突然間，所有的大箱子小箱子都滿了，沒有人能把這些東西帶進來，我不知道發生了什麼。」磨坊主回答說：「是一個怪人給的，他在森林裡遇到我，並答應給我很多財寶；而我只要把磨坊後面的東西許給他就行，那棵大蘋果樹我們大可以給他！」「老天啊！」女人驚愕地說道，「那是魔鬼！他要的不是蘋果樹，是我們的女兒！她站在磨坊後面掃院子！」

磨坊主人的女兒是位美麗又虔誠的姑娘，她敬畏神靈三年，不曾犯下任何罪孽，三年時間一過，到了惡人來取她的日子。她把自己洗得乾乾淨淨，用粉筆繞自己畫了一個圈。魔鬼很快出現了，但無法靠近她。他生氣地對磨坊主人說：「把所有的水都收起來，讓她不能再梳洗，否則我就不能對她動粗。」磨坊主人害怕地照做了。一大早，魔鬼又來了，但她用手抱頭痛哭，手變得乾乾淨淨。魔鬼又不能靠近她，於是怒氣沖沖地對磨坊主說：「把她的手砍掉，不然我對她什麼都做不了！」磨坊主人嚇壞了，回答說：「我怎麼能砍掉我自己孩子的手？！」惡魔威脅他說：「你要是不這麼做，你就是我的了，我就會親自來拿你。」父親害怕了，他答應照做。然後，父親走到女兒面前說：「我的孩子，如果我不砍掉你的手，魔鬼就會繼續跟我過不去。我出於害怕，答應了他。爸爸有難處，幫幫我，原諒我對你做的壞事。」女兒回答說：「親愛的父親，你想對我做什麼都可以，我是你的孩子。」她把兩隻手放下，讓父親砍了下來。魔鬼又來了，但她用殘缺的手臂掩面，痛哭了很長時間，被截了手的斷面也變得乾乾淨淨。然後魔鬼不得不讓步，失去了對她的一切權利。

磨坊主人對女兒說：「因為妳，我獲得了這麼多好處，我要用最好的方式照顧妳的一生。」但女兒回答說：「我不

能待在這裡了，我想離開，路上的好心人會給我需要的東西。」然後，她把殘缺的手臂綁在背後，天亮就出發了，走了一整天，直到天黑。她走到一個皇家花園，月光下，她看到裡面盡是結滿了果子的果樹，但她進不去，因為花園周圍有水攔著。她走了一整天，一口東西都沒吃，饑腸轆轆，她想：要是能在裡面吃點果子就好了，不然我就得餓死了。

於是她跪下來，呼求上帝，禱告。突然，一位天使飛過來，到水裡關上了一個水閘，這樣溝裡的水就乾了，她就可以過去了。她走進花園，天使也跟著一起進去。她看見一棵結滿了水果的樹，上面是漂亮的梨子，但都有人數過了。然後她走到樹下，用嘴在樹上叼著吃了一顆水果來充饑，但沒有再多吃。園丁看了看，因為有天使站在那裡，他感到害怕，以為女孩是鬼魂，就保持沉默，不敢叫，也不敢對鬼說話。吃完梨子，女孩飽了，就躲回樹叢裡。園子是國王的，第二天早上，國王下來數了數梨子，發現少了一顆，就問園丁梨子去了哪裡，梨沒有掉在樹下，肯定是不見了。園丁回答說：「昨天晚上有一個鬼魂進來，沒有手，用嘴叼了一個。」國王說：「怎麼可能有鬼魂，還能跨過水面？她吃了梨子之後去了哪裡？」園丁回答說：「有個穿著雪白衣服的東西從天而降，關上水閘，止住水流，幫鬼魂過河。因為那一定是天使，我害怕，所以不敢過問，也不敢叫出聲。鬼魂吃了梨子，又回去了。」國王說：「如果真如你所說，我今晚跟你一起守夜。」

天黑的時候，國王來到花園，帶了一位祭司來和鬼魂說話。三人都坐在樹下看著。半夜，女孩從樹叢裡爬出來，來到樹下，又用嘴叼了一顆梨吃，她的身邊站著穿白衣的天使。祭司站出來說：「妳是從上帝那裡來的，還是從人間來的？妳是鬼魂還是人？」她回答說：「我不是鬼，我是一個

可憐人，是一個除了上帝之外被所有人拋棄了的人。」國王說：「如果整個世界都拋棄了妳，我不會拋棄妳。」他帶著她回了王宮，因為她太美了，太虔誠了，他全心全意地愛著她，讓人給她做了銀手，娶她為妻。

過了一年，國王要出征了，他讓母親照顧王后，並交待母親：「等她進了產房，好好照顧她，立刻寫信給我。」王后生下一個兒子。老母親匆匆寫了封信，把這個好消息告訴他。然而，因為長途跋涉太疲憊，信使在一條小溪邊休息的時候睡著了。這時候魔鬼來了，他總是想加害虔誠的王后，於是把信使的信換了，信中寫道，王后生了一個怪物。國王看了信後，很害怕，也很傷心，但他在回信中寫道，他們應該留住王后，照顧好她，直到他回來。信使拿著信回去，又在同樣的地方休息，又睡著了。然後，魔鬼又來了，又在口袋裡放了另一封信，說讓他們殺了王后和她的孩子。老母親收到信後，驚恐萬分，不敢相信，又給國王寫信，但沒有收到國王真正的答覆，因為魔鬼總是給信使塞假信。最後一封信裡寫著：他們要割下王后的舌頭和眼睛掛起來，作為標誌。

老母親哭著說，不能流無辜人的血。於是她連夜派人找來一頭雌鹿，割下牠的舌頭和眼睛，掛了起來，然後對王后說：「我不能按照國王的命令殺了妳，可是妳不能再待在這裡了，帶著妳的孩子，走得越遠越好，再也不要回來。」老母親把孩子綁在王后背上，可憐的王后便含著眼淚離開了。她來到荒野中的一座森林，在那裡她跪在地上向上帝祈禱，主的天使向她示現，帶她來到一間小房子，房子的小牌子上寫著：「誰都可以自由地住在這裡。房子裡走出一位衣服雪白的少女對她說：「歡迎你，王后。」然後把她帶進屋內，接著把小男孩從她的背上放下來，抱在胸前，讓她餵奶，

然後把孩子放在一張做得很漂亮的小床上。可憐的女人說：「你怎麼知道我是王后？」聰明的少女回答說：「我是上帝派來的天使，來服侍你和你的孩子。」然後，她在那間房子裡住了七年，被照顧得很妥善，藉著上帝的恩典，也因為她的虔誠，她被砍掉的手又長了出來。

國王終於出征回來了，回到家的第一件事就是希望看到妻子和孩子。然後，老母親哭著說：「你這個惡人，你給我都寫了些什麼？！讓我殺了兩個無辜的靈魂！」她把惡魔偽造的兩封信拿給國王看，接著說：「我已經按照你的吩咐做了。」並給他看了掛起來的舌頭和眼睛。於是國王開始為他可憐的妻子和他的小兒子痛哭，老母親可憐他，對他說：「你要知足，她還活著。我讓人偷偷宰了一隻雌鹿，用雌鹿的舌頭和眼睛做了標誌。我把孩子綁在你妻子的背上，告訴她，走得越遠越好，她答應再也不來這裡了，因為你看到她就會生氣。」然後，國王說：「只要他們不是半路喪命或者餓死，就算走到天涯海角，不吃不喝，我也要找到我親愛的妻子和孩子。」

於是國王到處找，找了七年，在所有的石崖和洞穴裡尋找，但都沒有找到妻子，他以為她已經餓死了。在這段時間當中，他既沒有吃也沒有喝，但神支撐著他。最後，他來到了一片大森林，發現一間小房子上面掛著一個牌子，牌子上寫著：「誰都可以自由地住在這裡。」然後，白衣少女走出來，拉著他的手，把他領進屋裡說：「歡迎你，國王陛下」，並問他從哪裡來。他回答說：「我四處流浪了近七年，尋找我的妻子和孩子，但我找不到他們。」天使用食物招待他，但他沒有接受，只想休息一下。於是他躺下睡覺，用一塊布遮住了臉。

王后給兒子取名叫「史默珍萊希」（Schmerzenreich）[19]。天使走進王后和兒子坐著的房間，對王后說：「帶著孩子出去吧，你丈夫來了。」她走到他躺著的地方，布從他臉上掉了下來。王后說：「史默珍萊希，給你父親撿起那塊布，把他的臉重新蓋上。」孩子撿起布來，重新蓋上了他的臉。國王在睡夢中聽到了這句話，欣然讓布再次落下。於是，孩子不耐煩地說：「親愛的媽媽，我怎麼能蓋上我父親的臉呢？我在這個世界上不是沒有父親嗎？我已經學會了祈禱我們在天上的父。你說我的父在天上，是親愛的上帝；我怎麼會認識這麼個野蠻的人？他不是我的父親。」國王聽了這話，站起來問她是誰。她說：「我是你的妻子，這是你的兒子『史默珍萊希』。」他看到她的手是活的，說：「我的妻子有一雙銀手。」她回答說：「上帝又讓我長出了自然的雙手。」天使走進房間拿出銀手給他看。他確定了這是他親愛的妻子和孩子後，親吻他們，高興地說：「我心裡的一塊大石頭終於落地了。」然後，上帝的天使為他們提供了食物，他們一起回家去見老母親。王宮裡一片歡騰，國王和王后又舉行了婚禮，他們從此過著幸福的生活。

針對這個童話的整體解讀，世上還有許多不同的版本[20]，所以我在這裡只挑那些特別能體現遭受性侵女性心理體驗的部分。

這則故事闡明了女兒為了父親的需要而被剝削、被利用

19 編註：史默珍萊希（Schmerzenreich）在字面上有悲傷、痛苦之意。
20 原註8：參見馮‧法蘭茲的論述，出自《童話中的女性》（*Das Weibliche im Märchen*）。1980 年於斯圖加特出版。也請參見 Drewermann, E./ Neuhaus, J.〈沒有手的女孩〉（*Das Mädchen ohne Hände*）。1983 年於奧爾滕出版。以及參見 Bittlinger, A.《在通往完整性的道路上》（*Auf dem Weg zur Ganzheit*）。收錄於 Metanoia，1983 年第 1 期，於尼德巴德（Nidelbad）出版。

的主題。磨坊主人為了一己私利，不惜犧牲自己的女兒來交換。這個童話說的是：為了物質而犧牲活生生的人。透過對魔鬼許下承諾、殘害女兒，他也毀了自己的靈魂。但這個童話對磨坊主人的靈魂殘缺並不感興趣，就像亂倫研究關心的並不是施虐父親的靈魂喪失，而是受虐女兒的靈魂殘缺。斷手象徵著完全喪失了行動能力。遭受父親性剝削的女性，在把握和理解世界的能力上，也同樣經歷著殘缺不全。在性侵的創傷性後果中，受創者有一種無力感，她們任人擺佈，無法自己掌握命運之舵。

在童話故事中，父親把兌現魔鬼的承諾這件事決定權推給了女兒。他在危難之際向女兒求救，並將自己進一步的命運責任全部壓在女兒身上。這是一個典型的亂倫家庭主題。女兒在很小的時候就退出了孩子應有的角色，被推到了一個超出她的承受能力、同時又被抬高的地位上。這讓她意識到，父親乃至整個家庭的幸與不幸，都取決於她是否願意為父親付出。如果女兒拒絕將自己獻給父親，父親就會因悲痛而要求、乞求或威脅要自殺。透過這種方式，孩子幾乎被父親推給她的愧疚和責任所壓垮。如果女孩拒絕或避開父親的逼迫，那麼她就會給整個家庭帶來不幸、她就是邪惡的，所以父親也會變成邪惡的。童話中的女孩只有被磨坊主人砍掉雙手，才能守住父親慈愛、美好的意象。被父親性逼迫的年輕女孩們也有類似的處境。他們寧可犧牲自己，也不願意犧牲慈父的意象，他們寧可放棄自己的身分認同，也不願意放棄正面的父親意象。

出於依賴，為了維持慈父形象，女孩們犧牲自己，讓自己被殘害。磨坊主人的女兒也是為了救父親，放棄了自己的意願，投降了。只有無欲無求——成為一個沒有雙手的女孩，對父親來說，才是正當的。所以，被性剝削的女孩知

道，只有當她們完全抑制自己的衝動，壓抑自己的慾望和對父愛的渴求與需要，她們才是最親愛的女兒。只有讓自己失去靈魂，並以此為代價，才能買到父親的愛。

　　這則童話提出了一個問題，女兒怎麼能與這樣的父親相處於同一屋簷下共同生活？在童話中，女兒明顯感覺到自己不能繼續和這父親在一起了。她的旅途把她帶到了一座皇家花園，花園裡的樹上結滿了水果，她用嘴從上面摘了一顆水果。這種對口欲的強調，也就是指她退行到口部發揮重要作用的早期發展階段，揭示了一個主題，而這主題屬於性虐待的典型後果之一。我想到的是在飲食方面頻頻出現的失調現象。童話故事中的女孩吃了樹上的一顆梨子來充饑，「但沒有多吃」。她滿足了自己的饑餓感，卻無法盡情享受。遭遇過性侵的女性往往在飲食問題上很難劃清界限，因此會出現嚴重的飲食障礙。

　　童話故事的第二部分是關於女孩與國王的關係。恰恰是在關係層面，對於亂倫受害者來說，命運的問題顯得非常特殊：如果沒有手，我怎麼能從過去解脫出來；如果沒有手，我怎麼能伸出手，與愛人相遇？如果沒有行動能力，只有依賴、自卑、無力，我怎麼能成為一個平等的伴侶？在童話中，國王是作為父親的另一面出現的，他是善良的，也是慈愛的，最重要的是他終於承諾了父親應該給予她的保護和安全。年輕女子終於遇到了一個人，所有美好的事物，哪怕是最高貴的，都可以投射到這個人身上。對於那些想要從消極的父親世界中掙脫出來的女性來說，尋求一個不一樣的父親，以便讓父親原型積極的一面來治癒自己，是同樣的道理。然而很多時候，她們選擇的這個「不一樣的父親」，就像她們想要逃離的父親一樣，被證明同樣限制了她們的生命發展。依賴的模式很難打破，這個童話故事也證明了這點。

儘管女孩得到了銀手，但這些人工義肢並不能說明她可以獨立自主，進而擁有真正的行動自由，只會因為感激和愧疚進一步被束縛。

童話裡的國王離開她去打仗。他一開始的承諾：「我永遠不會離開你」被打破了，而且恰恰是在女人最需要丈夫在身邊的時候、在生孩子的時候，她卻是孤身一人。在這個故事中，我們透過魔鬼偷換信件的動機可以瞭解到，國王和王后之間的溝通並不是真的很順暢。從魔鬼身上，我們可以看到父親魔性的一面，不知不覺中，這個魔鬼仍然存在於關係中，擾亂了夫妻間的幸福和諧。

同樣的，性剝削的父親也對女兒後來的戀情耿耿於懷。在最親密的層面上，在情慾和性愛領域，未處理的父親問題爆發了。自我懷疑和不知所措的感覺——覺得自己不是一個真正的女人，擾亂了女兒與國王間的伴侶關係。從與父親的關係中繼承來的罪惡感，一種錯了、犯了罪的感覺，攫取了女性整體的存在。她們在性生活裡總是矛盾重重，以至於面臨婚姻破裂的危險。這些女性的絕望往往會危及生命，甚至造成自殺。在童話中，女孩再次出發，拋下一切，拯救自己和孩子。這個被她稱為「史默珍萊希」的孩子，首先是她內心裡受傷的孩子，她必須獲得接觸這個孩子的機會，才能真正保護這個孩子。在童話故事中，動物被殺死，牠的舌頭和眼睛成了女孩已死的象徵。因此，女孩保留了看見、辨別和用語言來表達的能力。在對這個童話的解釋中，德魯曼（Drewermann）[21] 提出了一個非常重要的觀點，這種觀點對於受虐女性的治療也至關重要：「非常重要的是，當女孩再

21　編註：厄金・德魯曼（Eugen Drewermann）是德國知名作家，也是教會評論家、神學家、和平活動家和前天主教神父。

次出發時，伴隨著她的，是一種清白的感覺。這個『沒有手的女孩』已經不願意再相信：一切都要怪她，只有她一個人不對，所有的指責都是合理的。而現在這種清白的感覺救了她的命」[22]。

治療中的一個核心目標是讓女性從罪惡感中解脫，因為罪惡感將她們與以前發生的事情絕望地綁在一起，使她們不自由，無法自拔。我們也在童話中感受到，這條自我發現的道路是怎麼形成的，我們學習到哀傷與眼淚對於救贖的意義。而最重要的是，我們從故事中瞭解到，這段過程需要漫長的時間。七年來，這位年輕的女人帶著孩子生活在孤寂的森林中，直到她的手終於長回來。靈魂被謀殺、被強暴了的女性，找回創造力和新生活的治療之路同樣如此漫長、艱辛和充滿痛苦。

就像在這則童話故事中一樣，在與有過類似痛苦經歷的女性的治療工作中，讓這些女性認識到，最終沒有其他人能夠將她們從依賴和成癮中解救出來，而只能從內部治癒時，這點很重要。在童話故事中，這種治癒是以上帝恩典的宗教體驗來表現的，只有上帝才能治癒人類所破壞的東西。我深信，在治療中，靈性層面可以成為這個轉捩點、可以救贖我們內心受傷的孩子。榮格心理學追根究柢就是要把這種對「自性」的體驗作為個體化的目標，作為人類整體性的意象，因為對榮格來說，自性「也許是上帝恩典的容器」。

我想在這裡結束這篇關於神話和童話的簡短概述。說到這裡也許已經很清楚了，性剝削並不是一種現代現象，而是女孩和成年女性一直在遭遇的現實問題。這裡不再贅述果戈里（Gogol）、司湯達（Stendhal）、易卜生（Ibsen）、

22　原註9：參見 Drewermann，同原註8，第38頁。

豪普特曼（Hauptmann）、施尼茨勒（Schnitzler）和巴赫曼（Bachmann）等人對不倫父女關係的眾多詩意創作。我現在更想談談性虐待對受害女性生活的影響。

第四章

亂倫作為創傷

──性剝削的癥狀和後果

　　到目前為止，許多資料為我們提供了關於性虐待的短期和長期後果的相關資訊。第一手資料是我們從亂倫受害者那裡收到的個人報告。自一九八二年愛麗絲・米勒在女性雜誌《布麗吉特》（*Brigitte*）上發表〈女兒不再沉默〉（Die Töchter schweigen nicht mehr）一文以來，越來越多的女性敢於談論性暴力行為，特別是在家庭這個「保護空間」內的性暴力行為。從大量的讀者來信中，我們震驚地發現這些經歷（對受害者）有著極為深遠的影響。與此同時，已經有許多書籍問世，從受害者的角度描述亂倫創傷，並談論亂倫創傷對自尊體驗的影響、對患者和自己身體的關係的影響，以及對性關係等各個方面的影響。自助團體也與媒體合作，將這種可怕的苦難公之於眾，以提升大眾對這一問題的意識。

　　學術研究也已經開始關注這個問題。在探討性侵的癥狀和後果上，美國有一些很好的的實證研究。與以往的研究不同，這些研究不僅調查那些以某種方式記錄下來的虐待案件，也調查非臨床人群，如對大學生的調查也包括在內。這也說明，亂倫關係主要發生在「社會底層人口」[1]當中的這種謬論是不正確的。另外，過往對於亂倫研究的看法，如住房條件差是促進亂倫的因素之一，也被證明是不適用的。性

1　原註 1：參見 Maisch, H. 的論述，出自《亂倫》（*Inzest*）。1968 年於萊恩貝克出版，第 83 頁。

剝削不只是發生在貧困階層的問題；虐待也不像人們常說的那樣，與加害者的性慾異常有關。

誠然，某些研究在方法上還有待商榷；對亂倫問題的研究，一次又一次因為統計數據的有效性非常有限而栽了跟斗。不過，因為統計證據不是我們這本書的關注點，所以可以暫時擱置這些顧慮。

除了受害者女性的自我報告、在我對研究文獻的深入學習、和同事們的交流以及在歐美考察外，與亂倫受害者的治療工作是我學習最多的地方。治療實踐中的體驗一次次向我提出新的挑戰，於是我放棄了對這一問題保持距離的理性觀察，選擇讓體驗真切地觸動我。在探討身體和心理上的虐待時，我自己的女性生活背景也在話題討論的範圍內。在治療工作中深入女性和男性的陰暗面，教給我很多大學裡學不到的事。

由於我只跟成年人工作，我的臨床經驗大多來自於對童年時期遭受性虐待的成年女性的分析和治療，以及對少數性剝削男性受害者的治療工作。所以，我將集中討論早期被性剝削的經歷在成年女性身上表現出來的結果。但在此之前，我想先說一下性剝削給孩子們身體和心理上帶來的傷害的一些簡單跡象。這包括：

身體癥狀

　　生殖器官的傷害
　　下腹部血腫（淤血）
　　尿痛
　　陰部疼痛
　　陰道或肛門部位出血、外傷（撕裂、咬痕）
　　陰部瘙癢、異味

坐立或行走困難

尿道、膀胱、陰道、肛門內異物

尿道感染

性傳染疾病的徵兆

身心症狀

大小便失禁

腹痛

頭暈發作

頭痛

飲食失調

睡眠障礙

窒息發作

轉換性障礙（癱瘓、突發性失語）

心理癥狀

缺乏安全感、恐懼

在同齡者面前表現退縮

對「性」的過度關注

過度手淫

明顯的性表達方式的頻繁使用

效率和專注力下降

拒絕獨處

嗜睡、順從

自信心和信任喪失

自殘行為

退行到嬰兒行為

這些癥狀清單今天可以在各類兒童性虐待資訊表中找到。社工組織為公眾以及兒童和青少年受害者設計的幫助手冊中也會提到這一系列癥狀。在這裡我想提一下柏林兒童中心（Kind im Zentrum）的一些做法：

「安雅是個和許多同齡的一樣的女孩。
她想和其他人一起玩，想變得有趣，
同時也可以悲傷；
她希望被愛和被看到、
她想成為一個好朋友。
但她偏偏經常是她不想成為的樣子，
她想得很多、封閉、退縮，
但又暴躁、迷糊、覺得噁心。
她覺得自己和其他女孩不一樣，
其實並不是這樣。
但有件事困擾著她，
讓她煩惱……

邁克也覺得他自己做了些
其他男孩不會做的事情……
可邁克現在覺得，別人還是能看到。
所以他覺得，自己更要用一種特殊的方式來表現
他和其他男孩沒有什麼不同。
他覺得自己要特別響亮、特別有男人味。
克制不住自己地要喊出他無力的憤怒……」

柏林兒童中心試圖用接地氣的、孩子們的語言，來滿足孩子們對相關機構的期待，同時避免孩子們面對機構時感到

害羞。

「你跟邁克或者安雅很像嗎？或者你認識一個像這樣的孩子嗎？你想和別人說說這些嗎？你需要一個傾聽你、相信你、可以讓你向他傾訴你的祕密、你也願意向他說明的人嗎？」

對亂倫的輕視

令人難以理解的是，直到今天，仍然有人認為亂倫並沒什麼害處：健康的兒童有足夠的心理力量來克服受虐待的經歷。又或者我們聽說，這種早期的經歷最好不要去觸碰，因為「畢竟時間能治癒所有的傷口」，即使是最糟糕的經歷也很快就會成為過去。

這種看似想讓孩子避免受到不必要刺激的態度，往往暴露出人們在探討性剝削和家庭暴力問題上的無力感。被性侵的孩子，無法依靠任何幫助，並被凍結在無法訴說和毫無防備當中，其自然發展過程的核心被阻斷。作為治療師，我們會在成年女性身上遇到這個沉默的孩子，而在治療中接觸到這個內在的孩子是我特別關注的。

我還想在這裡提一下正在興起的所謂的「促進兒童性自由權利」運動。在美國，「聲援亂倫團體」這個關鍵詞表達的是那些為了保障兒童性享樂權利在努力的人士。從這些人身上我們瞭解到的是，亂倫不會造成性創傷，相反地，「會培養出非常性感的女人」，有早期性經驗的孩子會發展成為「極具魅力、有吸引力、情感健康的人」[2]。

2　原註2：參見 Rush 的詳細討論，同第一章原註14，第275頁以下。

引人注目的是，所謂的「孩子們的律師」主要都是男性，而在我們的文化中，眾所周知，他們並不特別負責孩子的情感需求和身體需求。當我們想起那些應該對性剝削負責的人主要是男性，同時又正好是男人們聲稱，亂倫並不是什麼創傷性的傷害，並認為時下保護兒童免受性虐待的努力，應該被看作是維多利亞時代性壓抑氣氛的復發時，兒童性剝削的現象就不足為奇了。他們的論點是為了支持他們自己。多位女作家對這方面進行了精闢的分析，其中最著名的是 J·赫爾曼描述父女亂倫的書。[3] 我認為赫爾曼提供的資訊非常重要，我們有必要指出，那些聲稱要為所謂的兒童解放和為兒童人權而鬥爭的人，不只是一些默默無聞的團體，這些人也不僅僅是在諸如《閣樓》（*Penthouse*）這樣的色情雜誌上發表一些無關緊要的文章而已，他們背後有社會學家和性學家的幫助，以傳播這種理論；這些專家在美國自成一派，並與媒體有直接交流。有人會以「為了我們親愛的孩子們的性解放」為理由發起運動，所以性剝削其實也沒有什麼好奇怪的。他們正如我們從童話故事中讀過的：披著羊皮的狼。

用性解放來掩蓋性剝削——這也是美國一個叫做「雷內·古永協會」（Rene-Guyon-Society）的組織提出的口號：「八歲前要發生性關係，否則就太晚了！」該團體呼籲廢除那些反對亂倫和性虐待的法律。

歐洲也有輕視亂倫問題的傾向。在研究「父親缺失」的過程中，我也注意到，人們對「我們的父親」[4] 產生了新

3　原註 3：參見 Herman, J. 的論述，出自《父女亂倫》（*Father-Daughter Incest*），第 22 頁以下。

4　原註 4：參見 Feigl, S./ Pable, E. 的論述，出自《我們的父親》（*Väter Unser*）。1988 年於維也納出版。

的興趣，而對男性角色的批判性質疑本身卻受到了極大的懷疑。有些聲音說，現在不能再讓父親作為孩子成長過程中一切問題的代罪羔羊（此前都是母親們在承擔這個角色）。也有人多次問我，是不是媒體在誇大問題、誇大（受害兒童）的比例。也不乏有人說，女性雜誌對受害者的報導，大概都是以女權主義為導向的，而且「（男）人」都知道，女權主義者們當然要表達她們對男人的憤恨。接下來的說法就只是個水準格調的問題，換句話說，亂倫幻想終究是願望、是幻想、是因為女權主義者沒有得到任何男人而感到沮喪。她們所缺少的只是個能徹底把她們「搞定」的真男人，然後，所有關於亂倫危害性的言論就會停止了。

反對在家庭內部性虐待兒童的女權主義團體在荷蘭比在瑞士出現得更早。荷蘭媒體對亂倫話題的宣傳立刻引發了強烈的防禦反應。約瑟芬尼・里耶納茨引用了一位受人尊敬的精神分析學家的話，這位專家認為，目前的亂倫討論是「極其激進的女權主義團體」對父親們的陰謀。[5] 在這層意義上，聲稱每四個父親中就有一位對女兒有亂倫行為，只是女權主義者的誹謗。另一些作者則急於指出母親的作用及其亂倫（兒子）的野心，卻沒有提到亂倫（心理）傾向與付諸行動的性虐待（行為）之間的區別。即便父親是公認的加害者，「（男）人」也會很快地進行合理化解釋和道歉，認為父親終究只是個無力抵擋女兒誘惑的可憐惡魔而已。

如果我們把關於性剝削的心理後果的看法想像成一個光譜，光譜的一端是上述的看法，即亂倫是無害的，甚至是有益的。而在另一端則認為亂倫總是不可避免地導致極端的精

5　原註：轉引自 Rijnaarts 的論述，出自《羅得的女兒們》（*Lots Töchter*），同第一章原註 12，第 13 頁以下。

神病理性發展。這種消極的態度在大眾層面普遍存在，「可憐的亂倫受害者最後只能墮落和賣淫」。即使在治療方面，也不難看到某些偏見，認為亂倫受害者不可避免地具有最極端的長期後果，因此被歸類為很難治癒甚至無法治癒的案例。

這兩種極端的立場都是站不住腳的。正確的說法應該是，與非亂倫受害者相比，亂倫受害者的心理發展的確嚴重受損，並深受亂倫創傷長期影響之苦。但自助專案和受害者們寫的書籍一再鼓勵人們相信，儘管癥狀嚴重，心理傷害持續時間長，這些情況仍然可以發生改變。治癒是有可能的——相關資訊是這麼說的。僅僅是活下來的事實就證明了人有著這樣的力量和能量，而現在，這些力量和能量可以用於治療過程。作為一位治療師，我也相信這療癒的過程。

相關研究一直非常重視那些嚴重後果究竟是由哪些因素決定的，是否有某些變數明確決定了創傷會是嚴重的還是輕微的。其中有一些研究具有較強的投機性。直到最近（一九八六年），美國才發表了控制良好的研究，可以得出更精確的結論。問題在於：性虐待的頻率與持續時間是否決定了後果的嚴重性、亂倫行為開始時的年齡或亂倫的類型（兄弟姐妹、父親、鄰居等）是否會對後果的嚴重程度有影響。此外還涉及是否使用肢體暴力、加害者的性別和年齡、以及孩子是否有可信賴的人，可以讓孩子告知亂倫事實也很重要。結果並沒有定論，所有的研究都得出了不同的答案。但是，可以確定某些發展驅勢，這些趨勢與診斷和治療程序有關。

這尤其會讓我想到關於邊緣型人格障礙的最新研究。事實上，已經有研究表明，很早期的虐待會造成深刻的身分認同障礙，診斷上稱為邊緣型人格障礙。根據我的經驗，在治

療過程中很有可能會出現比較普遍的階段性的精神病癥狀，這些癥狀又會很快消退。由於這種紊亂癥狀需要一種非常特殊的治療方式，我認為有必要非常明確地澄清在哪些癥狀下治療師應該如何因應。

邊緣型人格障礙的診斷標準（DSM-III-R 1989 年）

在情緒、人際關係和自我形象方面持續存在不穩定的模式。該疾患發病於成年早期，在生活中的不同領域有不同的表現，必須至少符合以下五個標準：

1. 一種不穩定且激烈的人際關係模式，其特點是在過度理想化和過度貶低兩個極端之間轉換；
2. 在至少兩種潛在的自我傷害活動中表現出衝動，如花錢、性行為、藥物濫用、商店行竊、魯莽駕駛和暴飲暴食（自殺或自殘除外，見 5）；
3. 情感領域的不穩定，如明顯的情緒變化：從基本情緒到抑鬱、易怒或焦慮，這些狀態通常持續數小時，或在罕見的情況下超過數天；
4. 過度、強烈的憤怒或無法控制憤怒，如經常發怒、持續憤怒或爭吵；
5. 屢次自殺威脅、自殺暗示或自殺企圖，或有其他自殘行為；
6. 明顯而持久的身分認同障礙，在以下生活領域中至少有兩個領域缺乏安全感：自我形象、性取向、長期目標或職業抱負、結交朋友或伴侶的方式，或個人價值觀；
7. 長期的空虛或無聊的感覺；

8. 竭力防止真實或想像中的孤獨（自殺或自殘除外，見5）。

創傷理論

　　一說到亂倫這個話題，我們總是會聽到「創傷」一詞，我想在這裡簡單解釋一下我們所謂的創傷是指什麼。「創傷」（trauma）在希臘語的意思是「傷口」。我們這裡說的是一種心靈上的傷害，一種打擊。女性們常常將其描述為傷口敞開的感覺，害怕會流血致死。創傷是一種極端無助的體驗，它表達的是對我們人格組織的一種攻擊，使人無法以慣常的方式來處理體驗。心理平衡被極度打亂，自我（ego）不再按常規方式運作。一種經歷是否具有創傷的維度，可能取決於各種因素：刺激的強度、受害者的人格結構和事件發生時當事人的發展階段。持續的創傷，如家庭中多年的性虐待會破壞人格。精神分析學對創傷的定義，講的是對內化了的客體關係的核心一致性的威脅和對自性（Self）一致性的危害。

　　根據創傷理論強調的不同面向，可以區分為三方面。

1. 創傷的解釋學定義，主要認為重大生活事件決定了受害者在無意識層面上的創傷程度。
2. 以發展心理學為導向的創傷定義，主要包括創傷對心理結構的影響和對（心理）發展的阻礙。
3. 認為創傷主要影響自我的功能，以及對環境的適應和對環境做出相應的反應的能力。

儘管強調的各有不同，但創傷最終被理解為威脅到一個人的自性（Self），並且威脅到與自性客體（self-object）關係的事件。在治療中，治療師必須承擔自性客體的功能，這樣才能彌補發展過程中受阻礙的步驟。[6]

　　研究還提出了這樣一個問題，即成年後的創傷狀況和後果是否與童年時期有可比較性。對這問題的回答是各不相同的。例如，有人認為，成年人由於心理構造的原因，為了保護自己，可以阻斷情感、限制認知。因此，防禦機制的存在可以防止自我的過度退縮，而童年創傷通常會造成危及生命的退縮。另一方面，與大屠殺創傷個案深入工作過的克里斯托（Krystal）認為，像大屠殺這樣巨大的創傷會導致與嚴重的童年創傷一樣的後果。還有人反對說，以下觀點站不住腳，也就是說，在（大屠殺）創傷前就已經存在的人格結構，對於其因應創傷時會發揮決定性作用。站不住腳的原因在於：大屠殺抹去了所有的童年記憶，因此也抹去了有積極調節作用的受庇護的童年記憶。所有內化的價值觀都受到了損害，所有的客體關係都發生了變化。由此可見，大屠殺前的人格與創傷後的情況並不相關。

慢性或延遲的創傷後壓力症候群（PTSD）

　　在這裡我先簡單提一下創傷的概念，因為性剝削可以理解為一種會導致創傷反應的創傷，根據《精神疾病統計暨診斷手冊》（DSM-III），這被稱為「創傷後壓力症候群

6　原註6：參見Ulman的論述，出自《破碎的自我》（The Shattered Self），第2頁以下。

（PTSD）」。這裡我們要理解的是這樣一種障礙，這種障礙是由創傷和與創傷記憶有關的有意識和無意識的行為和感覺的總和組成的。這概念之下，還要區分在創傷期間、創傷之後立即發生的反應和創傷發生很久以後才會出現的反應。因此，作為創傷的亂倫具有短期和長期的後果。性剝削的長期後果可以理解為慢性創傷後壓力症候群。典型癥狀包括創傷事件的再體驗、「心靈僵化」，也稱作「情緒麻木」，以及各種神經紊亂或認知方面的癥狀。情緒不穩定、抑鬱情緒和內疚感不僅影響所有的人際關係，還可能導致自我破壞行為和自殺行為。

創傷後壓力症候群的診斷標準（DSM-III-R 1989 年）

A）當事人經歷了超乎常人經驗的、幾乎任何人都會感到非常痛苦的事件，如自己的生命或人身安全受到嚴重威脅；自己的子女、配偶或親屬、朋友受到嚴重威脅或傷害；自己的家園或社區突然被破壞；或目睹他人近期因意外事故或身體暴力而嚴重受傷或死亡。

B）創傷事件至少以下列一種方式不斷重現：
1. 對事件的重複和侵入性記憶（在幼兒中表現為重複的遊戲；創傷主題及其不同面向在遊戲中得到表達）；
2. 反覆做心理負擔很重的夢；
3. 突發性的行為或感受，好像創傷事件又發生了一樣（包括在清醒狀態下或者迷醉情況下，想要重新體驗整個事件的感覺、與之相關的想像、幻覺或分離性的片段〔閃回〕）；
4. 當面對象徵創傷事件或類似的事件時，包括創傷的週

年紀念日時，會遭受強烈的精神痛苦；

C）持續迴避與創傷有關的刺激，或整體反應能力下降（創傷前不存在的狀況），以下特徵至少有表現出其中三種：

1. 努力避免與創傷有關的想法或感覺；
2. 努力避免引起創傷記憶的活動或情況；
3. 無法記住創傷的重要部分（心因性失憶症）；
4. 對重要活動的興趣明顯降低（幼兒失去新獲得的發展技能，如清潔訓練或語言能力）；
5. 與他人隔離或疏遠的感覺；
6. 情感受限，比如不再能感受到溫柔的情感；
7. 感覺未來籠罩了陰影，如不期望有事業、不期望結婚、不期望生孩子、不期望能夠長壽。

D）持續的興奮程度升高的癥狀（創傷前不存在），以下特徵至少具備兩種：

1. 入睡困難或徹夜難眠；
2. 易怒或暴怒；
3. 注意力難以集中；
4. 高度警惕；
5. 誇張的驚嚇反應；
6. 面對類似創傷事件或創傷事件構成因素時有生理反應（如在電梯裡遭到強暴的女性進入電梯時開始出汗）；

E）不安的持續時間〔B、C、D的癥狀〕至少為一個月）；

雖然這診斷類別並不是專門針對創傷性亂倫而制定的，而是針對災難、酷刑、集中營、戰爭和強暴後發生的創傷而制定的，但事實表明，亂倫倖存者也有上述大部分的癥狀。

目前，研究人員在致力於更精確地劃分亂倫後果的不同狀態，以便對受害者做出更準確的診斷時，已經提出了一些更細膩的區分和描述，如「兒童遭受性虐待後的癥狀」、「遭受性虐待後症候群」和「遭受性虐待後飲食睡眠症候群」[7]。

了解這些定義對亂倫受害者可能會很有意義，癥狀清單為理解自己以前無法解釋的情緒狀態和行為提供了背景資料。由於對性剝削的開始和細節缺乏清晰的記憶是常態，而不是例外，亂倫受害者在伴侶關係中也存在著各種問題：他們缺乏自尊、抑鬱和充滿內疚感，認為自己不正常；因為與周圍的環境格格不入而受苦，卻不知道受苦的原因。若有一個賦予所有這些癥狀意義，並對這些癥狀作出解釋的參考框架，可以讓人減輕很多負擔。意識到世界上不只是自己一個人有這些癥狀，可以給人希望和動力去尋找一位瞭解自己癥狀的治療師，讓那些癥狀能被正確地看待，也就是說，這些癥狀是一種生存策略和因應創傷的一種嘗試。

7　原註 7：參見 Corwin, D. 的論述，出自〈兒童被性虐待之後的障礙：事實還是幻想？〉（The Sexually Abused Child Disorder. Fact or Phantasy?）。為第四屆全國兒童性受害問題會議上提出的小組討論。1986 年於新奧爾良出版。又見 Summit, R. 的論述，出自〈兒童性虐待膳宿綜合症〉（The Child Sexual Abuse Accommodation Syndrome）。收錄於《兒童虐待和忽視》。1983 年出版，第 177-193 頁。亦參見 Briere, J. 的論述，出自〈定義性虐待後症候群〉（Defining a Post-Sexual Abuse Syndrome）。為第三屆全國兒童性受害問題會議上提交的論文。1984 年於華盛頓出版。

亂倫受害者檢查表

根據蘇・布倫（Sue Blume）為亂倫倖存者制定的檢查表[8]，我想列舉一下其中的一些標準。需要強調的是，這些癥狀也可以在其他疾病模式下出現。但是，有些是亂倫獨有的特徵，如果這其中有幾種癥狀同時出現，很有可能曾發生過性侵事件。

1. 抑鬱情緒，「無端」哭泣；
2. 自殺幻想、自殺嘗試；
3. 自毀行為、自殘、給自己製造痛苦、事故頻頻發生；
4. 成癮行為（毒品、酒精、食物）；
5. 內疚和羞愧感、自卑；
6. 信任問題、害怕承諾和失去控制，或無法評估一個人的可信度；
7. 不能設定界線、在人際關係中反覆受虐；扮演受害者角色；難以說不、有無力感；
8. 高度衝突的關係、自我矛盾；迴避親近或選擇不允許親近的伴侶，這樣亂倫問題就不會凸顯出來；
9. 孤獨感、無所歸屬感、疏離感和去人格化、情感分裂、「死亡反射」：在特定情況下或在特定主題下有生理和心理麻痺現象；
10. 缺乏感覺的統一性，有多重人格的印象，感覺不真實。覺得自己很瘋狂，構建幻想的世界，在這個世界裡，患者是另一個人，有另一種身分。渴望取另一個

8　原註8：參見 Blume, S. E. 的論述，出自〈亂倫後症候群〉（Post-Incest Syndrome）。收錄於《女性 —— 亂倫倖存者的後遺症清單》（Post-Incest Syndrome）。資料源於一項正在進行的工作。1988 年 2 月出版。

名字；

11. 社會污名。感覺額頭上刻著人人都能認出來的標誌，因為觸犯了禁忌自己變成了禁忌。飽受背負著可怕祕密的煎熬；

12. 閃回：突發性的創傷畫面記憶；強烈的、沒有任何意義的感官記憶，比如壁紙的圖案；鼻子裡一直冒出一股導致焦慮的味道等等，以及忽然暴怒。

13. 有被卡住喉嚨的感覺和窒息感；喉嚨發哽、吞咽困難、呼吸急促、皮疹、瘙癢；

14. 入睡困難、徹夜難眠；需要在床上把自己包得密不透風、裹著衣服睡覺、反覆做噩夢；

15. 明顯的記憶空白，無法記住童年的整個時期，淡忘了某些人和情況。在遇到特定的地方或人時，會產生常人難以理解的劇烈情緒反應；

16. 強烈的防禦機制：否認、壓抑、避重就輕（把大事說成小事）；

17. 性問題：避開所有的性行為，或強迫性地把關係性愛化，把性、權力、控制和暴力混合在一起。只有和陌生人才可能發生性關係；性身分認同中沒有安全感；性高潮障礙；害怕生殖器部位疼痛；不能把性和溫柔結合起來；厭惡一切肉體上的東西（包括氣味和聲音）；感覺被自己的身體背叛；想用寬大的衣服遮擋身體、迴避鏡子，盡量讓別人看不到自己。感受到扭曲的身體意象。

儘管這份清單對於一位潛在的亂倫受害者理解自己而言很有意義，但它在瞭解創傷方面的作用仍是有限的。對於這

一點，我認為芬克爾霍（Finkelhor）模型非常有用。[9]他描述了哪些心理動力對行為和心理發展會起創傷性的作用。

這個模型區分了四個方面：

1. 創傷性愛化；
2. 社會污名；
3. 背叛；
4. 無力感。

在這裡我想簡單介紹一下這個芬克爾霍模型。第一種是創傷的性愛化導致了兒童的條件反射：性活動與消極的情感記憶聯繫在一起。為了讓兒童能夠接受性剝削，性虐待者還經常給兒童提供虛假的性規範和道德觀念。比如，孩子會聽說，所有愛孩子的父親都會對孩子做「這個」。孩子的性行為往往也會得到獎勵，因此，孩子很早就意識到性是獲得溫柔和照顧的一種手段，但它實際上是一種以物易物的交換行為。這就導致了愛與性的混淆、對親密關係和性刺激的厭惡，以及性身分認同的破裂。這也導致了我們已經提到的典型行為方式：強迫性性行為、攻擊性性行為、對親密關係的恐懼迴避、性高潮問題、賣淫、「濫交」。

第二種動力是社會污名，也就是被印上烙印的感受，它加深了保守祕密的強迫性、羞恥感和對一切負責的印象，因為通常在這種情況下，犯罪者會讓受害者來承擔犯罪行為的罪惡感。這就造成了任人擺佈的感受和受損的自尊（內疚和羞愧）。與這種社會污名有關的行為還包括成癮行為的發

9　原註9：參見 Finkelhor, D. 的論述，出自《兒童性虐待》（*Child Sexual Abuse*）。1984 年於紐約出版，第 186 頁以下。

展、自殺傾向和其他自我毀滅行為。

第三個創傷性因素是背叛。孩子在信任中被欺騙、在依賴和脆弱中被操縱和虐待。他們非但沒有得到保護，反而被利用。孩子所依附的人虐待了他／她，這導致了不信任，尤其是對男人的不信任；導致了憤怒和敵意，也導致了深深的悲傷和抑鬱。這種被背叛在行為上表現為一種受害者態度，這種態度裡隱藏著日後反覆受虐的危險。當然，這種行為也特別影響伴侶關係，尤其是在性行為方面。

對心靈發展和行為有決定性影響的是第四個因素：無力感，這是一種徹底被剝奪了權力的感覺。自從孩子體驗到身體的界線被跨越，而界線被跨越是違背自己意願的，一種任人擺佈的感覺就深深地印在了腦海裡：反覆體驗到無助以及無法結束這種虐待，從而堅信作為一個人，自己無力影響任何事情，對發生在自己身上的事情根本無可奈何。這也解釋了受害者的自我意象，而受害者因為受虐經歷而（在無意識中）選擇的（親密）關係，又會進一步鞏固這種受害者的自我意象。無力感和任人擺布的感覺會導致恐懼和驚恐發作，而這又使他／她們特別容易產生與解離、強迫和驚恐有關的行為。

我認為這種模式有助於理解性剝削可能產生的後果，並有助於制定出能夠最妥善處理這些動力問題的治療策略。當然，與創傷後壓力症候群一樣，在這些陳述的背後，還有很多問題沒有得到解答。亂倫受害者中，哪些人會形成創傷，哪些不會？創傷的影響預計能持續多久？有沒有痊癒的可能，還是說只能或多或少盡量與創傷和平共處？

在治療工作中我的經驗是，即使是多年來一直固守受害者角色的女性，也能著手培養出更多的獨立性和個人責任感。我經常深深地被打動：（某些女性）儘管受到嚴重的性

剝削，仍然可以放棄（與性剝削有關的）壓抑的生活聯繫（如與加害者的聯繫）；儘管有嚴重的劃定邊界的困難，但女性們還是學會了說不。我深信，這其中沒有任何單一的因果解釋。在工作過程中，我學會了謙卑，驚奇地看到這些女性如何重新獲得力量，或者第一次重新體驗到這種力量。心靈的自癒傾向往往會讓人走上少有人走的路。對於許多女性來說，認識到自己擁有以前從來沒有使用過的潛在力量，這不僅是種嶄新的體驗，甚至會帶來扣人心弦的感受。在本書的第二部分，我將詳細探討療癒的過程。

亂倫與性愛

在所有這些後果當中，無論是在個案的內心世界，還是在人際關係問題上，我現在要特別強調其中的一方面，因為它是成年女性治療工作的核心。我想說的是亂倫對女性性愛發展造成的後果。性問題是大多數性剝削受害者痛苦背景中的一部分。無限的挫敗感、絕望和無奈都和這問題有關。傳統的性行為治療對這問題沒有療效，因為亂倫受害者通常不會尋求性行為治療。標準的性科學文獻中也沒有提到亂倫對性行為帶來的具體影響。文獻中所說的性問題或「性變態」，是被剝削者的表達途徑：它們是亂倫受害者的「語言」。

如果我們可以聯想到有多少迷思是圍繞著性來展開的，就會發現，討論性虐待給性愛帶來的後果，是個非常有爭議的話題。性迷思的產生也是一種社會文化現象。看問題的角度不同，比如是從父權主義還是女權主義的角度來看，對性行為、性偏好、性功能的評價就會截然不同。即使在我們這

個時代，女性仍然要面對兩段式的、分裂式的女性意象，這種女性意象總是使得妓女瑪丹娜[10]和處女夏娃形成對立。恰恰是在我們這個如此開明的時代，對女性的矛盾心理卻顯得尤為突出。女性的原型意象一方面是滋養、賦予生命的母親，另一方面又是吞噬、帶來死亡的女人，這種分裂也體現在女性或純潔或墮落的神話中。

對女巫的迫害反映出了（男人）對女人的慾望和貪婪的恐懼。而由男性發起的真實的性侵行為卻被掩蓋，並以最詭異的方式被隱藏起來，發生了變形。不是父親或教父（性）剝削了女性和兒童，而是夢魘——一個男性惡魔附體在她們身上，使她們成為了女巫。那時候的女巫就是佛洛伊德所說的歇斯底里患者。但這樣的發展並沒有停止，在（上個）世紀交會（十九到二十世紀）之後，出現了「性墮落」這樣的術語，借用這一術語，人們可以專門根據性別（geschlechts-spezifisch）來解釋性行為。[11]從「性墮落」只差一小步就會邁向賣淫，然後，與維多利亞時代對賣淫的理解相呼應，這些女性們就被理解為是對性上癮。如今的亂倫受害者還蒙受著妓女的汙名，很多人認為，特別是男性們認為，父親們給她們帶來的性「覺醒」讓這些女人對「性」發展出了無法滿足的貪婪和慾望。

在亂倫研究中，有關亂倫影響性行為的調查也是非常片面的。據我所知，德國沒有任何出版物包含受害者女性的自

10　編註：瑪丹娜（Madonna）是馬利亞（Maria）這名字的義大利文說法，這裡作者所說的瑪丹娜應該是指《新約聖經》中所記載的抹大拉的馬利亞，她因為被惡魔附身而淪為妓女，之後她為耶穌洗腳，罪行獲得赦免並成為耶穌的信徒。

11　原註 10：參見 Hartwig/ Kuhlmann 的論述，同第一章原註 2，出自《對女兒的性虐待——家庭暴力隱祕的一面》（*Sexueller Missbrauch an Tächtern–der verschwiegene Aspekt der Gewalt in der Familie*），第 438 頁。

述，也沒有提到治療的必要性。到目前為止，很特殊的是，只有那些與社會或與男性有關的女性性愛相關訊息進入了（大眾的）視野。即使在赫希（Hirsch）的作品中，也只涉及到亂倫所謂的「典型」後果，即濫交和賣淫，而其它對受害者女性來說同樣非常棘手的問題卻完全不予考慮，比如：害怕把自己的孩子帶到這個世界上來、孕期問題和母嬰維繫問題、令人迷惑的性幻想等問題。

對英語文獻的研究讓我對一些與意義相關的資訊更加敏感。我也特別認真地聽取了我的個案和亂倫受害者的看法，因為對我來說，她們才是源頭，只有她們才可以提供最真實的資訊，以說明亂倫對她們的性愛究竟意味著什麼。在波士頓，我有幸透過「女性中心」與威斯特龍德（E. Westerlund）女士取得了聯繫，她把她的論文《有亂倫史女性的性行為》提供給我。她的實證工作充分驗證了我自己的臨床經驗。

「濫交」和「賣淫」

首先，我想先談一下上文已經提到的亂倫的兩種典型後果：「濫交」和「賣淫」。許多研究表明，濫交（性放縱）與亂倫之間有相關。同樣值得注意的是，很多性工作者在童年時期就曾遭受性虐待，而且主要發生在家庭內部。然而，我們必須非常謹慎地來解釋這些研究結果。哪裡都找不到一種長期的、貫穿成年女性終身的濫交模式。相反，許多女性在亂倫經歷之後的一段時間之內，會發生短暫的性接觸，伴有頻繁更換伴侶的特徵。其中大部分是過渡性階段，是對性剝削的一種階段性反應。

「從十六歲起，我就無法對任何想和我發生關係的男人說『不』。我當然也有羞恥感，但這就像一種強迫症，我像是被什麼東西驅使著一樣。我去公園，『撩上』五個男人，然後離開公園，在街上又『撩』了五個男人。一天之內通通搞定。簡直就是瘋了、瘋了、瘋了。而且沒有一絲一毫的情感。只是抑鬱——要死了、要死了、要死了。事情就是這樣。」[12]

　　這種情況跟想要一段關係的慾望完全無關。這些女性將自己的性衝動體驗為一種無法控制的強迫性驅力。因為這種形式的性行為對於社會來說有一定意義，所以研究人員特別渴望獲得數據，以便於他們推測出性變態是亂倫導致的。因此，是否大多數亂倫受害者都會淪為性工作者，顯然是男性研究者們特別感興趣的問題。而且這裡很少有人是想真正感同身受地參與到這些女性的命運當中。在我看來，不如說，研究者更多地是在尋找一種可能的關聯，以證明性工作者在很小的時候就有性迷戀，並且有意識地勾引了她們的父親。因為在我們的社會中，對性工作者往往有一種蔑視的態度，所以，「（男）人們」有充分的理由拒絕給予那些亂倫受害者同情和憐憫，同時把這些受害者「變」成了加害者。這類邏輯上的錯誤區分是我們（在亂倫背景下）經常會遇到的。童年或青年時期受到過性虐待的女性在性工作者中的比例過高，並不能反過來導出「亂倫一定會導致賣淫」的結論。沒有任何研究能確定：一個類似於濫交的階段必然導致賣淫。亂倫和賣淫之間並沒有令人信服的因果關係。

　　看清楚女性「選擇」賣淫的事件背景很重要。許多少

12　原註11：參見 Armstrong, L. 的論述，出自《親吻爸爸晚安》（*Kiss Daddy Goodnight*）。1985 年於法蘭克福出版，第 123 頁。

女為了終止（在家庭裡受到的）亂倫而離家出走。對她們來說，賣淫往往是維持生存的唯一途徑。亂倫受害者描述了她們如何發展成了她們原本以為自己一直就是的樣子，彷彿她們終於實現了過去的預言，而這個預言是她們過去被「轟炸」時形成的。

「我只能透過性愛和男人建立關係。我想，只有這樣我才會被接受——只有我張開腿時。這是我擁有的唯一的工具，沒有別的。他們不斷地叫我妓女——於是我就成了妓女，和所有人上床。這是個惡性循環。」[13]

還有其它一些原因會誘使女性賣淫。我想到的是報復的感覺，即享受這樣一種感覺：男人處於依賴的情況，而她可以控制一切事情的發生。我的一個個案說：「終於輪到我開條件了，我終於把無力感甩在了身後。現在我是站在對面的人，我是擁有權力的那個。」

然而，我認為，很有必要指出以下這點：相對於亂倫導致的濫交或賣淫的頻率而言，更普遍出現的是受害者女性們對性的消極態度。我和我的同事們的治療實踐經驗表明，濫交的發展通常只限於青春期晚期至成年早期。童年時期遭受過性剝削的成年女性，她們在性領域所承受的性壓抑和性阻滯之苦，在頻率和痛苦程度上，都遠遠大於強迫性地過度性行為之苦。這些女性們描述，她們根本沒有辦法在接近男人時不感到不寒而慄，僅僅是想到性親密接觸就會引發強烈的厭惡感，以至於不得不嘔吐。

亂倫對性生活可能造成的影響，範圍非常廣。有些女性只有在拒絕時、在說不的時候，才能感受到自己的存在。說「不」可以讓她們觸碰到被壓抑的憤怒。在治療中，如何

13　原註 12：參見 Armstrong 的論述，同原註 11，第 107 頁。

處理這種憤怒就顯得尤為重要。對異性驚恐式的害怕也會表現在非常瑣碎的日常生活裡。有的女性只要一和男性獨處，無論是在火車車廂裡、在電梯裡，還是在辦公室裡，就會出汗、手心都是濕的，被威脅和危險的感覺無處不在。

比憎恨性愛和拒斥一切與性愛有關的事物，更常見的是與世隔絕和無法允許親密關係的痛苦感受。大多數受亂倫影響的女性都飽受這種壓抑之苦，並且認為性行為是骯髒的，從而產生內疚感和自卑感。只有在生活中作為一個「中性人」、只有在否定一切太過女性化的東西時，她們才能找到安全感。然而，這種安全感會扼殺任何自主的能動性。

對於一些女性來說，父親不僅是她們生命中的第一個男人，也是唯一的男人，這種情況並不罕見。她們在塵世裡選擇獨身的生活方式，因為只有完全的性禁欲才能給她們帶來安全感，保護她們不去面對過去的那些恥辱、內疚的醜陋感覺。我的一位患者只有在修道院裡和修女們在一起才感到安全，她上的是天主教的寄宿學校，假期都在修道院度過的，很多年，她都無法想像自己能在外面的世界裡存活下來。在治療的發展過程中，她開始質疑自己早年要成為修女的決定。她開始清楚地認識到，最初加入僧團的動機裡包含了多少的逃避，並最終決定用心理治療給自己的生活重建秩序、處理童年的受虐經歷，然後自由地為自己未來的生活做出新的決定。

亂倫和同性戀發展

人們經常把性取向的自由和亂倫倖存者的異性或同性戀發展傾向放在一起來討論。一九八七年，在蘇黎世召開的第

一屆「反對亂倫及相關問題」國際會議上，一群活躍的女同性戀者提醒聽眾，同性戀是一種積極的事實、是一種基於好感的決定，不應該被理解為是異性戀失敗後的選擇。因此，她們為自己辯護，反對研究中的那些驅勢，也就是認為同性戀是亂倫的結果，應該屬於性變態這種說法。

在這裡，許多女同性戀者在童年時受到過性虐待的事實也不能說明亂倫和同性戀之間有因果關係。事實上，目前大多數亂倫受害者並沒有發展成同性戀。關於這一點所有的研究者都表示同意，而其它方面則存在很大的爭議。

雖然有時可以發現性剝削和同性戀發展之間的相關性，但研究還不能解釋這種相關性。我們能夠想像得到的是，如果在和女性友人的關係中，受害者第一次體驗到沒有恐懼、體驗到安全感，發展出愛情的契機就會出現，此時，會有對自己性別認同的不確定感。因此，同性戀體驗可以是一種嘗試觸碰和親近的方式，因為女性的身體和加害者的身體沒有相似之處，沒有會讓這些女性想起之前親密接觸時，在性虐待過程中出現的陰莖和精液。

同性虐待中的男性受害者

在性取向方面有更大不確定性的是那些遭受過同性虐待的男性們。早年被從肛門強暴時，他們的身體以勃起來反應，這一現象生理學上可以解釋得通。由於不理解這種生理反應的本質，他們懷疑自己根本就不是同性戀。他們也不確定加害者是不是因為認為他們是同性戀才選擇讓他們來成為受害者。或者他們會把後來的同性戀傾向解釋為這種經歷的後果。

迄今為止，男性受害者在我們的社會中很少受到關注。沒有公佈出來的男童性虐待案件數量極多，其原因是，受害者這樣的角色被看作是沒有尊嚴、也沒有男子氣概。而在廣為流傳的（男性）神話中，真男人（或男孩）哪怕頭破血流，也必須奮力反抗，而不是忍受被剝削。

兒時曾經是同性性虐待受害者的男性，後來有時會表現出過度的男性化，以轉移人們懷疑他是同性戀的注意力。大多數研究表明，對孩子進行性虐待的男性本身就遭受過性虐待。比如，幼年受虐者後來發展成為暴露癖者的比例明顯小於後來成為虐童者的比例。

男性受害者往往在更晚的時間才變得顯眼。那些一有可能就逃避體育活動中更換衣服的要求或者一起裸浴的男生，可能會被認為有點奇怪，但他們其實並不真的很顯眼。而軍隊環境對於同性亂倫性虐待受害者來說則是一種嚴重的威脅，往往會導致驚恐發作（「同性逃離」）、莫名其妙地無故缺席，甚至導致他嘗試自殺。[14] 在集體淋浴間和寢室中不可避免的身體親密接觸、典型的性玩笑和對同性戀的暗示，對於受過創傷的男性受害者來說是難以忍受的刺激，因為這些都會使他想起以前遭受的性虐待。同事想要接近他的無害嘗試也會被他誤解，並且他會以無情的暴力加以抵抗。他害怕再次受虐的感覺一直存在，加上軍隊是高度階級化的環境，會再次重演過去孩提時期和父母之間的權力落差。

14　原註 13：參見 Johanek, M. 的文章，收錄於 Sgroi《弱勢群體——性虐待兒童和成人倖存者的評估和治療》（*Vulnerable Populations*），1988年於萊克星頓出版，第 103-113 頁。

性幻想

有同性戀色彩的幻想也極其令人不知所措。夢到與工作中的同事或部隊的戰友發生性接觸，會讓同性亂倫受害者覺得自己很陌生。童年曾受過的屈辱、那些帶來創傷的事情、那些自己曾經非常痛恨的事情，現在自己卻幻想著讓這些事情發生，這給他們帶來巨大的不確定性。他可能會疑惑：也就是這些夢是否證明了他童年所經歷的一切其實正是自己的慾望，而自己在心底最深處其實就是個同性戀。

我認為，瞭解早期的受虐經歷對性幻想的印刻作用非常重要。在我的心理治療實踐中，我見過很多女性，她們被自己的白日夢和性幻想折磨得非常痛苦，因為這些跟自己意識層面的態度和對性的看法完全不一致。往往是在治療的後期，她們才能夠公開承認這些白日夢，而她們自己也認為這些白日夢是她們失調的表現，甚至是她們的壞毛病。這些幻想中直白的事實——出現了跟加害者相似的男人，或者甚至是有意識地幻想那些經歷過的虐待情形——往往被理解為：這證明別人說的是對的，她們其實是一切的罪魁禍首，是她們自己想要而挑起了亂倫。

有些女性覺得自己彷彿被幻想佔據了，似乎這些幻想的創造者並非她們自己，倒是這些幻想把她們逼向了一個無法逃脫的方向。她們再一次體驗到任人擺佈和無助，而這一次，是陷入了自己內在動力的擺佈當中。

還有一些人苦於只能產生施虐受虐的幻想，只有暴力和征服、羞辱和貶低才能帶來性興奮和放鬆。他／她們認為自己是變態的、被詛咒的，特別是當這些被性虐待的孩子們在幻想中是那些刺激（性慾）的發起者。許多亂倫受害者承認，哪怕是（閱讀或傾聽）其他亂倫受害者最糟糕的自我報

告，除了憤怒之外，也會引發他／她們的性興奮。在這種情況下，我見證了很大的困擾和絕望。「難道永遠沒有盡頭？難道我註定要一次次重現那個地獄？」

對於極少數的女性來說，接受她們的幻想，並意識到幻想和現實的區別，是有可能的。她們討厭自己在性幻想中分配給自己的角色、她們也討厭自己所選擇的那些男人的類型，因為它們既不符合自己的女性意象，也不符合她們對關係的真正渴望。

這個痛點在文獻中根本無人提及，亂倫受害者就這一點感到格外孤獨，「像得了麻瘋病一樣沒人關心」。幻想的特徵是亂倫的結果，而不是業已存在的心理畸形的表現。

性功能障礙

與性幻想問題密切相關的是整個性「功能」領域，比如：感受性快感和性興奮的困難、達到性高潮的困難，以及非常棘手的其它有關性慾的高難度課題。到目前為止，我還從來沒有遇到過任何一個被性剝削過的女性終其一生從未出現過這方面的問題。相反，我卻沒少遇到這樣的情況：成年女性們儘管感覺自己已經解決了亂倫問題、儘管有良好的社會交往，在伴侶關係中也有情感上的滿足，但由於性問題沒有解決，或是性問題在結婚一段時間之後才出現，她們最終會來尋求治療協助。當一個人到了三十歲才意識到以前所有的苦難還沒有完全結束，儘管做了那麼多掙扎和因應的嘗試，但過去的陰影仍然存在，這可能會讓當事人感到震驚。

對於很多沒有亂倫經歷的女性來說，性愛是個可靠的檢測器，哪怕是最輕微的刺激和情緒波動，都會表現在性愛當

中，我們往往特別容易在性生活中受到干擾。因此，我們就能理解，曾經在這樣一個特別容易受傷的領域受到過創傷的亂倫倖存者，要在性問題上作出怎樣的努力。我的印象是，從長遠來看，家庭內的性剝削比家庭外的性虐待，對性愛造成的影響更嚴重。被自己依賴、需要和愛的人剝削；尋求對方的庇護和安全卻被欺騙，讓人害怕親密關係。婚姻和伴侶關係常常重複著一種與親密和依賴有關的情形。在這種情形下，我們就可以理解那些描述出來的現象：女性們，尤其在愛的關係中，在情感很親密的情況下，對性失去了所有的慾望，感覺不到刺激、沒有性高潮。然而，在戀愛之初，她們卻能在性生活中感到愉悅，因為這時的感情更沒有「約束力」。這些女性飽受矛盾之苦，她們一方面希望有一個關心自己的男人，與他建立真正的關係，渴望親近；另一方面又在根本上需要一個自己不愛的陌生人來獲得性滿足——這是由情結決定的，也就是說，讓她們充滿了強烈的情感和恐懼的，僅僅是愛和性之間的關聯，因為這會讓她們想到亂倫。當然，因為被性虐待的經歷，這些女性只能把性從愛中分裂開來，特別是從依賴感中分裂開來，才能有感覺。

因此，我們就可以理解，為什麼很多女性在婚姻期間會經歷所謂的閃回——記憶的碎片、意象、昔日受虐情形再次出現。在這些時刻，所有的性感覺都被凍結了：「突然間我就不行了」，這是我在這樣的語境下經常聽到的一句話。這些閃回具有突然襲擊的特點，它們是不可預見的，因此更讓人害怕。這也導致了越來越多對親密場合的迴避，如找藉口、裝頭疼。在本書的第二部分，我將更詳細地介紹在治療上解決這一問題的可能性。

婚姻往往成了創傷重現的地方。女人又一次感覺到男人站在握有權力的一方，性行為又一次變成了義務、又一次出

現了不幸的關聯：「如果你愛我，你就該和我上床。你自私地拒絕我，你看我多痛苦……」

性問題有很多方面。我想起一個個案，她結婚是為了想要變得「正常」，在婚姻中，她總希望在性生活方面能成功。生下第一個孩子後，她明顯感覺到自己對丈夫任何溫柔的接觸都越來越反感。此後，她開始接受治療。

讓人心情沉重的是，我們還遇到一些女性，她們很年輕，但為了逃避父親的虐待而依附於一位很年長的男人，然而後來震驚地發現，她只是換了個人而已，性剝削依然如故。「一開始他看來很有耐心、很體貼，但在他佔有了我之後，一切都跟以前一樣。」性愛是絕望之地，臥室是令人恐懼的場所。「我總是害怕晚上，害怕又做不好、害怕當個不稱職的妻子、害怕丈夫受不了我，再找一個女人；害怕在做的時候那些疼痛；害怕那種厭惡感再次襲來，而我必須掐著自己的喉嚨；害怕失去控制、害怕他強迫我做一些違背我意願的事情；害怕恨他，僅僅因為他是個男人……」在此，我還可以列舉出無數的陳述，而這些表達說明了在性創傷的後果中，總是存在著恐懼——與自己的身體及其功能有關的恐懼，特別是與決定成為母親和生孩子有關的恐懼。在早年主要由男性開始的亂倫研究中，完全忽略了這些問題。

亂倫與母性

在最近發表的（受害者）自我報告中，有許多證據表明，亂倫倖存者在母性和嬰兒護理的整個領域都存在問題。據我瞭解，只有威斯特龍德的博士論文涉及到這一問題。她的問卷和訪談結果和我自己的調查結果一致。自助組織「父

母聯盟」也關注這一問題，並為那些本身就是亂倫受害者或其子女受到丈夫性虐待的母親提供特殊的小組工作。亂倫受害者後來自己也發展成為加害者的理論，使許多受虐待的女性感到不安，以至於她們放棄生育。擔心不能充分保護自己的孩子不受虐待、擔心自己的孩子有被虐待的危險，這些恐怖的想法往往讓人決定不生孩子。「是的，我不想要孩子。我害怕她們要麼完全沒有保護地長大，要麼在過度保護中長大。我喜歡孩子，也飽受沒有孩子之苦。但沒孩子也好過發生別的狀況。」[15]

另一位女性的報告讓阿姆斯壯（L. Armstrong）提出了這樣的疑問：是否存在無法治癒的亂倫？這位女性報告她對兒童的態度如下：「我想破壞每個小女孩的陰道，好讓它不能被用來滿足成年人的需要。」[16] 她被一種強迫性的力量驅使著對孩子們下手。她被繼父性虐待時還是個孩子，成年後，跟被虐待時那個年齡層的孩子在一起，會引發她這些混亂的感覺，而這些感覺和復仇和慾望有關。

另一種擔憂是，當事人害怕自己會不自覺地勾引孩子，同樣把亂倫傳染給孩子們，把邪惡和噁心傳遞給他們。這些女性往往會在照顧嬰兒的所有日常工作中檢視自己的這種姿勢或是那種溫柔，是不是帶有「性」的色彩。她們覺得自己彷彿受制於一種強迫性的力量，避免和孩子一切自然的接觸、避免觸摸孩子，因為害怕孩子會出現過早的性行為。令人震驚的是，往往正因為有意識地、恐慌地想要迴避一種創傷，結果造成了另一種創傷。

有時，在整個懷孕期間，女性們都被這樣的恐懼折磨，

15　原註 14：參見 Jäckel, K. 的論述，出自《亂倫——犯罪現場：家庭》（*Inzest. Tatort Familie*）。Rastatt，1988 年出版，第 94 頁。

16　原註 15：參見 Armstrong 的論述，同原註 11，第 117 頁。

擔心自己會生下女兒、擔心這個「弱者」會延續女性的痛苦鏈。亂倫受害者擔心自己的子女會認為她們是軟弱無助的，就像她們對自己母親的看法一樣。也害怕給孩子們種下不信任和恐懼的種子，把自己的問題投射到孩子身上，從而表現出過度保護或圍著孩子團團轉的行為。

還有一些女性認為自己完全是發育受損，因為她們從來沒有生孩子的願望，也不曾渴望要收養一個孩子。或者有一種痛苦的假設，認為自己不應該生孩子，因為自己什麼都給不了孩子。當她們認為，只有自己經歷過溫暖和關愛，才能傳遞出溫暖和關愛，恐懼就會加劇、就必須放棄做母親的快樂。還有一些人認為自己有非常強烈的自戀需求，以至於她們害怕在情感上剝削自己的孩子，讓孩子們跟自己一起來填補那些她自孩提時代起就在忍受的空虛寂寞。

尤其是那些研究過一些亂倫文獻的女性，為自己想生孩子的願望感到恐懼。他們腦海中會浮現出一些問題：「我真的會像病毒一樣把亂倫傳染給孩子嗎？難道我是想讓孩子們重蹈我未經處理的童年創傷的覆轍嗎？讓孩子們和我一起再經歷一遍那些衝突，好解決它們嗎？我真的有在女兒身上尋求報復的危險嗎？我會把女兒推到我的角色中去，以便把我對自己母親的敵意轉移到她身上嗎？」所有關於這些問題的理論往往會掩蓋亂倫的真實含義，而不是提供清楚明白的真相。

懷孕—分娩—母乳餵養

看起來，似乎沒有哪個生活領域可以不被亂倫經歷入侵。對那些特別害怕失去控制的女性來說，懷孕是件可怕的

事，那代表她們身上的某些東西，在她們的影響範圍之外自主發展；身體再一次被他人接管。任何合理化的解釋，比如認為自己的孩子接管了母親的身體，往往都無濟於事。身體不再屬於自己這個事實，會引發性侵的聯想，而這再一次與佔有相關。

既然亂倫總是與跨越界線有關，那麼一切與尋找界線相關的事情都成了問題。女性害怕不能正確地劃清性愛和非性愛觸碰的界線、害怕不能區分哪些觸碰是未經許可的越界，具有剝削的性質，而哪些觸碰是合適的、自然的。

「我從哪裡開始呢？在哪裡結束呢？我的身體屬於我嗎？我屬於誰呢？我擁有孩子還是孩子擁有我呢？」這些問題在這個時候至關重要。其中也涉及權力問題。「是孩子擁有對我的權力，還是我擁有對孩子的權力？如果我擁有對孩子的權力，我該如何行動？我會濫用這個權力嗎？權力會讓我從受害者變成加害者嗎？」

對我的某些個案來說，孕期是一段痛苦的時光，因為她們覺得自己不再那麼不顯眼，不再是看不見的了。眾所周知，亂倫倖存者往往穿得特別不顯眼，把自己藏在最寬大的衣服底下，甚至經常很不自覺地沿著房子的牆邊走路，而不是在大街上自在自信地行走。在懷孕期間，這些女性體驗到了自己更加脆弱的一面；她們因為懷孕這種特殊情況而變得引人注目，覺得自己更強烈地暴露在別人的目光之下，這讓她們心生恐懼，而不是因為要做母親了而感到自豪。威斯特龍德描述了另一種反應[17]：懷孕提供了保護感。作為孕婦，這些女性感到更有安全感，母親這個角色保護了她們，使她

17　原註 16：參見 Westerlund, E. 的論述，出自《有亂倫史女性的性行為》（*Unveröffentliche Dissertation*）。未發表的博士論文，第 92 頁。

們不被視為性的對象。因此，一些女性很享受這種狀態，因為她們覺得可以從丈夫那裡得到自己想要的溫柔，而不必付出性的代價。在分娩時，很多女性對自己的裸體和無法控制的身體狀況感到羞恥。在這裡，任人擺佈、依賴他人的感覺異常強烈。

即使是在哺乳期，這些女性似乎也不能擺脫亂倫的聯想。我最常遇到的是，她們害怕在哺乳期產生性慾的感覺，然後覺得自己和加害者有類似的反常。哪些是身體的自然反應、哪些是亂倫造成的不自然反應，這種出於恐懼的自我觀察和自我評判非常折磨人。

但是，在結束這個話題前，我要提出這樣一種可能性：亂倫倖存者也可以藉由一種非常積極和讓人更有力量的方式來體驗懷孕和做母親，在這種體驗裡，她們第一次感受到與自己內心裡強大和美好的東西有了接觸，並感到一種深切的希望：隨著新生命的誕生，一些新的事物，一些未受亂倫影響的新事物也將開啟。

與身體的關係

不僅僅是懷孕這個生理變化劇烈的特殊時期會引起對亂倫經歷的聯想。原則上，性剝削對整個身體經驗都有劇烈的影響。我們人類是身體和靈魂的合體，每次靈魂上的傷害都會以某種方式在我們的身體上留下痕跡，無論這種方式多麼不起眼。我認為，在對亂倫受害者的治療中，將身體納入治療是必不可少的。我將在本書的第二部份講述身體治療工作的可能性，在這裡我只說一下我陪伴過的大多數女性所經歷過的問題。

受害者女性對自己身體的基本感覺往往是負面的。身體不是女人自己所認識的、令自己感到熟悉和安全的房子。她們痛恨這個身體，這個身體是個不可靠、我行我素的叛徒。身體意味著危險、邪惡、骯髒，就像把身體和性虐待間畫上等號一樣，性行為也等同於性剝削。這些女性很少有對身體的充分認知，且她們對自己身體的感受大多是完全扭曲的：太胖、太瘦、太高、太矮、太醜——任何鏡子都無法調整這種身體意象。我常常會想起厭食症的女性，她們也陷在虛假的身體意象中，覺得自己很胖很豐滿，其實肋骨突出，皮包骨。童年被性虐待過的身體，成年後變成了被女性自己虐待的身體。它在生理層面被忽視，透過營養過剩或營養不良的方式，受到苛待、鄙視和厭惡。

　　很多女性都熟悉那種醜化自己的衝動，希望做一個灰姑娘、灰頭土臉、毫不起眼，別人看不見。有的人更進一步會割傷自己、在自己身上擰滅燃燒的煙頭、自己抓傷自己。她們將怒火的矛頭對準自己而不是指向加害者；背叛的肉體在受虐情況下依然以快感來反應，這讓她憤怒，對這個被玷污的身體的羞恥和蔑視，都是她們無法擺脫的情緒。

　　有些女性表達出這樣的幻想——她們希望用自己的身體換取另一個身體：一個沒有乳房、沒有羞恥感的非女性的身體、一個沒有被剝削危險的身體。其他女性個案夢見自己有陰莖，感覺生而為女人根本就是個錯誤。

　　在跟身體打交道的危險的生存策略中，有一種是解離，即感受的分裂。很多女性在「離開」身體方面很有經驗，讓身體毫無感覺、對疼痛不敏感；從身體裡走出，彷彿身體只是一個可以扔掉的軀殼。在嚴重虐待的情況下，解離被證明就像根救命的稻草，但是在以後的生活中可能會變得危險，會使任何自然的性反應不可能發生，並會嚴重擾亂伴侶關係

和自尊。關於身體，我們已經提到的這些所有問題領域都特別重要：信任與不信任、對掌控的需要和失控、權力和無力。

第五章

亂倫和大屠殺

——集體壓抑

　　在這一章中，我想把性剝削創傷的後果、遭受亂倫後的反應、集中營監禁對心靈產生的後果和對集體大屠殺的反應放在一起來討論。我不想被誤解，這並不是要把系統性的恐怖行為、以及有針對性地消滅整個群體的行動，和對個人的性剝削行為畫上等號。蔑視國家社會主義恐怖統治並非我的興趣所在，我也不想抹煞這兩種創傷之間的差異。我只是在受害者的心理體驗、對其心靈完整性的創傷式影響，以及社會對這些事件的反應方面看到了相似之處。出於各方面的考慮，我對這些關聯進行了較詳細的研究。

　　一開始，人們在談論亂倫時和談論納粹迫害時所用術語之相似性讓我感到驚訝。在專業文獻中，亂倫被稱為「靈魂謀殺」，這些人被稱作是亂倫倖存者。這兩個概念在另一個完全不同的語境下也是我們熟悉的：我想到的是那些被國家社會主義恐怖迫害過的人們，以及這些迫害對他們造成的心理後果的相關研究。關於賠償法，威廉·尼德蘭（William G. Niederland）[1] 出版過一卷檔案，其中描述的迫害所造成的傷害令人震驚。他將倖存者症候群（survivor syndrom）的概念引入了精神病學文獻。他的書名（《迫害的後果：倖存者症候群——靈魂謀殺》）提到了這兩個詞，這兩個詞也

1　編註：威廉·古格里爾莫·尼德蘭（William Guglielmo Niederland）是位德裔美國人的心理分析家，也是精神地理學領域（psychogeography）的先驅。

適用於曾經遭受過性剝削的人。[2] 尼德蘭在這本書中描述了那些逃過了肉體死亡的人們是如何被施以靈魂謀殺這樣的罪惡。根據他的經驗，很多被拯救的人都是行屍走肉。

對我來說，類似的情況在那些來我診室的個案身上同樣非常明顯，她們這樣描述自己對生活的態度：「我覺得自己活得就像行屍走肉、我就住在棺材裡」。也有許多亂倫受害者把自己的生活描述成「玻璃盒子或玻璃罩子的感覺」。我們常常可以聽到她們絕望的哀歎；除了單純地保住了性命之外，什麼都沒保住，女性們覺得自己被毀了，無法活下去。

我專門研究過一些與奧斯維辛集中營[3]之後的生活有關的電視紀錄片。這些研究總是會讓我想起那些深受性剝削之苦人士的心理治療。我很熟悉那些暴露在納粹恐怖下的人和在死亡集中營中倖存下來的人周圍的氣氛。在卡爾·富路赫特曼（Karl Fruchtmann）[4]的電視節目《一個普通人》（*Ein einfacher Mensch*）中，我聽到過一些句子，而性虐待受害者也有同樣的措辭。在這部紀錄片中，猶太導演試圖呈現特拉維夫的亞考夫·希爾博伯格（Jakov Silberberg）如何處理他在奧斯維辛集中營那些歲月的記憶。在那裡，他曾經是特殊突擊隊的成員，必須協助屠殺成千上萬的猶太人。我想引用他和他妻子接受採訪時說的幾句話：「我說不出來。這很難開口。我的一生都像蒙上陰霾。一切都死了。沒有救贖。再也沒有辦法變成其它樣子，生活被徹底毀了。我就像一塊

2　原註 1：參見 Niederland, W. G. 的論述，出自《迫害的後果：倖存者症候群 ── 靈魂謀殺》（*Folgen der Verfolgung. Das Überlebenden-Syndrom*）。1980 年於法蘭克福出版。

3　編註：奧斯威辛集中營（Das Konzentrationslager Auschwitz）是第二次世界大戰期間納粹德國所建立、最主要的猶太人集中營。

4　編註：卡爾·富路赫特曼（Karl Fruchtmann）是德籍猶太裔知名導演、編劇與製片家。

石頭，一塊空洞的虛無。我為我個人的毀滅而哭泣、為我失去的自我而哭泣。每一個（有過這樣經歷的）人都是獨自守著這些（經歷、回憶），誰也救不了自己。」阿多諾（Adorno）[5]也提到了這種陷入沉默的狀態，他說，在奧斯維辛之後我再也不能寫詩了。艾利・維瑟爾（Elie Wiesel）[6]寫道：

「沒有親身經歷的人不會知道，而親身經歷過的人又不願透露些什麼，什麼都沒有了，或者幾乎什麼都沒有了……奧斯維辛意味著死亡，徹底的、絕對的死亡——個人的死亡，所有人的死亡，語言和想像力的死亡，時間和精神的死亡……倖存者知道。只有他知道，而不是其他任何人。」[7]

這種說法與亂倫受害者的經歷很相似。我多次聽到個案說：

「我感受到永遠都將什麼都不能說。人們會以為我瘋了。沒有任何人相信。沒有經歷過的人都不知道那是什麼滋味。」

經由這種體驗，女性有一種與他人隔絕的感覺，她們經歷的事情在所有豐富的集體體驗之外，因此產生了深深的與世隔絕感和陌生感。

我時常想起一個個案說過的話：幼年時她被父親以死相逼來實行性虐待，並且這位父親還把她交給同事們（性虐待），以此來償還自己的債務。她簡明扼要地總結自己的經

5　編註：狄奧多・W・阿多諾（Theodor W. Adorno）是著名德國社會學家、哲學家、音樂家以及作曲家。

6　編註：艾利・維瑟爾（Elie Wiesel）是作家、教師、政治家與猶太人大屠殺的倖存者，曾獲得一九八六年諾貝爾和平獎。

7　原註2：參見 Wiesel, E. 的論述，出自〈某種程度的謙卑〉（For some Measure of Humility）。收錄於《猶太責任雜誌》（*A Journal of Jewish Responsibility*）。1975 年第 5 期，第 314-316 頁。

歷：「我的童年是個集中營」。過了很久之後，我讀到了葛蘭·海斯特（Glenn Hester）的自傳《憤怒的孩子》（*Child of Rage*），他反覆將自己童年和青年時期的悲慘遭遇和受虐待描述為「最純粹的集中營」。[8]

自從我開始思考這些關聯之後，也開始明白這兩種創傷在其它意義上的關聯。達涅利（Danieli）在美國的出版作品和伊爾瑟·格魯布里希·西米蒂斯（Ilse Grubrich-Simitis）的文章〈極端創傷作為累積性創傷〉（Extreme Trauma as Cumulative Trauma）[9]對我而言特別重要。她們對集中營監禁造成的心靈影響的許多思考，和我對亂倫結果的觀察不謀而合。

作為一名治療師，我認為，重要的是我要意識到：我只能有限地去共情和理解亂倫對那些（受害者）女性們意味著什麼。我只能充滿同情心地去接觸那些經歷，但並不真正瞭解那究竟是怎樣的一種體驗。

這也解釋了為什麼很多有亂倫經歷的女性更喜歡自助小組，因為在那裡，每個人都有相同的經歷背景，給她們一種被理解的感覺。集中營倖存者之治療工作的相關文獻也指出，如果分析師坦然承認自己是集中營倖存者的身分，對來訪者是有幫助的，從這個意義上講，擺脫分析上的中立態度是有益的。

8　原註3：參見 Hester, G. 的論述，出自《憤怒的孩子》（Children of Rage）。1981 年於納什維爾出版。

9　原註4：參見 Grubrich-Simitis. L. 的論述，出自〈極端創傷作為累積性創傷〉（Extremtraumatisierung als kumulatives Trauma）。收錄於《心靈》（Psyche），1979 年第 11 期，第 991-1023 頁。

集體的反應

　　當我看到集體對死亡集中營和家庭中的性剝削這個事實的反應時，我注意到一個不容忽視的共同點：這兩種情況都是在社會中不被談論的禁忌話題。在這兩種情況下，都存在著防禦、否定和壓抑。在過去漫長的時間裡，亂倫受到輕忽，且作為一種心理病理現象被排除在集體意識之外，而有亂倫經驗的人被認為是不正常的。整個納粹罪行的複雜性也同樣被掩蓋、否認，被排除在意識之外。死亡集中營裡、托兒所這個「家人信賴的避難所」裡發生的令人無法承受的事件，仍然受到輕忽、有所顧忌，並且被說成是從未發生過的事件。社會對這兩個問題都有很強的抗拒性。即使到了今天，仍然有人懷疑滅絕營的存在以及滅絕曾經達到的程度。社會群體對家庭（性）虐待的反應，被法醫伊莉莎白·特呂伯·貝克爾（Elisabeth Trüber-Becker）稱為「冰冷的沉默」（eisigem Schweigen）。

　　對集中營受害者進行專家心理鑑定的做法始於賠償法之後，其目的是讓受迫害者在「所受傷害並非無足輕重」的情況下，有獲得賠償的權利。這種做法讓人想到在法庭處理亂倫案件時，我們所熟知的法庭對於調查技術和詢問方法的不共情。在性剝削方面已經發生並且仍然在發生的狀況下，這會造成新的創傷和社會污名，是一種新的權力濫用行為。那些受害者發現自己再次暴露在某人的肆意妄為、獨斷專行之下，受到專家的擺佈，而這樣的專家把嚴重的精神障礙貶低為不必賠償的退化性神經疾患或補償性神經疾患，或者對這些亂倫受害者抱有難以想像的、嚴重的偏見，並假定這些孩子們（在亂倫事件中）有性意願和誘惑企圖。無論是集中營裡的受害者，還是法庭上的兒童，都無法體驗到自己作為一

個人被認真地對待和尊重。[10] 相反的，調查程序具有對一個物品、物件做出評估的特徵。有人一再聲稱，倖存者的主觀陳述不可信，可能是誇大其詞。稱職的心理鑑定員以及有經驗的心理學家都知道，倖存者更傾向於輕描淡寫，因為如果完全重溫那些經歷，他們往往害怕自己會完全失去自制力。

特別是兒童在法庭上會受到對其可信度最嚴重的質疑。此外，法庭還會討論（兒童作為亂倫）共犯的可能性——兒童（在亂倫語境下）究竟是刻意地引誘，還是想讓自己顯得重要呢？特別是當亂倫受害者沒有受到嚴重的軀體傷害，或者性虐待發生時沒有明顯的暴力痕跡時，更容易得出這樣的結論。沒有身體傷害，就被錯誤地解讀為不可能那麼嚴重。

基本上，受害者角色讓受害者飽受爭議，這又進一步強化了受害者的感受。在司法機關的工作中，當法院以盤問的方式詢問孩子為什麼不反抗、不逃跑、不呼救時，我們可以看出社會對性犯罪案件中「受害人是共犯」的偏見無所不在。

我想起媒體中報導過的一個例子。一位柏林的醫生兼政治家，在他的一個女兒離家出走之後報案。這個女孩的父親讓他的兩個分別是十四歲和十六歲的女兒脫光衣服，然後在她們的屁股上各打三十九下。在此之前，他撫摸女兒們裸露的側身，然後，他又長時間地、精心地在女兒們的各個傷口和淤青處抹上膏藥。星期天的早晨，無論女兒們再反抗，也必須和他性交，他會赤身裸體地或者穿得很少地躺在她們身上，或者強迫她們在他面前赤身裸體地洗漱，同時用口哨吹著詠歎調，配合著口哨的節奏拍打她們的屁股。其中一名女兒在自殺未遂之後，還得聽從心理醫生這樣的解釋：她有

10　原註 5：尼德蘭提到了為數不多的例外情況。

被強暴妄想，希望被父親虐待，想讓父親認可自己是他的女人。[11]

這裡的關鍵詞是佛洛伊德所說的「對創傷現實的集體壓抑」。而法院提出合理化方案尤其令人憤怒。我想到在達姆施塔特（Darmstadt）發生的一個案例，母親透過孩子不經意間的性遊戲，意識到父親對三歲半女兒的性虐待行為。兩份心理報告證實，孩子的表達和行為方式不可能是孩子臆想出來的幼稚幻想，而是指明了真實的亂倫事件。而被告人的律師卻以當事人的能力和社會地位為由，推翻了所有指控。一個政治家和經濟專家委員會的成員不會虐待自己的孩子！

精神分析的反應

為了不去體驗納粹迫害的恐怖經歷，防禦性反應和對發生過的事情保持距離也是精神分析界的規則。茱蒂絲・克斯坦伯格（Judith S. Kestenberg）[12]談到，在精神分析敢於接近這個主題之前，需要一段「潛伏期」。似乎治療師和病人已經有默契地站在同一陣線，不再談論過去的恐怖。這樣的工作方式使得孤獨和寂寞、與社會其他群體的鴻溝因此擴大，更難以去為了被剝奪的一切而哀傷。

佛羅倫斯・拉什把佛洛伊德式的掩飾手段稱作「沉默的陰謀」（conspiracy of silence）。亂倫主題與沉默和隱瞞有很大的關係。科妮莉亞・卡齊斯（Cornelia Kazis）[13]

11　原註6：參見1984年28日出版的《明鏡週刊》。
12　編註：茱蒂絲・克斯坦伯格（Judith Kestenberg）是位兒童精神科醫生，曾對大屠殺倖存者開展治療工作。
13　編註：科妮莉亞・卡齊斯（Cornelia Kazis）是知名瑞士記者。

在瑞士 DRS 廣播電臺的一個節目叫做《打破沉默》（*Dem Schweigen ein Ende*；英：*An Ende to Silence*），其同名書籍也有出版。如今，許多女性在刊物上打破了沉默，猶豫不決的男性們也開始走出沉默，不再掩飾自己被父親、繼父、兄弟、家庭教育者和牧師等性剝削。多虧了女權運動和一些女權主義心理治療師，如今亂倫已經成了每個人的話題。儘管人們今天不得不擔心，媒體很快又會放棄這個話題，因為潮流已經過去了，已經不能再拿這個話題大做文章、公眾們對兒童性侵的統計數據也已經厭煩。即便如此，仍然要感謝那些不避諱打破禁忌的勇敢女性們，哪怕打破禁忌的人們因此自己也成為（社會中的）禁忌。令人驚訝的是，一位處理亂倫問題的治療師，也會像記者卡齊斯 [14] 經歷的那樣，蒙受社會污名，其在性方面的完整性也遭到質疑。

是什麼原因讓專家們害怕觸碰這兩個主題？為什麼精神分析學家們遲遲不敢涉足這兩個領域？

有些文獻專門論述心理治療師在和大屠殺倖存者及其後裔的工作中遇到的問題和困難，在這些文獻中，總是有典型的反移情問題的描述。也就是指，治療師在為這樣的個案服務時，會遇到特殊的困難和感受。在涉及到嚴重創傷的長期後果的地方，都有專業人員產生強烈的反移情反應。畢竟，我們的培訓專案提供的準備工作太少了，關於這點，每個曾經和集中營倖存者及其後代一起工作過的人都知道。這同樣適用於與那些小時候受到最嚴重虐待的人的治療工作。這裡，我會想到儀式化的、像撒旦一樣無法無天的亂倫做法。正如達涅利在她的研究中所描述的那樣，在面對大屠殺、性

14　原註 7：參見 Kazis, C. 的論述，出自《結束沉默——家庭中對兒童的性剝削》（*Dem Schweigen ein Ende. Sexuelle Ausbeutung von Kindern in der Familie*），該書亦由 Kazis, C. 所編輯。1988 年於巴賽爾出版。

剝削等個案時，治療師之所以會產生的強烈的反移情反應和採用迴避策略，更多是與人類邪惡和醜陋的事實相關，而不是與治療師所面對的特定人物有關。在為這些人群服務的治療師中，心灰意冷、精疲力盡的感受尤為普遍。

在督導時段中，主要涉及以下反移情主題：治療師的內疚感、憤怒、羞愧、驚慌失措、悲傷、無助、防禦。在此我想詳述其中的一些反應。[15]

內疚

經常有治療師報告說，當他們瞭解到其他人童年的恐怖經歷時，他們對自己有個幸福的童年而感到內疚。這種對納粹受害者的愧疚感，可能會促使治療師不去過問關於過去的具體問題。治療師覺得自己不能觸碰這些痛苦的傷口，因為他認為當事人無法忍受回憶起過去。然而事實上，治療師往往是在保護自己。亂倫受害者也面臨類似的情況。「別碰了」、「太危險了」，這是心理培訓機構對受訓者的警告，不要再碰亂倫的創傷。強調受害者身體虛弱，不能承受太多，因此在治療中也不應該承受太多。這可能會導致一種近乎施捨的、過度保護的態度，想為個案帶走一切痛苦，讓她免於痛苦。內疚感也會導致治療師無法再設置界線，這個問題恰恰是亂倫問題的絕對核心。受害者無法設定界線，意味著治療師也被捲入這種無界線的狀態，無法再感覺到自己承

15　原註 8：參見 Danieli, Y. 的論述，出自〈心理治療師參與對大屠殺保持沉默的陰謀〉（Psychotherapists' Participation in the Conspiracy of Silence about the Holocaust）。收錄於：《精神分析心理學》（Psychoanalytic Psychology），1984 年第 1 期，第 23-42 頁

受能力的界線。

在治療中，讓納粹迫害者和亂倫倖存者清楚地瞭解創傷的長期後果，也會給治療師帶來內疚感和衝突。達涅利引用治療師的恐懼來說明：讓受害者意識到心靈上的傷害時，治療師最終其實承認，希特勒的毀滅性取得了一種遲來的勝利。[16] 在我們的亂倫主題中，我也經常聽到一個人們擔心的問題：透過披露亂倫的長期後果，會不會讓人更痛苦？反過來，也可以提出這樣的問題：當我作為一名治療師強調存活機制的效能、力量和強度時，我是不是在說整個事情其實沒有那麼大的創傷性和破壞力？我是不是相當於在表達這些創傷都是小題大做？很多女性擔心沒有人會相信她們的童年非常具有毀滅性，因為她們熬過了童年，並且沒有發瘋。

治療師所面對的內疚感，其核心也與無助感和害怕有關：擔心這些個案永遠不會真正被治癒。在集中營的經歷和被性剝削的經歷，都是邊緣化的經歷，這樣的經歷也把我們這些治療師們帶到了自己的極限面前。在治療過程裡，我們經常見證心理結構的全面崩解和絕望，因此會極度懷疑我們的治療技術，甚至對心靈自我調節功能的信念也會動搖。

艾斯勒（Eissler）[17] 的論證也讓我有深深的共鳴。他深情地寫下了這樣的文章：〈要想有正常的身心，一個人究竟要無癥狀地承受對多少孩子的謀殺？〉（Die Ermordung von wie vielen seiner Kinder muss ein Mensch symptomfrei ertragen können, um eine normale Konstitution zu haben?）[18]。文中他要求對集體的抗拒反應做出精神分析

---

16 原註 9：參見 Danieli 的論述，同原註 8，第 28 頁。

17 編註：寇特．羅伯特．艾斯勒（Kurt Robert Eissler）為佛洛伊德學派的奧地利心理治療師。

18 原註 10：參見 Eissler, K. R. 的論述，出自〈一個人要想有正常的身心，必須無癥狀地承受對多少孩子的謀殺？〉（Die Ermordung von

的解釋。他認為，面對自己的無助，也是對宗教信仰的威脅和對自身價值體系的攻擊，因此難以承受。即使是在最嚴重創傷的外部影響下，我們每個人都有保持心靈的完整和讓內在完好無損的需要。這樣的覺知——肉體的生命可以被拯救，而靈魂卻被強暴——讓我想起了「靈魂謀殺」這樣的說法，也讓我對靈魂的自主性和認為其不可摧毀的信念提出了深刻的質疑。因此，我們這裡面對的是一種自戀創傷，這種自戀創傷嚴重威脅到個人對自己的理解。

霍克海默（Horkheimer）[19] 曾將德國人經常有的「內疚和羞恥的混合情緒」描述為「德國人的自戀之傷」[20]，而格魯布里希·西米蒂斯曾經準確地指出，對納粹時代話題的抑制並不只是德國才有的現象。這種內疚和羞恥的混合體也可以在亂倫治療的反移情反應中發現。

家庭內部與性和暴力有關的童年經歷沒有得到解決的部份，都會帶有內疚和羞恥感。治療師的情結結構和防禦機制在此具有破壞性的作用。

我認為，指出治療工作中的這種羞恥感是非常重要的。在治療中，人們可能會猜測，倖存者所做的一切事情，無論如何都是為了換取某些好處。關於大屠殺，人們沉溺於這樣的謬論：受害者原本應該而且有能力進行反擊。他們被暗中指責沒有做出任何逃跑的努力，甚至可能以某種方式與壓迫者合作，出賣了自己。在對亂倫受害者的治療工作中，我們在強暴語境下熟悉的古老謬論也被喚醒了：她們原本可以反

---

wievielen seiner Kinder muss ein Mensch symptomfrei ertragen können, um eine normale Konstitution zu haben?）。收錄於《心靈》（*Psyche*），第 17 章，第 241-291 頁。

19 編註：麥克斯·霍克海默（Max Horkheimer）是位德國哲學家，也是法蘭克福學派的創始人之一。

20 原註 11：參見 Grubrich-Simitis 的論述，同原註 4，第 1015 頁。

抗；強暴本來就是她們自己想要的；她們原本可以保持沉默……這種想法也會出現在治療師身上。同時，治療師把這些想法當作是自己的偏見，並為之感到羞恥。

在教育學家這方面，害怕觸碰亂倫話題的現象也很普遍。如果我們回顧統計數據，必須假設在每一個培訓小組中，至少有一名男教師或女教師自己就是性虐待的受害者，但這個話題從未被處理。而在每一個班級中，都坐著一些曾受虐的孩子。老師由於尚未消化自己的童年創傷，也就不會認為這些孩子是亂倫受害者。處理性剝削的問題會觸及到自己的傷口，從而引發了老師們的逃避策略。

我認為，整體上我們可以說，所有涉及大屠殺或亂倫的從業人員，都面臨著我們所說的治療性反移情的類似感受。這使得這兩個主題長期以來一直被視為禁忌。

憤怒

在與暴力受害者一起工作的過程中，強烈的憤怒也是一個重要問題。可怕的納粹罪行和在家庭中對兒童施行的性暴力引發了人們的憤怒。專家們以不同的方式來處理這些問題。有些人把自己的憤怒轉嫁到受害者身上，因為加害者不在場。關於死亡集中營中發生的事情之報導，以及來自家庭地獄的故事，會喚起聽眾內心深處被壓抑的施虐受虐衝動，並危險地挑起他們自身對反猶太主義、法西斯主義和性剝削的易感性。我們必須意識到，我們每個人的內心也都有法西斯主義傾向和暴力衝動，這種傾向和衝動與我們的倫理價值體系無法調和，因此被壓抑在無意識中。然而在處理亂倫等主題時，會讓我們聯想起這些被壓抑的東西，因此必須得到

解決。簡單地將其歸納為加害者─受害者關係，在處理大屠殺和亂倫創傷的領域正好是錯誤的，而且也具有誤導性。

治療師所體驗到的憤怒會以認同攻擊者的形式表現出來。這自然會導致拒絕與個案共情。艾斯勒指出了一個看起來很古老的動機──他想到的是對受難者決絕的蔑視，一種原始的對弱者的唾棄。然而，隨著對所謂弱者的唾棄，我們發現自己處於納粹意識形態中，而對女性的蔑視和性剝削則讓我們發現自己處於社會的父權結構當中。

但治療師的憤怒還有另一個面向。有些治療師報告說，當納粹受害者稱他們為納粹時、當受害者一概而論地說「我恨所有德國人」時，治療師們就會感到憤怒，無法克服自己的仇恨和偏見。跟亂倫受害者一起工作的男治療師也表達了類似的感受。當個案把他們治療師與所有男人都混為一談時，他們感到憤怒；當女性普遍排斥男性，並拒絕對男性做任何區別對待的時候，他們的反應也是憤怒。治療師們也會陷入對受害者的母親和父親的憤怒，傾向於過度認同受害者，有時會使個案無法表達自相矛盾的感受。無法處理自己的憤怒也會導致個案的排斥或過早終止治療。但有時，憤怒也會引發一種恐懼表現，對於個案巨大的、未曾完全體驗過的憤怒的一種恐懼。因此，對治療師來說，重要的是，不要把反移情反應出來，而是要有意識地體驗和觀察這種感覺，以便更妥善地理解什麼事物能夠打動個案的內心。

大屠殺和亂倫創傷的典型治療反應之一也包括在治療過程裡捲土重來的、令人難以承擔的痛苦感受。當描述到兒童的屍體和成人的屍體要怎麼堆起來，才能確保焚燒得最理想，或者亂倫加害者如何用縫衣針刺入兒童的陰道時，一些治療師彷彿受到了驚嚇，不得不強忍著噁心和嘔吐。作為一位治療師，害怕陷入深深的抑鬱、害怕被捲入太多邪惡的深

淵而無法工作，也會導致防禦機制發生。

倖存者症候群

在詳細地討論了與我們的主題密不可分的恐懼之後，我想描述一下「倖存者症候群」。它的特點是：

● 立即出現嚴重的焦慮和焦躁，可導致心理失控；
● 難以表達的「異於他人」的感受；
● 深深的愧疚感，一種倖存的愧疚。為自己當初能在羞辱中生存下來而感到內疚和羞愧，也為自己放棄了心目中理想化的超我（Über-Ich-Ideale）而感到內疚。令人吃驚的是，受害者會因為認同加害者而承擔起（應屬於加害者的）內疚；
● 一種心靈上被壓垮、收縮的狀態，有時相當於完全的癱瘓，並伴有抑鬱、無聯繫、冷漠等狀態；
● 陰暗、恐懼和消沉的行為，伴有鬼魂般的蒼白，這源於與死亡的相遇，被稱為「死亡程式」（Todesengramm）。這種死亡威脅也適用於亂倫倖存者。在無數的報導中，我們一再讀到加害者的威脅：「你要是說出去什麼，我就殺了你。」
● 透過這些狀態，倖存者內心的想像、思想世界自覺或不自覺地被支配，這對她們和環境的聯繫產生支配性的影響，也對下一代產生社會心理後果。
● 受害者的子女往往與父母的命運息息相關，會出現與受害者類似的癥狀。我在治療過程中經常觀察到亂倫家庭傳統的動力，以及數個世代成員間明顯的、持續的性剝削。

從這些概括的倖存者症候群的主要特徵中，可以得出一種癥狀模式，每一位和亂倫倖存者一起工作的人員對這種模式都很熟悉。我想到的是身心不適、抑鬱、焦慮、睡眠障礙、噩夢等特徵性的長期後果。此外，典型的還有難以區分現實和夢境、非常普遍的去人格化傾向——發生在我身上的一切都與我無關。一些冷漠的、機器人一樣的東西附著在自我之上，自動地運作，沒有情感。但也有相反的反應，即易怒的、不穩定的、極度易激惹的人格。除了在信任方面有很深的障礙外，所有的溝通都很費勁，與別人建立關係似乎是一件不可能完成的任務，感覺跟世界沒有任何關聯，也毫無興趣。

對於集中營的受害者來說，由於時間在所有結構性面向上的消失（沒有日曆，沒有時鐘），他們的記憶和時間感被明顯破壞了。我在亂倫受害者身上也經常遇到這種現象。時間彷彿停滯不前，無法設想未來。這樣的個案往往來得太早或太晚，能感覺到一種「去時間性」。那些多年來只需要擔心自己能不能不被虐待活過今天、活過今晚的人，沒有內在的時間概念，無法有意義地建構時間。無法想起亂倫到底是從什麼時候開始的，無法想起之前的生活感受，這些狀況很多地方已經報導過。一切都彷彿被蒙上了一層陰影，所以沒有以前，也沒有以後，只有一個時間連續體，像一個黑洞一樣吞噬了其它的一切。

我認為，童年時期的性剝削經歷等同於布魯諾・貝特爾海姆（Bruno Bettelheim）[21] 所說的「極端情況」[22]。就這個

21　編註：布魯諾・貝特爾海姆（Bruno Bettelheim）是位奧地利心理學家、學者、公共知識分子和作家，主要研究自閉症、兒童與青少年精神醫學和精神分析學。

22　原註 12：參見 Bettelheim, B. 的論述，出自：《生存教育》（*Erziehung zum Überleben*）。1980 年於斯圖加特出版。

概念，他指的是使人們失去整個防禦系統和價值觀的生活狀況。在這種情況下，一般的適應機制已無法提供保護功能。在極端情況下，構成我們人格的所有結構都受到威脅。一切我們認為有價值的、正確的東西，原來都是不可靠的。這是對心靈發起的全面攻擊。

個人在極端情況下的反應

個人對這些極端情況的反應各不相同。在治療實踐中，我確定了以下三種不同的因應方式，它們與集中營受害者的因應行為相同：

1. 感覺自己被摧毀或損害到無法恢復的群體，它們不相信任何自身人格的重建，被過於沉重的經歷所淹沒，可能會成為精神病患者。

在這裡我想引用一位個案的說法，好讓這種感受變得更具體：

「基本上，我感覺我所有的可能性都被剝奪了。一切都被摧毀了，所有有生機的事物都被燒盡了。除了一個空殼，什麼都沒有留下，從外面根本什麼都看不出來，因此也沒有什麼好指控的。我害怕承受不了這一切。那樣我該怎麼辦？要不自我封閉、要不就是發瘋。還是個孩子的時候我就把自己封閉起來了，留給我的，只剩下發瘋了。」

2. 否認或完全壓制亂倫事實及其造成的深層心靈傷害、並否認這些心理後果對她們日後生活造成的影響。

「我父親已經去世十年了。我已經走出了很遠，被強暴的確信感早已從日常念頭中抹去；我已經把那些畫面、那些

噁心的身體記憶抹去了。」[23]

這種壓抑可以發展到這樣的程度：任何現有身心癥狀或純粹的身體癥狀，只要與受虐經歷之間有關聯都會被否定。受害者往往需要花費大量的生命能量來驅逐創傷性記憶。我們非常震驚地看到，個案要花費那麼多的能量來維持一個正常家庭的神話——欠缺人性的事物因為不應該是真的，所以不可能是真的。但是，如果一個人否認真實發生在自己身上的最糟糕的事情、否認這些事情的意義，那麼，正如貝特爾海姆充滿說服力的形容：一些搖搖欲墜的、不真實的事物就會附著在生活感之上。不安全感在內心最深處佔了上風時，人必須時刻警惕，不能讓任何事物威脅到已殘缺人格的一致性。

第三類是那些積極處理受虐經歷並努力整合那些體驗、以接受自身過去的人。在這裡，我想到的是充分承認了自己人生經歷的悲劇性，但同時又努力在生命中尋找意義的那些人。這種意義的探尋我們將在下一章討論，因為滅絕營中所受的驚嚇不一定必然導致倖存者症候群，而亂倫創傷也不一定都會導致上述的長期後果。

人們常說，個人的反應和不斷裂開的傷口有關、和久已感覺不到的疤痕有關，直到它突然又開始發痛。我的許多個案都非常認同哥特佛瑞德‧班恩（Gottfried Benn）[24]的這首詩：

我帶著你，像帶著一個傷口
在我的額頭上，一個合不上的傷口

23　原註 13：參見 Armstrong 的論述，同第四章原註 11，第 12 頁。

24　原註 14：這首詩的題目是〈母親〉（Mutter）。出自《哥特佛瑞德‧班恩詩集》（Sämtliche Werke）。1986 年於斯圖加特出版。

它不經常痛。而它在流淌

心並沒有因此而死去

只是有時我會突然看不見，感覺到

嘴裡有血

受害者的個人反應對於後代的生活也有不容忽視的影響。精神分析已經以各種形式提出了這樣的問題：集中營創傷造成的身心失調是如何傳遞給倖存者子女的。

倖存者子女

就這一方面，一九七五年在紐約開展的一個針對大屠殺倖存者及其後裔的團體專案引起了人們的興趣。這個項目詢問的是大屠殺對他們現在生活的影響。達涅利介紹了四類家庭：受害者家庭、士兵家庭、無感的僵化家庭和「成功者」家庭。[25] 令人震驚的是，出自受害者家庭和無感的僵化家庭的，多是集中營倖存者的後代，而士兵家庭中老一輩的倖存者則在戰爭期間加入了游擊隊或反抗軍。

戰後，**受害者家庭**的家庭氛圍呈現出沉重、抑鬱、共生的特點，對外界有著強烈的不信任和恐懼。受害者家庭呈現出完全封閉的系統。在這系統中，成人和孩子的角色互換。

---

25 原註 15：參見 Danieli, Y. 的論述，出自〈治療和預防長期影響和受害世代傳遞——從大屠殺倖存者及其子女那裡學到的教訓〉（The Treatment and Prevention of Long-term Effects and Intergenerational Transmission of Victimization. A Lesson from Holocaust Survivors and Their Children）。收錄於：Figley, Ch.《創傷及其覺醒》，第 295-313 頁；「受害者家庭」，「士兵家庭」，「僵化家庭」「成功者家庭」這四個名稱是本書作者烏蘇拉・沃爾茲博士的翻譯。

孩子過早地成為大人，要充當父母的知己，補償他們對婚姻伴侶的失望。伴有攻擊性的衝突由於得不到解決，導致無法劃清界線。害怕做錯事，缺乏對自我主張的鼓勵，阻礙了這些家庭中孩子們的成長。內疚感是家庭溝通的重要控制手段。這些家庭大多害怕把孩子帶到這個世界上來、害怕讓孩子們繼續承受這些創傷的負擔，也害怕把孩子們帶到一個可能發生第二次大屠殺的世界上來。

我們可以這樣勾勒出**無感僵化家庭**的氛圍：具有支配性的沉默、情感的空虛、失去所有的自主性。夫妻雙方往往是各自原生家庭中唯一的倖存者，他們彼此相依為命，但缺乏照顧孩子的力量。與孩子們的肢體交流和語言交流極少，這造成孩子們的自尊心出現一定程度的麻木和缺乏活力、沒有安全感，因為他們永遠無法體驗到自己是真正的中心或者感受到自己的重要性。

在**士兵家庭**中，一切看似軟弱的受害者態度和疾病的東西都必須被壓抑，因為那就像一種對自戀的侮辱。家庭氛圍的特點是一種近乎強迫性的活躍，宣傳成就和成功，鼓勵侵略。任何形式的依賴都是不受歡迎的，是不道德的。

第四類**成功者家庭**是最不統一的群體。表面上看來他們是最適應社會的，積極追求社會和政治地位、金錢、名聲和教育。但往往伴隨著對過去的全盤否定，甚至有時子女只能間接瞭解到父母的過去。這些家庭的否認策略往往導致身體癥狀或情感麻木。

對我來說，這些情況和亂倫主題相似。在亂倫研究中，也要將亂倫置於跨越幾世代的背景中來觀察，並探索使亂倫得以傳承下去的模式。正如愛麗絲·米勒已經詳細指出的那樣，加害者和受害者之間有著非常密切的聯繫。加害者們往往在兒時也是受害者，因為創傷沒有經過處理，所以不得不

重複這樣的經歷。未解決的矛盾代代相傳，所以亂倫成了一種家族傳統。

加拿大關於集中營監禁對倖存者後代影響的研究表明，倖存者家庭結構脆弱，後代不能發展出自己的身分認同。

亂倫文學也熟悉這樣的事實並談到不正常的、破碎的家庭，這些家庭共生地綁在一起，不允許自主性和設定邊界。一切與設定邊界和攻擊性有關的東西，都早已在孩子們身上被壓制，這極大地阻礙了孩子們日後發展出設定界線的能力。格魯布里希·西米蒂斯對大屠殺倖存者第二代的累積性創傷進行了出色的分析，她描述了恐慌性過度保護的家庭氛圍，那樣的氛圍使人難以「表達衝突」，也無法「與自相矛盾共處」。

父母往往因為自己的情感需求以及一直關注自己的歷史或痛苦的癥狀，使他們的保護和照顧功能受損，無法對孩子做出充分的回應。反而指望孩子能像母親一樣地關心自己，卻什麼也沒得到，也會釋放出對孩子的攻擊性衝動。此外，母親們也常常對自己的母親身分感到不確定，擔心不能充分保護孩子不受這個世界的傷害。如果在家庭氛圍中有失魂般的氣息，某種程度上機械性的、沒有生命力的運作機制就會占上風、就會發生孩子也認同這種情緒的情況。在前面提到的富路赫特曼拍攝的電視節目中，（現在已成年的）那些受影響的兒童也發了言。在我看來，女兒和兒子都學習心理學，並不是一個巧合。在我看來，這是為了更妥善地理解和因應那些會再次造成創傷的家庭狀況。我還認為，只有開啟意識化的過程，無論是以個體治療還是自助小組的形式，才能真正阻止亂倫創傷的繼續傳遞。

在對納粹恐怖倖存者第二代的分析中，經常會提到這些家庭的與世隔絕感、一種與周圍環境的分離以及與社會層面

的分離。這也讓我想起亂倫家庭的孤立、想起家庭是「偏執的堡壘」這樣的描述。

也許上面的這些探討，可以讓我們清楚地看到，我們需要在更宏觀的政治和社會背景下來理解性剝削。

治癒之路

誰要是毀了哪怕只是一個靈魂，

就等於毀了一整個人，

也就毀了整個世界；

誰要是能拯救哪怕只是一個靈魂——

就等於救了一整個人，

也就拯救了整個世界。

——《塔木德》

第六章

亂倫倖存者的因應策略

——防禦機制和對意義的追問

女性該怎樣因應父女亂倫給她們帶來的創傷？哪些因應策略能幫助她們處理這個問題？在這過程中，對意義的追尋在多大程度上發揮著作用？

因應（coping），指的是人們為了克服某些問題發展出的行為。自從一九六六年拉扎魯斯（Lazarus）[1] 開展心理壓力的研究以來，一直有對「因應」的研究。在拉扎魯斯看來，因應以處理（如創傷）為導向、因應行為會根據特定的要求不斷變化。根據字典的定義，因應是「成功的管理」（to manage successfully）。而拉扎魯斯認為，因應不僅僅是指那些會帶來成功結果的活動，在他看來，在處理壓力方面的每一種嘗試、每一次努力都是因應。因此，我們通常稱作「防禦機制」的行為也可以是一種因應。例如：對現實某種程度上的否定可以是一種有效的因應，因為它能增進在不可控情況下的適應能力。因此，因應行為主要不是以解決問題為目的，而是具有讓人的情緒困擾更容易自我承受的功能。其它的反應方式，如迴避、輕忽、疏遠、分裂、在不良事件中指出積極的價值等，都可以看做是對消極情緒的自我調節。即使這些因應嘗試看起來像是自欺欺人，但如果它們能保障個人的痛苦得到緩解，就具有保命的功能。

1 　編註：理查・拉扎魯斯（Richard Lazarus）是著名美國心理學家，也是美國應激理論的現代代表人物之一。

從存在的層面來講，亂倫體驗比一般的壓力體驗更具有威脅性。性剝削可以客觀地理解為一種嚴重的、危險的生活事件；它不是一次偶發事件，而是一種往往會影響生活很多年的經歷。這段經歷的後果不僅與客觀上受虐的嚴重程度有關，還取決於亂倫受害者個人在整體上對這段經歷的認知和評估，以及處理這種情況的能力。早期亂倫研究的重點還是放在外部因素上，比如會詢問亂倫過程中是否伴有肢體上的暴力、亂倫發生的頻率如何，以及兒童與加害者的關係如何。但就這些因素的進行分析，對於理解當事人如何處理亂倫經歷是不夠的。在這方面，認知心理學的做法在我看來更有意義。在認知心理學看來，每一種環境刺激與人的思維和感覺之間都有關係。在這過程中發生了一段評估過程，而這段評估過程取決於人格的結構、能力和易受傷程度。這也解釋了為什麼同樣的情況，不同的人有不同的感受和評價。對一種情況的一般性評估以及人格因素對評估的影響，包括個人自己的目標和價值觀，這些是一個人指導自己生活和行動的標準。這樣的價值體系可以成為重要情況下的決策輔助，可以在看似無望的生活環境中給人勇氣，因此可以成為極端情況下的支撐。集中營倖存者的體驗報告非常清楚地說明了這一點。

　　我們可以想像一下，兒童在性虐待事件中，這套價值觀還在建構過程當中，而同時這些正在建構過程中的價值觀又受到了全面的攻擊，因此，這些兒童所受到的傷害程度是顯而易見的。情感、思維、行為等方面的自然發展受到嚴重干擾、產生固著，使人無法進一步走向成熟。性剝削使兒童變得無助和無力，對自己控制局勢能力的信心下降，結果是嚴重損害了他們的行動能力。

　　亂倫受害者通常會塑造一個消極的自我意象，這也抑

制了他／她們因應創傷的能力。回憶起早年的屈辱和失望、對愛的信念破滅、無奈並失去信任，會導致完全的冷漠，並用其它因應機制來取代那些健康的、沒有受過傷的人們可用的漸進式的因應策略。我想到的是一系列的迴避行為，如逃避到異想天開的妄想中、社交退縮、與世隔絕、有著難以停下來的圍繞問題的念頭、自責、聽天由命或尋求口欲上的刺激等。受害者自己也知道，這些因應的嘗試通常不能解決問題，而是會成為新的糾結根源。受害者也往往選擇藉由酒精或毒品來緩解這些緊張情緒。

相關研究試圖列出一個不同類型的因應方式清單（「因應方式清單」〔WCC，Ways of coping checklist〕）。但是，我發現那並不能充分反映受害者的實際體驗、行為以及她們的思維模式，因為它不適用於每個人身上的具體情況。

在我自己的調查框架內，我主要採用深度訪談的形式，而不是科研實證模式，目的是想瞭解亂倫受害者對自己、對他人和對整個生活的信念和期望。這些在早期經驗基礎上獲得的態度，反過來又影響著他／她們以後的生活經驗——這是個相互作用的過程，而且這個過程決定了一個人如何因應創傷性生活環境。

在這些訪談中，我以創傷研究中形成的一個模型為導向。它假定性剝削受害者的信仰和價值觀在五個層面中的一個或多個層面受到嚴重損害。這些層面對應著我們相繼經歷的五個發展階段，這五個階段是根據發展心理學中所列舉的人的成熟階段來制定的。在艾瑞克森和皮亞傑的作品中，我們知道一個人找到身分認同和走向成熟所必須經歷的發展階段。這裡我們簡要回顧一下艾瑞克森所說的人生發展的八個階段：基本信任、自主性、主動、目標感、自我同一性、親密關係、生育（後代）與完整性。對於遭受嚴重創傷的人

們，以下五個層面似乎特別容易受到干擾：

1. 安全感；
2. 信任；
3. 力量，控制；
4. 尊重；
5. 親密關係。

我們可以把這五個層面作為參考框架，來觀察一個人在與自己和環境互動中經歷的一切。現在，我想更詳細地解釋一下這種情況是如何發生的。[2]

在發展的第一個層面，即為與安全感有關的層面，涉及的問題是一個人是否有信心發展出保護自己不受傷害、免於損失或受損的能力。如果不能實現這種發展，就會產生無助地任傷害擺布的想法。例如，這會導致人們出於害怕而迴避危險的情況，因為他們擔心那些自己害怕的事情會不可避免的發生。由於缺乏自我保護能力，也會導致受害者發現自己一再處於危險的境地，比如扮演受害者的角色，並堅信自己真的會吸引災難。凡是小時候受過性虐待的人，可能都會產生這樣的信念：人是邪惡的，我不可能保護自己不受這些人的傷害。這也許可以解釋為什麼這些女性後來在婚姻中受到丈夫的虐待時，也不為自己辯護。

第二個層面的特點是信任。只有那些已經學會了一次次信賴並依賴父母或照顧者的人，才會建立起對自己和對自

2　原註 1：參見 McCann/ Pearlman, Sakheim/ Abrahamson 的論述，出自《在既定框架內評估和治療兒童時期受虐待的成年倖存者》（*Assessment and Treatment of the Adult Survivor of Childhood Abuse within a Scheme Framework*）。收錄於 Sgroi《弱勢群體——性虐待兒童和成人倖存者的評估和治療》（*Vulnerable Populations*），第 77-99 頁。

已認知能力的信任、正確地評估形勢，也才會有基本的信任感。這其中也包括對他人的信任，這是人際關係能力不可或缺的前提。不信任自己和無法做出決定的人，在這個層面上是受損的。在心理上表現為恐懼和焦慮的狀態，以及過度謹慎和優柔寡斷的狀態。兒時在家庭中遭受過性虐待的女性，她們的信任完全被背叛、可能再也永遠無法再相信任何人，因此變得孤立無援，不得不生活在被拋棄的強烈恐懼、憤怒和失望中。

第三個層面是關於控制自己的情感、思想和行為的能力。創傷導致失控，也產生無力的任人擺布感。心理上有無意義、被動、聽天由命和抑鬱的感覺。如果受害者試圖透過自殘行為來證明自己的信念是正確的，這種態度的危險性會更大。在人際關係方面，這種態度往往會產生這樣的效果：在男人面前，女人會感到無助，或許還會籠統地認為男人是強大的、女人是弱小的；男人不斷地利用她們；由於總是別人在控制她們的生活，使得她們並不覺得自己有能力控制自己的生活。

第四個層面是尊重，其核心與自我價值感、自我意識有關。這包括被尊重和被認真對待的感覺。童年時期的性剝削深深地破壞了這種層面。孩子們常常把受虐待經歷當作自己是壞人的證明，而壞人不應該有更好的待遇，他／她們永遠是醜陋的、沒有價值的，最重要的是，他／她們不值得被愛。我在其它地方已經指出，兒童常常把別人對待他們時的消極態度變成他們對待自己的態度；這些觀念造成的心理後果，我在前面也已經說過了。這裡，我會聯想到內疚和羞恥感、抑鬱、自我攻擊、解離等。另一方面，由於欠缺的自我價值感又被投射到環境中，在人際關係方面，這導致了對他人的不欣賞往往伴隨著輕蔑、不滿和憤世嫉俗的感覺。

最後一個層面：親密關係，說的是人類投入到真正的人際關係和伴侶關係的能力，也涉及到獨處而不感到孤獨的能力；能夠撫慰自己、找到內心平靜的能力。亂倫作為嚴重創傷的一種，也會阻礙這種能力的發展。亂倫受害者感受到的不是內心的平靜，而是內心的空虛；孜孜以求的不是親近，而是逃避親近。性愛不是令人愉悅、把人連結在一起的，而是擾亂的、把人分開的。在關係中實現意義似乎是不可能的；真正有支配作用的是絕望、孤獨和無意義感。

我在這裡分開來介紹的這些層面，實際上都是相互關聯的。這些有點模式化的類別涵蓋了極多樣性的人類反應，涉及的範圍非常廣。我把它們當作一種輔助工具，幫助我的個案不斷接近他／她們對自己的理解以及對世界的理解。在治療工作中，如果我清楚坐在我對面的人是如何看待和評價自己和他人的，我就可以在共同努力的過程中，據此來制定治療目標。所有敢於邁出治療這一步的人，很久以前就開始嘗試掌控自己的生活處境，並用某種方式來接受過去和現在的黑暗和沉重。在我看來，認可所有這些因應嘗試是非常重要的，即使它們最初看起來可能像是病態的行為。上面提出的模型恰恰可以在這過程中幫我們澄清（個案）當時的因應行為，並在治療中取得豐碩的成果。

我想透過實例來說明這一點。我試著按照我對生活的看法來理解我所遭遇的一切，而我對生活的看法，可以列入上述五類對體驗的處理當中。要麼體驗的「經歷輸入」與我的信念相吻合，要麼我的信念和生活中發生的事情有所出入。如果我堅信我的父親是一個充滿愛心、誠實的人，絕不會傷害一個無助的孩子，而我現在卻目睹了他殘暴、邪惡的行為，那麼，我的價值體系就會發生動搖，我必須努力因應這種矛盾的畫面。比如，我可以簡單地壓抑自己所經歷的事

情，但也可以堅信，不能相信自己先前的認知，因為不真實的東西也就不應該是真的。或者我可以重新解釋這種情況，並認為父親的行為是對的，因為作為受害者的我罪有應得；受害者是邪惡的，而父親是善良公正的。為了保持外在事件和內在價值體系的一致性，這裡發生了價值的反轉。被父親性侵的孩子變得木訥無助。當情況變得極其危急，恐懼大到無法承受的時候，因為價值觀的顛倒，會出現這樣一種解決辦法：屈從於加害者的意志、徹底放棄和忘記自己，並透過對加害者的認同，受害者會處在一種恍惚的狀態，進而扭曲外在的現實。

另一種因應方式是解離的防禦機制。為了讓現有的信念不會因為自己的經歷遭到質疑，孩子試圖將自己的感受分離出去。雖然這可能有助於維護父母是有愛的、呵護的信念，但在某些情況下，可能要付出嚴重精神病發作或人格分裂的代價。

所以，每一種「因應行為」、每一種因應的嘗試，都有利有弊。治療現在關注的是：確認所有那些對於生存不可或缺的機制，並重新檢視它們現在阻礙生命的程度有多大。追根究柢，治療不僅僅是為了生存，治療的目標是為了超越這種因應行為，讓治療在生活中發揮作用。這包括一種我所描述的與「模式」有關的靈活性，即所謂的「伸展性」[3]。「伸展性」是一種挑戰，是將極端的創傷融入到整個生活環境中的適應行為。我想用我與亂倫倖存者治療工作中的例子來說明這點是如何實現的。不過，我首先要描寫的是那些與防禦有關的因應策略，以便構想一種完全不同的因應嘗試：尋找意義。

3　原註 2：同原註 1，第 80 頁。

防禦機制

我們先來說說已經提到的解離的防禦機制，此機制即代表情感和身體各個部分的分裂。

這種機制有時會無意識地出現，在身體、心靈處於困境的情況下，保護（受害者）不去體驗那些痛苦感受。在《我父親的房子》（*Meines Vaters Haus*）一書中，賽爾維婭·弗雷澤（Sylvia Fräser）[4] 描述了即使是朋友想要握住她的手這種無害的嘗試，都會啟動這種防禦機制。「……丹尼爾（Danile）握住了我的手。我任由他拉著我的手，但同時我也完全自動地從手上抽離了所有的感受，根本不知道自己在做什麼。他握著的，只是隻蠟製的手，非常逼真，幾乎和杜莎夫人蠟像館裡的一樣。」[5]

在孩子受虐的過程中，恐懼、痛苦、驚恐、迷茫的感覺撲面而來；身體上的過度刺激會引發難以忍受的疼痛感，也會引發奇怪的、令人不安的性慾。孩子或青少年必須以某種方式來克服這段不堪重負的經歷，而不至於被淹沒，同時絕望地尋找機會，來擺脫這種危險的處境。孩子可能會像任何一個人驚慌失措時一樣想要逃走，但作為成年人的加害者體型更大、更強壯，他們無法逃脫。

所以，受害者必須嘗試用另外的方式來維持自己的完整性，用另外的方式來保護自己不被這些威脅性的情感所淹沒。如果在身體上無法逃離，就會在心理上嘗試「逃離」，讓情況本身變得「不真實」，把自己的身體感受為異物，體

4　編註：塞爾維婭·弗雷澤（Sylvia Fraser）是位加拿大小說家，也是新聞記者和旅遊作家。

5　原註3：參見賽爾維婭·弗雷澤的作品《我父親的房子》（*Meines Vaters Haus*），1988年於杜塞道夫出版，第98頁。

驗成不再屬於自己的，以減少身心的痛苦。這個過程叫做解離。

「如果我躺在床上，他又進了我的房間，我就會非常無聊地想：天哪，他又來了，或者類似的，比如我繼續看我的書，他在我身上亂搞，但其實是……什麼都沒發生、沒發生任何事。我所有的感覺都不見了，我只是躺在那裡、看書，直到他又走了，然後一切都結束了，我又恢復了平靜，可以睡覺了。」[6]

亂倫倖存者的報告中到處都是類似的體驗描述，在這些體驗中會出現一種「死亡反射」（Totstell-Reflex），這種「死亡反射」給人內心的印象是，「它」沒有發生在我身上、我根本就不在場。有的女性講述了她們是如何將壁紙圖案記下來的；她們記得圖案每一個結構和色彩的細節，並緊緊抓住這個圖案，好像整個生命都要依靠它。成年後，她們可能不記得性剝削的行為，卻只記得壁紙的圖案。對治療師來說，理解這些記憶碎片，將這些解讀為掩蓋記憶的信號，並知道這些信號背後隱藏著其它的東西，是非常重要的。這種對視覺知覺或者聲音刺激的固著，都是因應的嘗試，目的是讓自己置身事外、抹煞事件本身的存在，使自己不受傷害。

「唯一的幫助在於……給她醒過來的時間，做好防範的準備；她知道有些事情一定會來，並且已經對這些事情感到麻木了。她讓自己從身體裡抽離出來，就像扔在床上的一件穿過的衣服一樣。」[7]

6　原註 4：引自 Rijnaarts, J. 的論述，出自《羅得的女兒們》（*Lots Töchter*）。1988 年於杜塞道夫出版，第 301 頁。

7　原註 5：參見 Wassmo, H. 的論述，出自《有百葉窗的房子》（*Das Haus mit der blinden Glasveranda*），1984 年於慕尼黑出版。

這種描述讓我想起了格魯布里希・西米蒂斯在她的文章中所提到的自我的盔甲，這是一種提供保護的適應功能。

在德國古典主義和浪漫主義詩歌中，我們知道另一種防禦機制。當有些事情讓那時的女性情緒太過激動、無法承受時，就會暈倒。對於威脅到自我的顛覆性刺激，失去意識是一種可能的回應。只是隨隨便便地用暈倒來表達這種狀態，現在已經不流行了。對孩子心理和生理統一性的重複性攻擊，孩子今天會用別的機制來防禦，然後以慢性的行為模式給日後的生活蒙上陰影。

身體不同部位的麻木，特別是受虐部位的麻木，可以實實在在地影響到生理過程。我的一位個案在全力以赴地處理自己的創傷主題時，體驗到整個腹部在很長一段時間內「像被凍住了一樣」，無法留住尿液。她在幼年被父親性侵時就已經有這些癥狀。後來她成為年輕女子後遭遇強暴時，又出現了這些癥狀。她用下面的話來描述這些癥狀：

「我的腹部就像癱瘓了一樣，我只是讓水流淌。我收不住了。自從我開始處理這個問題後，最近經常發生這樣的情況。那種感覺像是，如果現在我的床著火了，或者現在有人向我走來，我都會動彈不得。就像有人關閉了我的力量、我的抵抗力。我覺得自己就像一個機器人，不是被人引領，而是被人弄得毫無還手之力。」

這種像機器人一樣，不帶任何情感的功能，梅爾洛（Meerlo）將其描述為「機器人化」（robotization）；尼德蘭（Niederland）把它稱為「自我的自動化」（Automatisierung des Ichs），這一點我們在對倖存者症候群的描述中已經有所瞭解。

許多女性報告說，她們只是把自己的情感冰封了，因為它們太危險，讓人難以承受。她們會在沒有任何情感參與的

情況下完成學業，就像弗雷澤寫的那樣：「因為只有我的腦袋，我那被砍下的頭，上了大學。」[8]

另一位女性將她的防禦方式描述為一種奇怪的麻痹和疲勞的混合物。

「我躺在床上，像是紮根了一樣。我的四肢很沉重。拖著滿身疲憊我度過了一天。好像我的身體是靜止的。然後睡意襲來。我不能再接收任何資訊。我就像一塊石頭。」

躺在床上僵硬得像塊木板，只能像自動化機器一樣機械地運轉，這種「行屍走肉」，「似有若無」的生命，精神分析學家申戈德在他關於靈魂謀殺的論文中描述過。

雖然這種內在和外在的「石化」在受虐情況下很有用，但這種機制對以後的生活是一種阻礙。這一點對整個性生活領域影響極大。往往在每次受到性刺激的同時，分離的防禦機制就會立即啟動。受害者描述說，從性親密的那一刻開始，她們就離開了身體，彷彿從外面來看這個性行為。還有些人則透過思考必要的家務來分散自己的注意力，幾乎強迫性地列一些清單，以分散對性行為的注意力。

當這種解離變成完全的身心分裂時，這個人就有可能出現人格分裂的情況。這些創傷性衝擊發生得越頻繁，解離的人格碎片就越多，而這些人格碎片在某些情況下開始有獨立的生命，給受害者帶來極大的困擾。人格的瓦解——那種不再認識自己、不再屬於自己的感覺——通常伴隨著強烈的、生理上也能清晰感覺到的焦慮。

「我碎了。就像被子彈射穿的鏡子一樣。我碎成了細小的碎片，沒有一片比拇指的指甲大。」[9]

8　原註 6：參見 Fraser 的敘述，出處同原註 3，第 141 頁。

9　原註 7：參見 Fraser 的敘述，出處同前，第 128 頁。

我想到了一位個案，她描述了她的心離開身體的感覺：身體僅僅被看作是一個物件，所以發生的一切並不是發生在她自己身上，而是發生在另一個時間、另一個地點的另一個人身上。在治療中她開始絕望地嘗試把身和心重新聚在一起。

另一位個案認為，她已經失去了和世界、和他人以及和我這個治療師的所有聯繫。她在困境中創造性地表達了這一點。她畫了一幅自畫像和一幅我這個治療師的畫像。這兩幅畫是用線連起來的，但她卻又把它們剪斷了。我又把它們綁在一起，我想透過這種象徵的做法，再次和她支離破碎的自我取得聯繫。（該圖請見第30頁）

乳房和生殖器部位的感覺已經「凍僵」了、枯死了，即使想要再次去感受這些部位，也無法在心愛的伴侶身上再次感受到慾望。在後面關於治療的章節中，我將特別關注這個話題。身體必須一塊一塊地回收。為了保護身體而學會的反應必須「放下」，必須有新的體驗，才能讓感受重新回來。

我想提一下解離的另一個面向，也就是用疼痛以及製造身體的疼痛來防禦。亂倫倖存者在極度痛苦中學會了一種自我催眠，讓自己變得完全麻木。這樣可怕的事情感受起來就像打了麻醉藥一樣。我在臨床實踐中聽到過這樣的報告，這種機制在以後的生活中也被用在看牙醫或者因應其它痛苦的事件上，好讓自己變得不敏感。

抵禦虐待痛苦的另一種方式是給自己施加另一種痛苦，以分散生殖器部位的注意力。有的女性描述說，為了轉移疼痛感，她會把舌頭或嘴唇咬出血來。另一位個案試圖在心裡調整自己，她不把疼痛當成是痛苦，而是當成快樂。每當父親打她、用這種方式來滿足自己，並在她的恐懼中幸災樂禍時，她就把當下發生的事情重新解讀為這是父親愛的關注；

她拒絕流眼淚，並試圖用充滿欲愛的心情去感受受傷部位產生的熱量，並將之當作愛的證明。這位女性後來很多年固著於「受虐」模式當中，因為她只能把愛和被打聯繫起來。

儘管解離的機制聽起來很病態，但同時也非常清楚地展現出，這些都是為了生存、為了恢復處於解體過程中的自我而做出的絕望嘗試。如果這些重新整合的嘗試在餘生中都在強迫性重複，就會變得危險和妨礙生活、成為羈絆。那些曾經幫助自己容忍來自家庭地獄的防禦機制，可能在成年後變成了新的地獄；曾經保護自己不發瘋的東西，現在卻能把人逼瘋。

弗雷澤這樣寫道：「我現在只有四十五公斤。我甚至連月經都沒有了。我決定再也不要來月經了。我的閨蜜們都說我瘋了，反正我老早就覺得自己已經瘋了。我可以用菸把我的胳膊燙傷，沒有任何感覺。我把自己的心纏繞在痛苦裡，直到它在自己的尖叫中窒息。」[10]

空虛感、枯死感、疏離感，可以發展到「發瘋」的地步，甚至可以讓人永遠待在精神病院裡。自我毀滅的行為就有了「終於能重新感受自己」的功能。於是，刀傷的疼痛、燃燒的香菸燙在身上的疼痛，便成為感受自己、對抗空虛狀態的唯一方式，大受歡迎。一位個案說，在極端的自殘行為之後，她又恢復了平靜和安寧。

英格柏格・巴赫曼（Ingeborg Bachmann）[11]在她的小說《瑪麗娜》（Malina）中，用非常密集的藝術形象描繪了父女亂倫。關於與自己身體解離的主題，她談到了「現實注射」（Injektion von Wirklichkeit）。這個概念可以用來理解

---

10 原註8：參見 Fraser 的敘述，出處同原註3，第121頁。

11 編註：英格柏格・巴赫曼（Ingeborg Bachmann）是位奧地利女詩人與作家。

那些想要透過痛苦來將一小塊現實帶入自我的自虐行為。

　　當然，自我攻擊行為也可以從內疚感的角度來解釋，這個我在其它地方已經解釋過了。

　　否認和輕忽也是防禦機制的一部分，我指的不是他人、家庭其他成員或社會的否認，而是受害者自己的否認。「我下定決心了，虐待……不可能帶來那麼大震撼。我簡單看了看自己，發現自己有驚無險地過來了。如果真的還有什麼沒解決的，我也看了一些心理學書籍，這樣我就可以比別人過得更好。」

　　在治療開始的時候，我一次又一次地聽到受害者這樣描述，她們多年來一直在說服自己：一切都不是真的，性剝削從來就沒有發生過，那只是一個夢、是她們的不良幻想；是讓自己變得重要、讓父母成為代罪羔羊的工具。將父親理想化、輕忽事情的重要性，在阿姆斯壯（Armstrong）的《親吻爸爸晚安》一書引用的報告中體現得淋漓盡致。這裡指的是安娜貝拉（Annabelle）的信，一名幼年時被極端性剝削的少女，自小在瘋狂的價值體系中長大。雖然她從六歲起就受到性剝削，並被引誘進行各種色情行為，但她寫道：「那總是美好的、奇妙的——只有一次除外，爸爸後來對此非常後悔。」整個書信往來就是一個人為了因應某種情況，沉溺於幻想和自欺欺人的典型例子。

　　「我知道你會認為他在利用我。但我不這麼看，因為我們像兩個成年人一樣互相愛著對方……對他來說，這是慾望；對我來說，這是美好的，因為我給了他快樂。愛和性無關乎其它——無論你多大年紀……我幾乎覺得，在我更小的時候，爸爸更喜歡和我做愛。所以我們現在又玩起了這樣的遊戲，就像我又變小了一樣。沒什麼。」

　　在這些信中，總有一些簡短的句子，表明女孩有一種

奇怪的感覺，這是一種覺醒反應的開端，但馬上會被壓抑下來。

「我不明白爸爸為什麼喜歡坐下來看我穿衣服脫衣服，為什麼他總是要我手淫，而他看著赤裸裸的我也開始手淫。當年我們和喬治在一起的時候，他要我躺在地上，給他看我是怎麼做的——於是我就做了，而且還可以；即使到現在我也不介意這樣做。只是我覺得炫耀這些東西很奇怪。」

然後，還有這種關鍵性的表述：「總比沒有好，總比完全沒有愛的生活好。」但即使這種理解透露出了這年僅十九歲的年輕女兒的深層需求，在下面的信中這些深層需求又被徹底抹去。

「我的意思是，一切都很自然。因為很多已經結婚的人們交換他們的伴侶，但依然愛著對方。如果我想和爸爸結婚，就必須開始像妻子一樣思考，並盡力幫助他過上幸福的性生活。只要不是經常發生，我應該不介意偶爾和他的朋友們一起做。」[12]

我認為，這種選擇性認知、否定自己的感受和重新解讀的模式，是女孩為了生存下來的心理需要。也許這點也必須指出：因應策略因虐待發生的年齡而有所不同。大規模的壓制似乎是那些在童年時期就已經成為性暴力或身體暴力的受害者們唯一的生存機會。她們的癥狀也最像佛洛伊德所說的「典型的歇斯底里症」（klassischen Hysterikerinnen）。一九八八年四月，J·赫爾曼在哈佛大學的一次演講中，介紹了她的最新研究成果；她研究的是受虐經歷和邊緣型人格發展之間的關係。在被診斷為邊緣型人格的女性中，百分之

12　原註9：參見 Armstrong 的論述，出自《親吻爸爸晚安》（*Kiss Daddy Goodnight*），第 132-156 頁

八十一的人有過創傷性的童年暴力經歷。虐待開始得越早，確認事實受到的干擾就越劇烈。當被壓抑的元素闖入意識時，這些女性往往會體驗到自己是精神病患者，並出現典型的神經疾患轉換癥狀。我的一個個案確實曾維持多個小時的沉默，她已經完全說不出話，直到有一天夜裡她夢到了父親，並在噩夢中伴著尖叫聲驚醒。另一位年輕女子出現了暫時性的嚴重視覺障礙，她擔心自己會失明。

亂倫受害者如果是在青春期才開始受到性剝削，就不需要如此大規模的壓抑。她們並不否認事件本身，而只是否認事件對她們的意義。日常的認知仍然是充分的，沒有改變。這些女性的適應能力和「功能」相對較強。否認保障了一定的控制力，其中威脅性的情感被成功切斷。這樣一來，那些對創傷程度的認知就被拒斥在意識之外。

往往只有在治療中、在細心敏感的陪伴保護下，受害者才能承認童年的創傷性記憶、才能允許所有的痛苦和所有分裂的情感出現。在這過程中尤其重要的是，只有在女性感到自己不會被恐懼和痛苦淹沒的情況下，才能盡可能地讓更多的痛苦記憶甦醒。治療師的任務是對靈魂自癒過程有充分的信任，同時清楚地意識到無意識素材的危險性，以協助受害者找到她的真相。在我看來，重新回憶伴隨著那些受虐經歷的情感絕不僅僅是出於信任的宣洩體驗，而是要讓個案最終把這些創傷經歷整合到自己的生活中。只有這一點成功了，人生才真正有可能。我的經驗和所有關於創傷處理的研究文獻都清楚地表明，治癒（再次變得完整）是有可能的。

對意義的探問

　　以上所描述的、因應亂倫的各種嘗試都清楚地表明與生存策略有關。同時，我們也應該看到，僅僅是活下來並非存在的最高價值。一位個案寫道：「可能用『生存技術』這樣的新詞來形容不太準確。我會把生命本身和功能分開。還有更多的功能技術聽起來可能沒有新詞那麼好聽，但更貼近事情本身。從這個意義上來說，你似乎因為這些功能逃過了這一劫，然而這麼說是不對的，因為很明顯你一開始就沒有擺脫，整件事仍然總是粘附在你身上。」

　　然而，這些女性要的不僅僅是適應不可改變的環境。她們各自以自己的方式，努力尋找一種能讓她們因應亂倫的態度。年幼時曾被性剝削，是人生歷史上永遠無法抹去的宿命般的事實。那麼問題是，我對這種宿命要採取什麼樣的態度？

　　正如我在談到壓力研究時已經提到的，我們對發生在我們身上的事情的態度，會改變發生在我們身上的事情本身。我這麼講並不是說，態度的改變讓亂倫顯得不再是靈魂謀殺。亂倫，即使我改變態度，也依然是權力的濫用，是對自我一體性的侵犯。但如果我把創傷當作是和我自己，和我的個人生活有關的東西，如果我把它整合到我的生活背景當中，那麼它就不僅僅是一件「掉」到我身上的事情。因此，通常在如此絕望地為了生存的鬥爭中，女性們更常表達出從（生存）功能中走出來的需要。

　　在加拿大的一項研究[13]中，七十七位童年時曾被父親性

13　原註 10：參見 Silver, R./ Boon, Ch./ Stones, M. 的論述，出自〈在不幸中尋找意義——亂倫的意義〉（Searching for Meaning in Misfortune. Making Sense of Incest）。收錄於：《社會問題雜誌》（*Journal of*

虐待的成年女性回答了這樣的提問：儘管這種創傷已經過去了這麼久，尋找亂倫的意義對她們來說有多麼重要，或者現在仍然是重要的？在這項研究中，百分之八十的女性表示，儘管性侵平均發生在二十多年前，但她們對發生在自己身上的事情之意義追尋卻至今仍未結束。具代表性的問題包括：為什麼這樣的事情會發生在我身上？為什麼不是我的姐妹？為什麼我的母親不保護我？

令人感到沉重的是，在這項研究中，有百分之五十的女性在這麼多年之後，幾乎是強迫性地反覆處理意義問題，卻始終沒有得到滿意的答案。「我一遍遍地問自己：為什麼？但沒有任何意義。它不應該發生在我或任何其他孩子身上。」我相信，認為性剝削的經歷是有意義的這種看法，是一種謬論。我對這種觀點持懷疑態度；這種觀點認為：一切存在的事物背後都隱藏著意義，這種意義是要被找到的。

女性常常覺得自己陷入了一種惡性循環。尋找意義的過程中，舊的傷口又重新被打開。這種過程很痛苦，在舊癥狀之上又會產生新的癥狀。飽受這些癥狀的折磨又會促使她們去處理這些事件的意義；這樣的循環不斷重複，似乎沒有停下來的一天。有一個女性告訴我，有時候她問自己：一次又一次地處理這個主題，是不是處在心理受虐的邊緣，然而，這個主題從未放過她。

為什麼會這樣？這是很多女性在自我體驗小組和治療中都要處理的問題。對於我所採訪的女性來說，尋找亂倫的意義和重要性是一個生存和生命的問題，換句話說，它成為了終生要面對的問題。有人報告說，她們已經成功地使自己的理智變得有序、理解了發生的事情，但靈魂、感覺和身體

Social Issues）。1983 年第 39 卷第 2 期，81-102 頁。

層面的理解仍然停滯不前、仍然承受著痛苦。「追尋意義對我步步緊逼，正如我特殊的命運伴隨著我成長的每一步一樣——它如影隨形。」

加拿大的研究結果也引起了人們對實際情況的注意。即使在那些體驗已經被「理解」了的地方，人們對意義的探尋也沒有真正停止。對我來說，這個研究結果並不奇怪，而是說明了——只是縮減到因和果是不夠的；也只有這樣才能理解，為什麼百分之五十的人，雖然一次又一次地尋找意義，卻還是無法因應這種經歷，並在一定程度上這讓他／她們陷入了過去的困境，因此也就不能在日常生活中妥善地發揮功能。說到底，光是提問「為什麼」是不夠的。以因果關係為核心的線性亞里士多德式思考方式，不僅在物理學上被證明已經過時了，在意識發展領域同樣如此。我們這裡強調的是一種公式上的轉變，即一種新的意識層面，這種意識層面超越了我們所熟悉的將一切現實事物劃分為二元對立的意識，比如，善與惡、真與假、獨立與需求。在榮格心理學中，「自性」（真正的自我，Self）的概念指向「不相容的統一」，即「coincidentia oppositorum」。在哲學和心理治療中，在回想起我們的神祕主義者時，我們再次接近內在的對立統一思想。中世紀的神祕主義者已經說過，我們需要打開我們內在的、超越了「為什麼」的面向與角度。當我們將一切都歸結為原因、理由和條件的時候，最終是沒有意義和價值可言的。這也是為什麼在這項研究中，有百分之五十的女性對「為什麼」這個永恆的問題感到絕望。毋庸置疑，弄清亂倫的方式和原因，是理解這事件很重要的一步。但是，我又必須更進一步，把不可理解的事物當作不是用來理解的事物放下，並且明白，意義或真理是理性所無法理解的。我個人的自由在於：是決定讓自己繼續被永恆的「為什麼」問題

強暴，還是重新定義發生在我身上的事情。

當性的傷痛讓我們對價值和生命意義感到絕望時，我們就非常明白為什麼現在必須盡一切努力，讓生命重新有個基本的定位。從心理學研究中我們知道，感官體驗的缺乏會導致極度的挫敗感，並產生空虛和抑鬱的感受。這種空虛感，意義療法的創始人維克多·法蘭柯（Viktor Frankl）將其描述為「存在的真空」（existentielles Vakuum）[14]，也被認為是一種會導致所有成癮發展的主要生活態度。我帶著濃厚的興趣閱讀了法蘭柯關於存在意義問題的相關著作，因為他也曾遭受過最極端的邊緣情況。他在三年內在四個集中營中倖存下來，所以他知道他在說什麼，他認為我們只有為某種事物而活，只有我們被納入到某種超越我們自己的事物當中，我們才能活下來。在他看來，人只要活著就會相信意義，因為人的生命就是為了意義而設計的。「即使是自殺的人，也相信生命的意義；如果不是相信生命的意義——繼續活著的意義，那麼至少是相信死亡的意義。」[15]榮格的分析心理學也關注人類生命的這最後一個面向。在榮格看來，神經疾患追根究柢是一種沒有找到意義的靈魂所受的痛苦。

加拿大的研究報告讀起來像是愛因斯坦那句話的證明，這句話是說，一個人如果覺得自己的生命沒有意義，那麼，他不僅不快樂，而且也很難有生活的能力。一個非常明確的研究結果是，在尋找意義的基礎上，亂倫體驗的因應和受害者的生活品質之間有關聯。這種因應不僅僅是我們從精神分析那裡了解到的「穿越」創傷。我認為，這些女性必須找到一條回歸靈性生活上的道路。她們似乎深切地感受到，即使

14　原註 11：參見 Frankl, V. 的論述，出自《追求意義的意志》（*Der Wille zum Sinn*）。1972 年於伯爾尼出版。

15　原註 12：參見 Frankl 的論述，同原註 11，第 118 頁。

心理動力學的解釋在某種程度上使她們所遭受的一切變得可以理解，在她們對自己和生活的理解中，仍然缺少一些核心的事物。

大多數人格理論都認為，對意義的需要是人類的一種特殊需要。人類的存在不僅是為了滿足基本需要，自我實現的渴望也是人類生活的一部分。榮格也把這個真正的自我（Self）稱為「我們心中的神」，並談到了心靈的自然宗教功能。這裡的宗教性是在非常廣泛的意義上來談的。同樣，愛因斯坦也明白，信奉宗教就是要問生命的意義問題。真正的自我（Self）和人對意義的信仰都屬於超越性的範疇，它明確指出：成為一個人是指成為那些超越自己的事物、成為不只是自己的那些事物，也是指必須找到並實現的意義。

亂倫受害者感到自己就正好在靈性這個領域受到了深深的傷害和阻礙。她們小時候經歷的愛的背叛，也是信仰的背叛。對女孩們來說，作為個人的父親和上帝父親是合而為一的。這些孩子身上壓倒性的被拋棄感，是一種被上帝和世界拋棄了的感受。她們覺得自己不僅被父親背叛，也被上帝背叛，是上帝允許了這一切的發生。對於許多亂倫受害者來說，上帝已經死了。

如果宗教以人的靈魂為起源[16]，而且我們還記得亂倫被稱為靈魂謀殺，那麼這些阻礙對於這些女性意味著什麼就非常清楚了。她們遭受的是靈魂的喪失，而靈魂才是賦予意義的核心。

此外，人的靈魂還包括爭取建立聯繫、和其他人對話。亂倫受害者在與世界上的「他人」對話、建立聯繫的能力等

16　原註 13：參見 Hillman, J 的論述，出自《向內探尋》（*Die Suche nach Innen*）。1981 年於蘇黎世出版，第 44 頁以下。

方面感到嚴重受阻。

因此，這些女性所關注的核心是尋找失落的靈魂；沒有靈魂，她們就會感到空虛、無法生活。這種動力讓她們無法安靜下來，儘管表面上看來，這種不安就像是因為亂倫在她們的自傳中佔據了一個顯眼的位置。

希爾曼（Hillman）在《向內探尋》（*Die Suche nach Innen*）一書中指出，我們的癥狀可以指引我們發現靈魂。他描述了每一次在苦難中漫長的掙扎是如何使痛苦變得相對化、讓小我（ego）失去力量的。苦難代表著一種謙卑、「一種喚醒靈魂的體驗」。癥狀是「靈魂覺醒的第一個預兆；靈魂不會再容忍任何的虐待」[17]。如果處於痛苦癥狀中的女性終於聽見了、感受到了靈魂的這種呼喚，給予它們耐心和關注，給予它們愛的關懷，那麼一種靈魂的價值就可以從看似毫無意義的痛苦中產生。

這與女性們的體驗完全一致，她們說，只有她們感到接受了亂倫的挑戰、與亂倫共處、在亂倫的影響下變得成熟、直面亂倫後果的時候，處理亂倫對她們來說才會有意義。「我今天看到，亂倫的經歷給我的生活帶來了一定的方向，它使我成為今天的我——這包括好的方面，如：與眾不同的敏感性、靈魂的深度和尋找生命意義的心靈需要。」

我認為，在治療中，在面對亂倫的態度上下功夫是非常重要的，因為我無法改變已經發生了的事情，但對我的這個命運採取什麼態度是一種自由的行動。我未來的生活與這樣的決定有關：我如何適應不可改變的生活。這也意味著：我作為一個人，我要承擔起我對過去和現在的責任。

在我看來，承擔責任是非常重要的，但我認為，向一個

---

17 原註 14：參見 Hillman 的論述，同原註 13，第 59 頁。

亂倫受害者傳達以下的資訊是不對的——在一個更深的層面上，每個人是自己選擇了自己的父母。因此，最終，我們自己才是我們一切遭遇的原因。對於那些向蘇黎世眾多的「神祕主義心理治療師」尋求幫助和帶領的受害者女性來說，用這種「新時代」的智慧來解釋是非常不明智的。

不過，雅思貝爾斯（Jaspers）對「責任」的看法對於亂倫受害者應對和整合創傷是有意義的：「人是什麼，人是由那些他內化了的事物構成的」（was der Mensch ist, ist er durch die Sache, die er sich zu eigen macht），這與決定論的座右銘：「人吃什麼，就是什麼」（Der Mensch ist, was er isst）不同。每個亂倫受害者女性都不只是一個亂倫受害者。在她掌握和因應自己過去的方式中，她轉化了自己的過去，因為「做人」不僅是做「這樣」一個人，還包括做個不一樣的人。

同時，作為一個治療師，我必須能夠承受得了個案的無意義感，而不是出於我自己的無助，將一種意義強加給他們。我必須始終保持清醒，這個世界上不存在對每個人都有效的意義公式。

但我們在治療中必須時刻記住，帶領我們所陪伴的人獲得療癒不是我們的任務。我們必須到個案所在的地方迎接他／她們，並跟隨他／她們到他／她們尋找的道路上。這條路是一條非常個體化的命運之路。

「如果這種達到完整性和實現既定人格的目標在患者身上自然生長，那麼我們完全可以理解，並可以幫助她達到這個目的。但如果這種意願不是在患者自己身上生出來的，也就沒有辦法種植，即使種下去了，也只是一個永久的異物……這是作為一名醫者的藝術：在人類的能力範圍內，心理學不能冒險宣揚救贖或者誇耀救贖之路，因為這些事物並

非掌握在我們手中。」[18]

18　原註 15：參見榮格的論述，出自《榮格全集》第 18 卷，第 882 頁。

第七章

為了自由的冒險

——治療作為相遇和轉化

　　「治療」（Therapie）一詞源於希臘語。希臘語中therapeia 的意思是「服務、治療、護理和痊癒」。動詞therapuo 與「照顧」有關。治療是以這樣的方式來關心一個人：讓他或她成為一個「完整」的人。德文中的「療癒」（heil）意味著「完整」，所以「治療」其實就是「讓……變得完整」的意思。

　　當治療與「完整性」聯繫在一起的時候，它並不意味著完美，而是完整。我們對完整性的渴望是一種把分裂的事物重組的需要。治療的目的是要實現內在的一體性，這種一體性包括對人類存在之斷裂與破碎的清醒認知。我不相信一個完全健康的、完整的人這樣的意識形態存在。[1]

　　我所關注的是照顧靈魂，並從內在來呵護它的傷口和重創，使它們能夠癒合。作為一個治療師，我與靈魂的自癒力建立聯繫，試圖喚醒人的內在治癒者。

　　亂倫受害者在經歷了多年的僵化、與自己的本體分離之後，他／她關心的是如何重新和自己建立聯繫、去感受作為一個人，自己可以成為什麼樣子、自己應該成為什麼樣子。治療與這種內心的再生有關。而我作為一個治療師，只有瞭解了自己的傷痛，才能觸碰到對方的內在治癒者——他

1　原註 1：參見 Batzli, S. 的評論，出自〈新時代——用一種思潮來解決〉（New Age. Abrechnung mit einer Strömung）。收錄於《雜誌》，1989年第 11 期，第 19 頁。

／她的「內在主人」。在榮格心理學中，受傷的治療者透過療癒他自己的傷口而獲得穩固的地位。馬丁‧布伯（Martin Buber）[2] 也表達了類似的思想，他說：「一個人必須和自己同在，才能往別人走去。」[3] 只有當我觸碰到自己、和自己連接，我才能觸碰到別人。只有當我連接到我的自性，才有可能出現布伯所說的合一的「我和你」的關係。我相信，只有當兩個人相遇並進入對話，而不是投射和移情時，完整性的治療才能真正發生與實現。對話讓人真正成為人；只有深入與對方的關係之中，才有可能「自我實現」。對於我的治療工作來說，這意味著「進入一種關係」、一種自我實現和自我建構道路上的陪伴，而這條路也永遠是一條建構世界的道路。

我認為治療是一個發展的過程、是一個轉化的顯現；在這過程中，道路即目標。在臨床實踐中，我經常聽到這樣的問題：真的有可能治好嗎？在這問題的背後，藏著這樣一種假設：治癒是一種目標、一種我不知道什麼時候能擁有的事物。這種假設與以下的想法連在一起：如果我們能夠成功地擺脫疾病，我們就得到了治癒。「心理學的問題是個人本身，就像我就是我自己的問題一樣。」[4] 人非患病，人即其病。所以，治療是對人的「服務」、是對人的關懷。

我們不能「製造」療癒，只能幫助消除阻礙療癒的困難，這讓我想起一句羅馬的諺語：醫者負責照料，自然負責療癒（medicus curat, natura sanat）。

2　編註：馬丁‧布伯（Martin Buber）是著名奧地利暨以色列哲學家、翻譯家及教育家。

3　原註2：參見 Buber, M 的論述，出自《通往烏托邦之路》（*Pfade in Utopia*）。1985 年於海德堡出版，第 169 頁。

4　原註3：參見 Hillman, J. 的論述，出自《向內探尋》（*Die Suche nach Innen*），第 13 頁。

同樣，杜克海姆（Dürckheim）[5]也區分了我們所**擁有**的身體和我們**所在**的身體。只要人完全地存在於他的身體裡，他就真的健康，即使從一般意義上來講，他有可能病了。透過待在我們所在的這個身體裡，我們表達了自己在這個世界上存在的方式。心靈的問題和疾病也是如此。人並非擁有這些問題，人就**是**問題本身。

　　在我看來，治療是一個過程，是行走在成為自己的道路上。療癒的願望表達了與自己失去的部分重新連接的渴望。一位年輕女性這麼制定了自己的治療目標：

　　「目前除了一些類似於渴望的東西，我沒有什麼目標，目標在我看來太不可預測。它更像是一種變得完整的療癒理念，是對生命的渴望。由於我目前還完全置身於自己之外，幾乎是一個看著這些過程的旁觀者，於這些過程而言，我有些什麼樣的願望並不是重點，所以我也沒什麼願望，只是希望去生活、讓生活變得活潑、對新的可能性開放，無論是內在的還是外在的。此刻，我不是活著，而只是**被**活著。我最大的願望是：我希望能住在我的身體裡。也許現在說這些已經太晚了，但現在分裂是決定性的因素，就好像我的願望和目標就是要消除這種分裂。這在某種程度上和一個問題有關：我剩下的部分在哪裡？這挖掘工作可能會非常像考古。」

　　那些被性和情感剝削的人已經失去了自我。人性裡的那些東西沒有展開的空間，所以除了自我孤立和空虛，什麼都沒有留下。為了挽救生命，靈魂被交出，因為在童年裡，從來都不允許這些女性成為她們真實的樣子、不允許她們在

靈魂謀殺：亂倫與權勢性侵的創傷治療之路

5　編註：卡爾弗瑞德‧葛拉夫‧杜克海姆（Karlfried Graf Dürckheim）是位著名德國外交官與心理治療師。

心靈的最深處去體驗那些真實的感受。一切都必須保密,包括那些可怕的、自相矛盾的情感,直到她們最終放棄一切情感,乾脆「**不存在**」了。

現在,治療必須提供內在的空間,使女性的情感反應和記憶成為可能。痛苦經歷的復甦取決於這種空間如何透過治療被盡可能地創造出來。女性需要的,不是撕裂了的家庭情感網路,而是一個新的基礎;這個基礎要有足夠的支撐力和強大的力量來抵禦創傷性記憶。透過治療中的相遇,可以內化新的自性客體、建立結構,從而更好地接納那些斷裂的情感。

多年來生活在「死神」(希臘語:Thanatos)魔咒下的人們,體驗到這種佛洛伊德所說的與死亡和僵化有關的破壞性能量;在治療過程中,他/她們體驗到了愛(Eros)的力量,是愛的力量創造了生命和連接。

在尋找失落的靈魂過程中,人遇到自己內心的孩子;那個幼年的自己,只有在這種重新發現這個孩子的過程中,才能得到治癒。只有這樣,當我內心那個沉默、石化的孩子甦醒過來、開口說話、走向生命時,我才能向「你」邁出一步、我才敢邁出生命的一步。

「這是我的希望和目標:站起來走路,腳下有地,後背有力量,力量延伸到手指尖和腳趾尖,有時還能超越自己一點。可能還會再跌倒,但不再是跌穿地面;去觸碰,也被觸碰;有餘裕深入探索自己,再探出頭來,有付出也有收穫。」

這需要勇氣和耐心。整個治療過程都有一定的風險、都需要一種有意識的決定,來改變態度和行為方式。光靠時間是無法治癒的。我必須一次又一次地投入到治療中去、我需要在這個過程中能支援我的人們。

幾年前，在一位物理治療師的圖書館裡，我發現了一本書，書中的一句話深深地觸動了我：「治療意味把一個人愛到健康」（Heilen bedeutet, einen Menschen in die Gesundheit hineinlieben）。在這個意義上，對我來說，治療與愛有關，但也和對愛的恐懼有關，因為愛總是意味著改變。在治療中，兩個人為了創造新的東西聯繫在一起。舊的立場和態度要放下，要敢於開始新的生活。因此，治療意味著「死而後生」，是一種方向的改變，不僅包括「從哪裡來」的問題，還包括「到哪裡去」的問題。

　　心理學理論和分析工具不足以引導一個人進入這治療和轉化的過程。如果沒有愛，沒有真正的、超越共情式理解的對話，靈魂是無法被治癒的。它需要在治療中真正的相遇，讓自己投入到對他人的關注中去，並從「看起來好像在關注」的態度裡撤離。

　　因此，尋找治療師也就不僅僅是尋找一個訓練有素的專業人士。亂倫受害者需要有人能夠帶領她們走進自己的中心、走進自性的中心。我認識很多女性，對她們而言，這樣的探索之旅具有真正的奧德賽[6]的性質，因為我知道，在治療嘗試失敗之後，每一次新的嘗試都要付出多大的勇氣和精力，所以在這裡我想給大家一些提示，並說明一下有關治療上可能有的選擇。

6　編註：奧德賽（Odyssey）是最重要的古希臘神話史詩之一，講述的是傳說中的英雄奧德修斯在海上漂流十年，歷經各種苦難冒險後，最終回到家鄉與妻子重逢的故事。

治療的選擇

　　如今，要在有如迷宮般的治療方式中找到適合自己的方向，特別困難。相對簡單的是，弄清楚作為一個亂倫受害者，我最不能容忍的是什麼、我最困難的地方在哪裡，以及什麼是我在任何情況下都不想要的。有時候，只有透過這種排除法，我才能更接近我的需求。

　　例如，一位女性覺得自己不可能和男治療師一起工作，因為和男人獨處一室會讓她感到害怕。另一位女性覺得女治療師是不能容忍的，因為她仇恨自己的母親並且蔑視一切女性，這有礙她走向女治療師，也讓她難以想像和女治療師共事。這也是她為什麼偏愛男治療師的原因：她無法想像，一個女人，哪怕這個女人是個治療師，對她來說意味著什麼；她無法想像，一個女人能給她關注和照顧。選擇哪個性別的治療師，是非常個人的。

　　我不相信男人從根本上不能同情亂倫受害者，或他們總是認同加害者這樣的說法。開明、開放的男治療師們能夠理解亂倫語境下暴力意義上的性剝削，並意識到在權力分配不平等情況下性剝削的社會化。亂倫治療對男性治療師的要求非常高。他們必須處理困難的反移情反應、他們也可能會有窺探性愛細節的興趣、自己也會產生性刺激等。有些治療師在治療中刻意保持距離，以避免營造導致強烈移情的性愛氛圍。還有些男治療師們努力成為一個什麼都知道的好父親，但他們過度保護的態度，會讓個案固著在無助裡。

　　有些女性覺得自己應該建立一個關於性愛的治療目標，這目標與男性視野下的性功能有關。但我也遇到過一些女性，她們報告說，治療師為她們開闢了道路，讓她們透過自己內在的男性氣質，與自己和世界建立了卓有成效的聯繫，

從而獲得了非常積極、非常具有療癒效果的治療體驗。那些讓女性感到安全的治療師，能安全地讓個案覺得像在「亞伯拉罕的子宮」裡一樣，可以幫助個案把父性和母性的品質整合起來、設定明確的界線，把親密感的需要和性愛的需要區分開來。

大多數女性會尋找女性治療師，因為她們覺得自己更容易被女性理解、更容易和女性談論性的感受。女性治療師們往往也更瞭解虐待的具體問題，因為沒有哪位女性能夠置身於社會不可避免的剝削現實之外。而另一方面，女性治療師有可能會過度認同受害者，從而強化個案的無助感和無力感。特別是在自己的童年和自己經歷過的創傷還沒有處理好的情況下，治療師就有可能無法挖掘和深入體驗這些感受。亂倫受害者經常告訴我，她們的印象是，當討論亂倫和性傷害時，她們的治療師會表現出明顯的不適。有些治療師就會轉移話題，從而鞏固迴避行為和否定傾向。然而，治療師也可能出現完全不同的感受，比如：對剝削者的憤怒、鼓勵個案面對，或認為性剝削是典型的男性行為並表現出厭惡等等。恰恰在這裡，治療師要明確知道自己的責任、處理好自己的情感，同時又不會干擾到個案的治療進程，也不傷害個案對加害者的積極情感。

在確定了是找男治療師還是女治療師之後，我就可以開始尋找我想合作的治療師了。一開始可以和其他已經有治療經驗的女性交流，也有一些亂倫受害者的自助團體；這些團體的成員會把有亂倫治療經驗的治療師們的名單列出來。對於在社交上較孤立，又沒有相應的社會聯繫的個案，也可以聯繫女性門診、家長緊急熱線、女性之家等來獲取資訊。

在我看來，真正下定決心接受治療的女性，是需要挑選陪伴他們的治療師的。我的意思是，要自己做決定在哪裡

自己才覺得舒服，而不只是相信哪裡提供這樣的治療，就得從哪裡開始。沒有人必須跌跌撞撞地接受治療，也沒有人必須向自己遇到的第一個治療師傾訴。即使苦難變得似乎已經無法忍受的時候，有些事情也必須現在去做：認真地去看、積極地去選擇，因為這些是非常值得的。尤其是那些亂倫受害者，往往不把自己心靈的預警信號當回事，於是很快就答應了接受治療，直到很晚之後才發現，又一次陷入了一段對自己不利的關係。如果治療師在初次面談結束後就催促個案預約下一次，不給個案時間平靜地考慮她的決定，就需要更謹慎。有的女性還羞於取消治療；這是亂倫受害者們熟悉的困難：如果她覺得治療師已經準備好要和她開始治療了，她就很難再說不。在此，我想鼓勵所有的女性朋友們：給自己時間好好考慮、認真對待自己和自己的需求，不用擔心會傷害到助人者的自尊心。亂倫受害者們一生都在照顧別人的需要，現在是時候聽聽自己內心的聲音了。我還想鼓勵女性們詢問那些對她們來說重要的問題。每個人都有權利知道自己正在接受什麼治療。也許我想知道我的治療師對治療的理解，例如：他／她是基於怎樣的對「人」的理解來開展治療工作的。不願意處理亂倫問題的治療師，也不願意向個案學習的治療師，是無法支持我走下去的。比如在加州，如果治療師不能證明自己參加過有關受虐兒童治療的進修課程，就不能續發家庭治療師的執照。

女權主義的取向對我來說可能很重要，以確保性虐待被認真對待，而不會被認為是幻想。我還可以獲取有關治療工作如何進行的資訊：是純口頭的分析工作，還是包括創造力的表達和身體的參與。

在第一次面談過程中和面談結束後，傾聽自己的感受很重要。這個人真的在傾聽我說話嗎？他／她是否值得信賴、

是否真誠？我可以因為這樣的一種關係而很快地開始深入探索我自己嗎？有足夠的空間讓我敞開嗎？會給我時間嗎？我感到受壓迫了嗎？我是否體驗到這個人對意義的探索是開放的？在這種治療中，宗教層面是否有一席之地？我能夠從內心溫暖自己、創造希望，還是一切都是冷冰冰地只是在腦海裡工作？

對於剛開始做心理治療時感到很沒有安全感的人，我想推薦蒂爾曼・莫澤（Tilman Moser）的書《靈魂的羅盤：心理治療患者指南》[7]。這本書寫得很輕鬆，也很有幽默感，試圖給病人提供支持和勇氣，增強他們的感知能力。

在亂倫語境下選擇治療，還將取決於我選擇的陪伴者是否了解社會層面的性剝削。對我來說同等重要的是，我選擇的是這樣一個人，在他／她身上我能看見自己的投射，而不是始終讓我覺得是在看一面空白的鏡子。亂倫治療和那些在成長過程中很早就受到傷害的人的治療有很多共通之處，這項工作需要運用不同於經典分析技術的策略。

在我看來，也要小心這樣一種情況：在現實生活中的創傷得到處理之前，神祕主義導向的治療師們會過早使用因果報應觀念，來給個案建構一個靈性的上層建築。我多次觀察到，這種跳過重要因應階段的治療形式對女性是有害的。

二十世紀七〇年代的女權運動對亂倫研究和亂倫治療做出了重要貢獻。這場運動關注的是對性、權力和暴力等重要議題的重新解釋。女權主義的看待方式導致了新的治療策略，對女性的自我理解具有革命性的意義，因此，我想在這裡介紹一下女權主義模式，以及在這個模式中，「女性之

靈魂謀殺：亂倫與權勢性侵的創傷治療之路

7　原註4：參見 Moser, T. 的論述，出自《靈魂的羅盤——心理治療患者指南》（*Kompass der Seele. Leitfaden für Psychotherapie-Patienten*）。1984 年於法蘭克福出版。

謎」的解決方式與精神分析不同。

亂倫治療和女權主義

　　女權主義研究特別集中處理了佔主導地位的女性意象，並將兩性之間的關係看作一種潛在的暴力關係來披露。在此，我想到的是蘇珊・布朗米勒早期對強暴問題的研究，以及後來以受虐女性為例的對社會壓制的分析。這進一步讓婚姻和家庭去神祕化，因為婚姻和家庭被揭露為暴力的滋生地。這些研究清楚地表明，婚姻內外對女性的暴力，與我們社會中根深柢固的結構化原則有關。對女性的暴力完全內化成了女性的自我意象，是女性的原始體驗之一。

　　亂倫也必須在這樣的背景下檢視。性剝削是對權力的濫用，是一種披著性外衣的暴力犯罪。只有這樣才能理解，為什麼大多數加害者是男性，因為在我們的社會中，男性的社會化，特別是在性方面，很容易受到一切與暴力有關的影響。我們都有內化的男性意象，這些意象與攻擊性、強勢和全能感有關。作為女人，我們已經習慣了男人們把生活的各個領域性愛化，比如：權力、好感以及各種形式的親近。女權運動的功績在於：它讓人們意識到了這些機制，並確定了這些機制在日益嚴重的亂倫問題中所應承擔的責任。

　　我想舉例說明女權主義反思亂倫問題的特點，以便嘗試回答這樣一個問題：究竟是出於哪些原因，加害者中男性佔大多數。據統計，儘管很多統計數據沒有公佈出來，但實行性剝削的主要是男性這一點仍然是毫無疑問的。這並不是說沒有女性加害者。母親也會成為加害者，但她們更多的是以情感、而非以性的方式來剝削孩子。

美國羅素（Russell）和芬克爾霍最近的研究表明，在虐待女孩的加害者中，女性不超過百分之五，在虐待男孩的加害者中，女性不超過百分之二十。

為什麼會這樣？菲爾堡大學（Universität Friebourg）的薩特勒爾（Sattler）和福利特奈（Flitner）回顧了現有文獻，在文章[8]中他們提出了四個主要原因，就這四點，我還有些補充意見。

1. 男性在家庭中的邊緣地位；
2. 男性的性形象；
3. 男性性發育的中斷；
4. 家庭內外的男權。

我想更詳細地解釋一下各個要點。在我們的社會中，男性和女性的不同職能意味著，男性因為要賺錢，主要在家庭外投入工作，不怎麼提供對孩子天然的照顧。他們與子女身體接觸的經驗要少得多；在男人社會化的過程中，他們表達溫柔的機會也少得多，因此，他們固著於透過性行為來建立親密關係。

女性能夠更妥善區分溫柔和性慾，而男性則會很快將溫柔感受成挑逗或性刺激。此外，在我們的文化中，我們習慣於讓男性在性生活中採取主動，而女性則更傾向於等待和被動。男人往往把女人的抗拒和「不」理解為隱晦的「是」，因此，即使面對抗拒的女人，他們也覺得有理由排除阻力來

8　原註 5：Sattler, Ch./ Flitner, E. 的論述：〈為什麼是男人們？——關於亂倫的女權主義考慮〉（Wieso die Männer? Feministische Überlegungen zum Inzest）。收錄於 Kazis, C.：《結束沉默——家庭中對兒童的性剝削》（*Dem Schweigen ein Ende*），第 31-45 頁。

實現自己的性需求。

女性知道成為受害者意味著什麼，因此可能更敏銳地察覺到性侵對孩子的傷害有多大。我也相信，對於男性來說，自尊和自信與性行為的關聯比女性要緊密得多。因此，自尊心不強的女性很少藉由與孩子發生性行為來補償自尊心。

男人在情感上依賴女人以滿足他們對溫柔和溫暖的需求——這會引發男人極大的恐懼。對親近的渴望就變成了對過於親近和交融的恐懼，這可能導致男人試圖藉由亂倫來再次製造距離。[9]

在男性的性愛意象中，滿足是核心動機，這種動機把女人貶低為一個物件。從這個角度來看，孩子更適合作為性愛對象，因為他／她們更依賴、更無助、更容易得到，這給男人一種強壯有力的感覺。男人們偏好年輕、弱小、無辜、無力的伴侶，而女人則尋找高大、強壯、年長的保護者，這是我們社會化背景中的一部分。女作家們這樣解釋：男人對年輕和弱小伴侶的需求，其實是男人要補償自己在成年女性那裡感受到的恐懼和深深的不安全感。這種存在的不安全感是用精神分析的概念來解釋的。對於男性身分認同的發展來說，放棄對母親的原始的、基本的認同，是必不可少的，然而同時，男性又有強烈的回歸母體天堂的傾向，渴望重新回到與母親先天合一的狀態。由於這些倒退的衝動對男性的身分認同提出了質疑，因此必須予以強烈的排斥。然而，在每一次與女人的邂逅中、在每一次愛的情境中，這種對早期融合的原始渴望又被重新啟動，這必然導致對女人不斷的防禦態度，拼命地試圖保持內心的距離。

然而，這種不自覺的無力感卻被社會給予的權力感所補

9　原註6：參見原註5，第34頁及以下。

償。正好是在家庭中，男人才有權力、才具備擁有妻子和孩子的權利。在這種情況下，我們還要記住，在瑞士，在婚姻中強行獲得性滿足並不屬於刑事犯罪；父權制社會認可了這種權力結構。

女權主義運動對家庭的構成有不同的理解。它與家庭治療運動有很大的不同；家庭治療運動在七〇年代也非常深入地展開了對亂倫治療的工作。本來，這兩個運動都和佛洛伊德和古典精神分析劃清了界限。然而，它們各自發展出了不同的觀點，特別是在亂倫問題上得出了完全不同的結論。由於我在本書中關注的是對性剝削成年受害者的治療，所以這裡對家庭治療的觀點不予討論。我只想簡單指出，家庭治療是基於系統理論的概念發展出來的。本質上和共謀理論有關，指的是在人際三角關係中父親、母親、女兒相互共謀。而在大多數情況下，母親被認為是病態家庭系統的基石，這樣的家庭系統被理解為家庭成員之間相互勾結。

「問題是，亂倫受害者的母親，不管她實際上是或者不是、做了什麼或沒做什麼，在事後，都會被認為有意識或是無意識地、主動或被動地為父女亂倫的發生做出了貢獻。她不能死、不能生病懷孕、不能離家出走、更不能自求享樂，另一方面，她又要保障家庭不被社會孤立；她不能太順從、也不能太霸道、不能冷酷，但也不能太熱情、不能太謹慎，但也不能太濫情等等等等。她的處境可以和諺語中的狗相提並論。要想打狗，很快就能找著一根打狗棒。」[10]

所以對於女權主義者來說，病態家庭系統的基石不是母親，而是父權社會。父權社會默許了男人對女人進行性剝削

---

10 原註7：參見 Rijnaarts 的論述，同第一章原註12《羅得的女兒們》，第194頁。

的權利；不僅在家庭中，而且在其它等級依附關係中同樣如此。

從女權主義的角度來看，不能不惜一切代價來維持家庭；治療最終的目標應該是給予孩子最好的保護和安全。優先權擺在我們面前也有所要求，它要讓加害者離開家庭單位，而不是像以前那樣，將兒童安置在寄養家庭，使其進一步受到創傷。

女權主義者在如何處理加害者的問題上意見不一：有的人要求懲罰，認為作為靈魂謀殺的罪犯如果不能受到相應的懲罰，是令人憤怒的。他／她們認為，對孩子來說，重要的是要追究傷害了他／她、不公正對待他／她的人的責任。這一點很容易理解，飽受一切懲罰的孩子會問，為什麼父親可以不受懲罰？還有一些女權主義者不相信懲罰性措施的價值，而是要求對加害者進行強制性的心理治療。在美國，往往會緩期執行對父親的懲罰，並要求他參加個人或團體治療。

瑞士正在努力從女權主義的立場修改關於性犯罪的刑法。其中，女律師們反對將訴訟時效從十年減至兩年的提案。我在前面幾章已經說得很清楚，亂倫的長期後果往往會阻礙亂倫受害者整個人生的發展；造成這種長期後果的成因原本是被壓抑的，通常要在長期的治療過程中才會顯現出來。與其他國家都延長這些期限不同，瑞士希望引入一個較短的訴訟時效，這最終會讓犯罪者逍遙法外。有人認為這是一項維護受害者利益的論點。然而，對任何一個深入研究過這個問題的人來說，這種論點都是站不住腳的，所有的研究報告也都反對這論點。因此，女性律師們呼籲不同的時效期限，同時也提出了關於刑罰程度和可選擇免罰的建議，比如用心理治療來作為有條件實施懲罰的各種可能性。

綜上所述，從女權主義的視角來看，亂倫必須放在社會背景下來看待；亂倫是一種極端的創傷，這種創傷是女性經歷到的事實。她們的言論被認為是可信的，而不是單純的幻想，她們的癥狀和防禦機制並沒有被看作是精神病理性的表現，而是被理解為是為了生存做出的因應。從這個角度來看，女權主義的亂倫治療首先試圖恢復女性對自身力量的信心，以促進自主性和自立。它幫助女性重新征服自己的身體，以新的方式體驗性生活、超越統治結構。女權主義心理治療就是要打破「母親傳給女兒的社會化悲劇循環」。[11] 團體成為了放下孤立的重要工具；也因此，在女權主義模式下，許多受虐女性的自助團體也建立了起來。

自助團體和女性治療團體

事實證明，團體治療，特別是在與個人治療相結合的情況下，對大多數亂倫受害者是有效的。在這樣的團體中，女性們體驗到她們並不是一個人在面對這樣的問題；她們擺脫了孤立無援的感受，意識到許多女性都有同樣的經歷；以前那種跟別人完全不一樣、被打上了烙印的感受消除了。與其他團體成員的認同感創造了人際連結和親近，這樣的連結與親近在那些受到深深傷害的領域就可以創造新的、治癒性的體驗。女性們慢慢學會重建信任、進入關係、允許情感流動、放棄壓抑和否定。

「敢於去支持小組，對我來說，是很重要的一步。我正

11　原註 8：參見 Eichenbaum/ Orbach 的論述，出自《女權主義心理治療》（*Feministische Psychotherapie*），第 181 頁。

式承認了自己是個亂倫受害者，終於相信了自己的感覺和認知。自助小組對我來說非常重要。它給了我支持，給了我被認真對待和被理解的感覺，給了我安全感、溫暖、信任和同情。這也讓我有機會為自己的願望留出空間、堅持自己、認真對待自己，讓自己的情感在一個受保護的框架內發展。」

在自助小組中，一些女性感到比在個體治療中更有安全感，因為她們不會感到受權威的擺布。不依賴、不被患者的身分束縛，增強了她們自尊心。性剝削問題的社會層面在這些小組中得到了更明確的討論，也往往會導致聯合行動。由於參加自助小組是免費的，所以也向沒有能力支付治療費用的女性開放。

一位來自自助小組的女士對自己的立場做了這樣的表述：「對我來說，自助小組是有助於個人治療的其它選擇，而不是『或者接受個人治療、或者加入小組』。我覺得把這兩者結合起來，因應亂倫的經歷會更有效率。這麼多的資訊、知識、經驗、啟發、批判，然後發現相同的行為和模式都會在自助小組中出現，因此我就可以把這些融入到我的個人治療中。而我又可以把新的體驗和心得帶回小組。來自兩者的經驗讓我更能理解和處理所發生的事情；我會向所有受害者推薦自助小組。在小組裡感到自己被有同樣遭遇的人理解了、感到被完全認真對待、感到人格被尊重、可以哭也可以笑、卸下那些重擔、分享自己的經歷、能感受到安全感、認識新的朋友，對我來說是非常有治癒效果的。」

根據我個人的經驗和對研究文獻的回顧 [12]，我想給大家一些重要的提示，以供大家在成立支援小組時參考。一開

12　原註 9：參見 Courtois, G. 關於這一主題的專業文獻整理，出自《治癒亂倫的創傷》（*Healing the Incest Wound*）。

始，出於對工作的熱情，小組會希望給所有申請參加自助小組的女性提供名額，卻忽略了參加小組的資格問題。然而，事實證明，非常謹慎地挑選那些真的可以建設性地互動，而不是在這過程中相互阻礙的成員，是保障小組成功的關鍵。我的以下考慮因素特別適用於有亂倫受害者的治療小組，但在選擇自助小組的新成員時也很重要。

　　首先，要評估成員參加小組的動機。經驗表明，如果女性在這個時候對自己是否真的想參加小組持矛盾態度，對小組的效果表示根本性的懷疑，就不會堅持參加小組。這往往會使其他參與者有被拋棄感、無力感和無助感也會增加，阻礙進一步的共同進程。女性應該能夠提出一些理由，解釋為什麼現在要加入團體，以及她們對這個團體的期待是什麼。詢問以前參加過小組人士的經驗也是很重要。

　　另一項要求是能夠在不完全陷入恐慌或嚴重抑鬱的情況下來談論亂倫。會在性暴力這個話題面前害怕崩潰的女性，表示她們還沒有準備好接受這個團體設法營造的如此強烈的情感氛圍。這樣的崩潰反應也會引發其他組員的極大焦慮，或者覺得自己要體諒別人，所以不應該講述自己的創傷故事。

　　想要參加小組的女性們目前的心理和社會狀況也很重要，因為穩定的生活處境是開展小組工作的必要條件。她們的社會功能如何、復原力如何；當深處的舊傷被打開時，她們是否有一個社會網路來支持她們？當下嚴重依賴藥物、毒品或酒精、正處於危機中的女性，會給團體帶來過大的負擔，或者她無法承受團體工作強度帶來的壓力。同時也要了解可能存在的自殺風險。我在美國遇到的大多數團體，參加小組的前提是沒有成癮並同時伴有個人治療，這樣才可能在團體中對感受和記憶進行處理和整合。小組長們希望個人治

療參與者能允許她們與治療師聯繫，並在小組過程中與治療師保持交流，這樣才能更妥善地協調治療過程，防止兩種因應機制可能出現的分歧。由於透明度和清晰度是與亂倫受害者合作的重要因素，因此必須始終清楚明白：提出的問題是為了什麼樣的目的；只有在清晰和開放的地方，信任和安全才能得到增長。

任何團體工作，尤其是亂倫小組，都需要一定的自我力量。不是每個人都適合在團體中生活、不是每位女性都能忍受其他團體成員的童年煉獄。還有一些人則害怕團體動力過程，尤其是在持續時間較長、不是很有結構性的小組中會發生這種情況。所有這些問題都應該得到認真對待。小組也不是所有人的靈丹妙藥。

如果這個群體有一定的同質性，無論是年齡、共同的經歷背景、社會化、性取向，都要一一向團體成員們說明。由於亂倫受害者深受異樣感之苦，若在亂倫群體中成為局外人，例如作為唯一的同性戀女性或唯一的藍領階層，不屬於任何地方的感覺會再次強化。這也適用於經歷過儀式化亂倫的女性們，我指的是在美國越來越普遍的撒旦做法，兒童在當地受到最殘酷的性虐待。那些在小組中唯一受過如此大創傷的女性，往往會感覺自己完全站錯了地方。小組裡事實上有這樣一種傾向，特別是在年輕的參與者當中，她們會比較並評估小組成員的亂倫經歷，認為誰受的傷害更嚴重，誰就有權獲得最高的受害者地位。因此，摒棄這種形式的比較和評價、認真對待自己的經歷，並接受他人的多樣性是非常重要的。

如果女性們在處理亂倫經歷方面處於非常不同的階段，也會對團體進程造成很大的障礙。如果一個女性覺得癒合的過程已經很溫和地開始了，亂倫的傷口不再是開膛破肚、血

流不止；傷口上開始慢慢長出一層細緻的皮膚，而她是小組中唯一一個處於這個階段的人，她一定擔心在共同體驗其他人的憤怒和絕望時，一切又會破裂開來。有的女性在開始擺脫受害者角色、尋找亂倫經歷的意義時，會害怕被其他成員拒絕、害怕再次不屬於任何地方、害怕在自己的發展過程中被扔回原地。

有些自助小組解決這個問題的方式是，在一定時間內不再接納新成員，或者在原來開放的小組基礎上形成一個較小的封閉小組。

參加亂倫團體非常明確的禁忌症是嚴重的人格障礙、急性精神病階段、嚴重的自殺和自殘行為、嚴重的毒癮和偏執的態度與性格上的重重武裝，使其無法真正敞開心扉。

小組的結構很大程度上取決於它在時間上是有限定的還是沒有限定的。自助小組通常在開始時不規定具體的合作時長，而治療小組則在一開始就明確規定療程數。兩種模式各有優缺點。不過，我個人的印象是，有時間限定的群體，利大於弊。但在這裡，最終還是要由女性們自己來決定什麼是對她最好的個人支持。

由於亂倫團體的治療通常是有時間限定的，我想簡單說一下造成這種情況的背景。自從用創傷理論來看待亂倫創傷以來，治療師們也一直以創傷研究的結果為指導。創傷理論強調要擺脫受害者態度，鼓勵亂倫受害者相信自己、與他人合作，而不是形成新的依賴，從而加強原有的無力感和無助感。透過治療時間上的限制，參與者要為自己設定明確的目標。由於治療不是一個無止境的過程，所以對建立關係的恐懼減少了，再次依賴他人的恐懼也隨之減少。清晰的結構也為治療工作中可能出現的退行提供了一個反向的極點。女性更能感受到：這是出於對她們健康方面的考慮，確立了她們

的自主性，同時，治療小組圍繞不同主題來展開工作，而針對這些主題，小組只有有限的工作時間，因此小組動力過程的空間就比較小，對大多數參與者來說，小組內的動力過程是很可怕的。由於工作很有條理，女性們覺得自己有了一個立足點，也使她們對未來有了個積極的定位，促進了自己的行動能力。

我想簡單介紹一下，一個有時間限制的小組[13]可能會是什麼樣的結構。在我看來，每週一次，每次持續兩小時，總共大約三十次，這樣的模式比較合適。

第一次

第一次見面的目的是為了相互瞭解，建立一種同舟共濟的感覺。兩人一組，互相介紹自己，是很重要的。這麼一來會產生一種在小組中至少認識一個人的感覺，也減少了立刻在大家面前發言的恐懼。之後，要跟大家說明小組裡的談話規則；這應該讓成員之間的交談變得更輕鬆、沒有恐懼。第一次見面要制定小組規則，特別是關於參與者所有資訊的保密性原則。對這個小組提供的安全空間，女性們要能感受到

13　原註 10：參見 Herman, J./ Schatzow, E. 的論述，出自〈有亂倫史女性的限時團體治療〉。收錄於《國際團體心理治療雜誌》（*International Journal of Group Psychotherapy*），1984 年 4 月第 34 期，第 605-616 頁。

Cole, C.：〈童年遭受亂倫的成年女性倖存者的團體設計〉（A Group Design for Adult Female Survivors of Childhood Incest）。出自：《女性與治療》（*Women and Therapy*），1985 年第 4 期，第 71-82 頁。

Sprei, J.：〈成人亂倫倖存者的集體治療〉（Group Treatment of Adult Incest Survivors）。出自：Brody, C.（編輯）：《團體中的女性》（*Women in Groups*）。1987 年於紐約出版。

Tsai/ Wagner, N.：〈童年遭受性騷擾女性的治療小組〉（Therapy Groups for Women Sexually Molested as Children）。出自：《性行為檔案》（*Archieves of Sexual Behavior*）1978 年第 7 期，第 417-427 頁。

足夠的安全。由於在小組中會針對情感進行許多的工作，所以必須確立情感表達的限度（不傷害自己或他人、不損害傢俱等）。

此外，經濟上也要有清楚透明的規定，並對定期、準時參加做出約定。如果有女性想在小組結束前離開，在小組接到通知後，必須要求想要離開的人要參加下一次的小組會議，這樣可以讓所有參與者提出反饋意見，進而消除誤解、互相道別。此外，對時間的把握也很重要。小組的領導者應該明確告知，兩小時已是極限，必須遵守這個極限。鼓勵女性互相交換電話號碼，以便她們在小組之外能夠相互支持。

也需要讓大多數女性做好心理準備，在小組開始後不久，她們的癥狀可能會暫時加重，這是在小組裡工作的自然反應。

有的小組領導者會在第一次見面結束時安排「作業」[14]，要求這些女性為下一次會議確定一個目標，一個她們希望在工作結束時能共同實現的目標。

第二至八次

女性們就自己制定的目標進行交流。在這樣做的時候，要注意盡可能具體地表述這些內容，例如：「我想減少對亂倫的愧疚感」；「我想最終接受對父親的憤怒」；「我想在面對自己孩子的時候不再那麼恐懼和侷促不安」；「我想能夠跟其他家庭成員談論虐待問題」；「我想能夠更好地處理那些發生在我身上的記憶」；「我想能夠以不同的方式過性生活，我想擺脫對一切男性的厭惡」。有了這些表達，通常會開啟一個更強的、相互的自我開放，氣氛變得更富有情

14　原註 11：參見 Herman/ Schatzow 的論述，同原註 10。

感。有些女性在描述自己離實現這些目標還有多遠時，會開始哭泣。

擬定的目標通常會和自己的一段經歷聯繫在一起，這樣，慢慢地，所有的女性都會一點一點地講述自己的亂倫故事。那些沒有什麼具體記憶，只有內心的情緒和氛圍印象的人，需要特別的支援。這些人的被虐待經歷往往發生在很早的階段，以至於沒有語言表達。在這裡，不僅侷限於語言的個人治療會有很大的意義。

在這一階段的分享結束時，家庭作業可以包括閱讀一些選定的文章，這些文章涉及內疚、羞恥、自卑、抑鬱和性問題。在這一階段，關於亂倫後果的調查問卷也會有很多的收穫。

第九至十三次

參與者討論亂倫對不同生活領域的影響時，也可以分成更小的組來討論。可以用「集思廣益」的方式開始，把提到「亂倫」二字時，腦海中浮現的聯想和感受自發地寫在一張紙上。在某些小組中，參與者統一在每次小組會議上就某個主題展開工作，例如：內疚感或性行為；或者女性從亂倫經歷中獲得的一整套生存策略。

在這階段，創傷通常伴隨著強烈的情緒復甦。在小組中，需要集中精力處理那些憤怒和悲傷。

第十四次

鼓勵女性認識到兒童的權利和她們作為成年女性的權利。對許多參與者來說，這也是她們第一次在行使性權利方面得到支援。女性們一起列出自己的性權利清單，並把清單帶回家，每天閱讀、反覆提醒自己：做人的一部份就是要有

權利，比如在性接觸中有說「可以」或「不可以」的權利、可以有自己的感受，確信自己有被尊重的權利。

第十五至十九次

這時候，我們可以仔細研究一下對質的話題。許多女性希望最終與加害者或與母親、兄弟姐妹把亂倫問題說清楚。同時，也非常害怕家人的反應、害怕被「堵上嘴」、被全盤否定和否認，或者被強加罪責，讓自己對一切負責。弄清楚自己想跟家人說清楚的動機非常重要。在小組內進行角色扮演是一種很好的說明方式。事實證明，在這個階段，提醒大家小組即將結束是很重要的，這樣典型的壓抑機制就不會形成，工作就可以再一次非常有目標指向性。

第二十至二十八次

在這一階段，可以與當事人一起解決當前個人治療工作中存在的問題，並報告迄今為止為實現自己的目標而做出的努力。共同工作的核心在於，對已經發生了的事情進行重新定位，並鼓勵尋找自己內在的治癒力，相信自己的認知和感受。大部份女性在這個時候已經做了很多嘗試，這讓她們從被動的態度中走出來。在互助小組的支援下，很多女性會承擔一定的風險，敢於嘗試一些新的事情，發展更多的主動性。這往往會引起其他參與者的連鎖反應，如此女性們不再把自己看成是無助的受害者，而是培養更多的自信和勇氣。

第二十八至三十次

在這幾次工作中，告別是工作的重點，「哀傷」這個話題將再次被聚焦。鼓勵女性們想出一個她們想要的結束小組的儀式時，常常會有人建議一起去吃飯。

每位女性都會反思自己在小組中取得的成績和今後要努力的方向。非常重要的是，每個參與者對未來都有一定的展望：或許是想接下來參加以身體為中心的團體，或是想參加自我主張的訓練；也或許是想加強興趣愛好、想成立一個自助小組，或是想為自己做一些創造性的事情。

　　最後，所有女性都會收到一張紙。在這張紙上，每個參與者都寫一份積極的反饋給其他人，作為告別禮物。

　　也會要求治療師提供一份書面反饋，說明女性在小組中的經歷。會請大家在半年後給小組的帶領者寫信，評估自己的情況。目的在於瞭解女性在家庭、友誼和愛情關係、自尊心等方面是否有不一樣的感受。

　　在此簡單介紹這個模式的過程中，我並不提組內的移情問題。治療師意識到這些動力固然重要，但在我看來，有必要把重點放在亂倫上，而不是放在集體動力上。

第八章

尋找靈魂

——癒合過程的各個階段

　　我對治療的理解是：幫助人們發現內在的核心、接受真實的自我。無論我如何稱呼這個過程，無論把它叫做個體化、自我實現還是自我發現，它始終是一個成長的過程，是一步步展開的內在覺醒。

　　要想觸碰到遭受性剝削女性的內心深處，僅有理論認識和治療方法是不夠的。我個人以人為本的態度、我對治療工作的投入和我的靈性取向構成了我和亂倫受害者相遇的能量場。那些在生命很早的階段就因性創傷而與自己的生命內核疏離了的女性，她們的生命被打上了「無意義」的烙印。她們不僅需要可靠的治療陪伴，還需要發現靈性這種靈魂內在真實力量的可能性。作為一位治療師，我努力給我陪伴的人勇氣和信心，去完成這段治癒、轉化的過程。個案童年的真相形成之內心體驗比經典的分析闡釋更重要。[1] 我努力創造外在和內在的空間，使個案情感上能夠進入童年的創傷。

　　只有當個案真正承認自己人生經歷的悲劇性，才能把亂倫融入生活，並在生命中找到意義。追根究柢，這關乎伴隨一生的問題：我從哪裡來、要到哪裡去。逐步解決童年的創傷問題是個案在不同的發展階段，面對自己的感覺障礙和行為障礙的一個過程。大多數心理學模型都是如此描述這一步

1　譯註：經典的精神分析會把個案童年的創傷解釋為伊底帕斯情結，而忽略了亂倫事實的可能性。

步成長的過程。

例如，成癮研究用艾瑞克森的自我發展階段模型來說明父母的成癮（如酗酒）如何影響孩子的發展階段，並可能導致肥胖或厭食症等。[2]

對於亂倫受害者的治療，我認為徹底瞭解成癮問題是非常有意義的。這不僅僅因為成癮是亂倫的典型後果之一，還因為原生家庭往往有酗酒的問題。針對亂倫父親類型的研究表明，加害者的酗酒頻率高得驚人。自二十世紀八〇年代以來，美國出現了許多關於酒精依賴型父母對孩子人格發展影響的研究。專家提出了「酗酒的成年兒童」（ACOA's = erwachsene Kinder von Alkoholikern，英文：Adult Children of Alcoholics）的典型人格特徵，它們與亂倫受害者的人格特徵驚人地相似。許多亂倫受害者都是「酗酒的成年兒童」。因此，成癮治療的大多數研究主題與亂倫治療中所研究的問題是相同的。不信任、自卑、解離和防禦機制、非黑即白的思維方式、內疚感、界線問題、無法感知自己的需求等等。

因此，在成癮工作的框架內，發展出了一個循序漸進的模式[3]，試圖來描述一個人為了重新找到真正的自我必須經歷的道路。

存活下來—意識化（意識的覺醒）—對核心問題的工作—轉化—整合—靈性。

除了上面已經提到的方面，這些核心問題還包括害怕被拋棄、難以處理衝突、渴望親近的同時又害怕親近。

2　原註 1：參見 McFarland, B./ Baker, T. 的論述，出自《餵養空虛的心靈》（*Feeding the Empty Heart*）。1988 年於紐約出版。

3　原註 2：參見 Gravitz, H. G./ Bowden, J. D. 的論述，出自《恢復指南》（*Guide to Recovery*）。1985 年於佛羅里達出版。

在臨床治療職業的早期階段，我和很多成癮者工作過。從成癮研究中獲得的許多洞見幫助我更加理解亂倫受害者。成癮可以理解為一種防禦機制，但也可以理解為一種自我療癒的嘗試。遭受性剝削女性的許多典型因應策略具有同樣的功能。這些都是修復的嘗試和因應喪失的方法。

靈性層面也是成癮問題非常核心的一個層面。人在上癮[4]時，往往是在自己身上尋找神。針對這個方面，榮格在給 B. 威爾遜的信中寫道：「對酒精的渴望，在低層次上相當於我們對存在的完整性的精神渴求」。[5]

癮君子在人生懸崖上走鋼絲，也具有邊緣體驗的特點。我的經驗是，成癮者、亂倫受害者和集中營倖存者的極端困境和痛苦壓力，可以叢集成「超越功能」，使轉化過程成為可能。我的治療工作與人類靈魂的這種自癒傾向有關。

階梯型的成長過程不僅是成癮研究的核心，也是人本主義和超個人心理學的主題。一個眾所周知的模式是新時代運動所描述的轉化過程。

1. 開始

類似於意識化的時刻，這指的是將我們拋回根基的那一刻；它震撼了我們，讓我們提出問題。

2. 探索

我們開始尋找我們認為有價值的東西。

3. 整合

發現了其它存在方式的可能性。人開始相信自己內心的指引。

4. 反抗

4　譯註：在德語中，「上癮」的詞根為 suchen，也就是「尋找」這個詞。

5　原註 3：參見榮格的論述，出自：《葡萄藤》（*Grapevine*）。1968 年 AA 世界出版社出版，第 31 頁。

體驗到自己的意識可以被治癒和轉化的人，將他／她新發現的力量用於服務人類同胞，這麼一來社會也可以被治癒。[6]

這種模式除了將個人的意識發展過程、個人發展過程，放在一個更大的背景下，也有將東方和西方的轉化方式相互聯繫起來的各種嘗試，並給不同的意識階段、個人發展階段匹配不同的治療方法。早在一九三二年，榮格在蘇黎世心理學俱樂部的演講中，就將個體化過程與印度脈輪系統進行了比較，據此，單一的脈輪[7]、能量中樞被理解為轉化的象徵。超個人心理學就是基於這樣的假設——也就是在人的身上發生的過程超越了個體本身——這種東方的自我發現過程對治療遭受家庭暴力的女性很有意義。

超個人心理學是從人本主義心理學中發展出來的，其關注靈性層面會觸及到邊緣性的意識狀態，而這些意識狀態，以神祕主義者的經驗為我們所熟知。基於這種超個人主義的背景，加州兒童性虐待中心的負責人布萊恩制定了一種針對受虐兒童和女性的超個人治療方案，我認為這一治療方案非常有價值。[8] 其與我的信念相應，也就是個體化和治療是一個整體的過程，包含我們存在的靈性層面，因此需要一種綜合的治療方法。

我想描述一下布萊恩的概念，並將這一概念與榮格對脈輪系統的思考和我自己在亂倫治療中的實務經驗結合起來。布萊恩利用一個階梯型的模型，為不同的脈輪匹配了具體的

6　原註4：參見 Ferguson, M 的論述，出自《溫柔的陰謀》（*Die sanfte Verschwörung*）。1982 年於巴賽爾出版。

7　編註：脈輪是一種來自印度哲學的觀念，指的是人的能量中樞。

8　原註5：參見 Bryant, C. L. 的論述，出自於《家庭暴力及其治療的超個人視角》（*A Transpersonal Perspective of Domestic Violence and Its Treatment*）。博士論文，1986 年於洛杉磯出版，未發表的手稿。

治療干預和目標。

　　我想先說說關於脈輪的一些一般看法。它們對我們的身體至關重要，因為它們是能量中樞、吸收能量並通過我們的身體進行傳導。這些能量可以有不同的來源，來自身體的、情感的和精神上的。重要的是，這種能量流會影響我們的意識，啟動我們的情緒。脈輪的主要功能有[9]：

1. 給身體注入活力。
2. 發展意識。
3. 透過身體引導靈性的、治癒的能量。

　　器官、腺體和非常具體的區域被分配到不同的脈輪，這些脈輪可以藉由練習來啟動。

第一階段

　　第一個脈輪是根輪（海底輪），即 Muladhara。這與支配我們的衝動和本能的身體部位有關。由這第一脈輪主導生活的人，是外向的、有強烈的身體導向。榮格將這個脈輪描述為改寫我們日常存在方式的地方。在這個層面上，還沒有意識到個體化，只有神祕主義的參與。

　　這個脈輪與生存本能有關；這方面的障礙會導致恐懼、失控和退縮行為。在吠陀經中，這個基本脈輪引導身體意志的能量進入機體存在。

　　布萊恩將不同的脈輪與艾瑞克森的人生發展階段模型聯繫起來。在這個發展模型中，布萊恩建立了一個框架，我們

9　原註 6：參見 Draayer, H. 的論述：《我們內心的光——脈輪、靈氣、能量》（*Das Licht in uns. Chakras, Aura, Energien*）。1986 年於慕尼黑出版，第 76 頁

也可以用這個框架來理解亂倫；儘管艾瑞克森指的是一般的自我發展，但它呈現出一種社會心理和遺傳學的模型。與特定年齡段相關的每個發展階段都代表著危機，代表一個轉捩點，或者導致進步，或者導致固著和倒退。第一階段對應的是嬰兒期。在這個階段，如果有一個可靠的照顧者，孩子就會產生信任，從而具備健康成長的基礎。它沒有飲食困難、沒有睡眠障礙、沒有消化道的緊張。如果在這個階段出現了障礙，基本的信任就無法形成，反而對生活本身會產生基本的不信任。認同感取決於這種和照顧者的最早關係的品質。

一名嬰兒如果因為成人的需要而受到虐待，就會體驗到信任的中斷。整體而言，亂倫的受害者總是要面對愛、信任和信仰的危機。

基於脈輪和艾瑞克森的發展目標還可以根據不同的發展階段，制定相應的治療目標。第一階段的治療相當於危機干預。處於緊急狀態的兒童必須得到保護，以免繼續被剝削。

在與成年人工作時，如果自毀行為太過強烈，必須確定是否有自殺風險，並且必須建立身心安全的基礎。個案必須學會照顧自己的身體。在這個層面上，遠離毒品、充足的睡眠、營養和身體鍛鍊是重要的話題。所有與自我保護有關的需求，如謀生能力、住宿情況，都屬於治療方案的一部分。在這一階段，治療師主要具有諮詢和協助功能。行為修正是很重要的，特別是在用積極的、自我肯定的行為來代替自我破壞的行為方面。

在受保護的治療環境中，開始了允許感受和跟情感認同的過程。至於允許到什麼程度，要由個案自己來決定。

第二階段

榮格所說的第二個「人類意識的門戶」，位於腰椎底

部，被稱為骶骨輪（生殖輪），即 Svadhisthana。它體現在性腺中，支配著性行為和與人類同胞的關係。對榮格來說，這個脈輪與無意識有關、與重生和毀滅有關。由於這個脈輪也是生理和情緒反應的中心，它與需求的及時滿足有關。在這個層面上的固著通常表現為上癮行為。

這個脈輪佔主導地位的人，都有交往的需要。亂倫受害者通常會在無意識中向治療師尋求情感矯正體驗，如果他們只能透過性愛接觸來表達自己的親近慾望，那麼在這一方面他們特別容易被剝削。

艾瑞克森認為，第二階段的發展是關於**執取**和**放手**，關於**自主性**與**羞恥和懷疑**。人有了對自己的支配感，就會產生對自我意志的認識；另一方面，如果有了失去自我控制的經驗和被支配的體驗，就會產生懷疑和羞愧。這些體驗為人的情感連接行為打上烙印。

在治療過程中，則要提高自主性，要控制自己的情緒。在這裡要使用有助於建立結構的心理治療方法，比如寫日記、角色扮演等，同時也要使用認知技術，以便於充分檢驗現實，這對這個階段的治療非常重要。一切有利於提高社會功能的方法也都屬於這個治療階段。參加自助小組，同時建立一個可以提供情感支持的個人社交網路，是這階段的重要步驟。

第三階段

第三個脈輪——Manipura，位於太陽神經叢（solar plexus）區域，與智力、自我、意志、活力和力量有關。這個脈輪佔主導地位的人，總是在沒有完全處理好舊事物的情況下去尋找新事物，導致內與外、頭與心、主體與客體之間形成分裂。亂倫受害者都知道這種思維與感覺、心靈與身體分裂的

特點。

　　艾瑞克森在這個層面講的是**認同感、主動性與罪惡感、自卑感**。這階段處於三歲到五歲之間，是孩子開始做事、征服世界的年齡。孩子因為自己的行動產生愉悅感，或因為自己的行為方式和慾望被制止，從而放慢腳步，同時產生內疚感。布萊恩把這個階段與阿德勒的心理學聯繫起來，因為它與權力、競爭和嫉妒有關。

　　在治療中，所有鞏固自我、建立自信、創造新的身分認同的技術（以超越受害者身分認同），都與這個層次相對應。在這個階段要做更多的揭示性工作，格式塔療法（gestalt therapy）[10] 和榮格心理學所說的陰影工作是很有幫助的治療策略。在這一階段，個案在足夠安全的陪伴下，重溫創傷以及伴隨創傷的所有的恐懼和憤怒的感受。治療目標之一是整合之前分裂的記憶和情感，密集的哀傷工作在這個階段是非常必要的。所有能減少緊張的技術在這裡都適合；尤其重要的是回歸身體和進入身體的新通道。榮格指出，在第三脈輪中，我們已經到達了發生轉化的中心，因為我們正處於情緒的火焰之中。每一種創造性的表現形式，無論是沙盤遊戲還是表達性繪畫，都支持這種轉化的過程。

第四階段

　　第四個脈輪是心輪，Anahata，是慈悲和愛的所在地。由心輪主導的人的內心世界，飽含深情，有對愛的渴望和對歸屬感的需要。透過與自己的愛的力量相連接，我們學會接

10　譯註：格式塔療法（gestalt therapy）又稱完形療法，由皮爾斯（Frederick S. Perls）創立於二十世紀六〇年代，是一種非解釋性、非分析性的心理治療方法。格式塔療法運用了格式塔心理學整體和完形的觀點，其精神治療的實務基礎建立於精神分析結合東方佛教的禪修原則。

受自己，解開身心裡的情結。當自我以及身分認同在第三個層次上得到加強後，我們在心輪中觸碰到自性（Self）。榮格認為，這裡是個體化的開始。如果心脈不通暢，人就會一直保持情緒上的武裝。打開這個脈輪，總是會帶來一個轉化的過程和更高的意識層次。

布萊恩將這個脈輪與艾瑞克森的階段聯繫起來，處理的問題是**親密**與**孤立**。按照艾瑞克森的說法，一個人在這個階段應該有能力投入關係，而不必擔心會失去自我。這個階段對他來說，危險在於孤立、在於避免接觸和親密關係。

亂倫受害者正處於她們發展的轉捩點，只要治療支持這個過程，就能成為生存的突破口。人本主義心理學家維克多‧法蘭柯的意義療法在這裡也很重要，以便能讓個人意識到生命的意義面向。在這一階段的治療中，與家人的關係也將進入一個新的階段。女性們感受到其他受害者的支持後，那種完全孤立的感覺會消除；面對事實、打破沉默的勇氣也在增加。在這治療階段，女性尋求與虐待她們的人達成和解。那些充分參與到這個轉化過程當中的人，會脫離具有虐待性質的關係。許多人開始參與關於亂倫問題的社會工作並組織宣傳活動，因為他們已經將這種創傷整合進了自己的生活。

第五階段

愛的能量在心輪聚集之後，第五輪、喉輪、Vishuddha，表達的是人更高的創造能力。這個脈輪的阻塞對應的是慢性抑鬱和停滯，因為這個層次是關於自我表達和創造力。在艾瑞克森看來，這個階段處理的問題是**生育力**與**停滯**。艾瑞克森這裡指的是人的生育力和創造力，這導向自我興趣的逐步擴大。如果不能轉向「終極的事物」，就會造成人格的貧

乏。

存在主義治療和超個人治療技術對這個階段特別有意義。在靈性取向上，榮格心理學和法蘭柯「對意義的追求」與這發展階段相對應。前面的發展階段也都在每個階段被整合進來；但這階段事關新的東西，涉及到意識的延伸和對完整性的體驗。

第六階段

這個脈輪是眉間輪 Ajna，按照榮格的說法，它將我們帶入一個遙遠的、我們尚未擁有的未來。在這裡，它不再是關於自我，而是關於對所有存在和能量的認識。在這語境下，我們所說的也是「第三隻眼」，它是直覺知識的所在地，是關於遠見的能力。

在艾瑞克森主要關注自我發展的模型中，這個階段對應於完整性的目標，事關自我與它最內在核心的關係。艾瑞克森認為，只有對人對事有深切關懷的人，才能收穫這些階段的人生成果。對他來說，完整性意味著自我在意義和秩序上的安全感。發展到這個層次的人如其所是地接受了他人生道路的本來面目。沒有超越／戰勝這種危機的人，體驗到的是絕望而不是整合、是對生命的厭倦、對死亡的恐懼，而不是意義。

發展到了這個階段的人，很少進行心理治療，而是尋求靈性指導。冥想等靈性修行可以陪伴這階段的發展，這與神祕主義者或瑜伽修行者的道路有相似之處。

第七階段

頂輪，即 Sahasrara，被認為是存在之靈性意志的焦點。這與覺悟有關，超越了所有療法。對榮格來說，頂輪超

越了人類體驗。在神祕主義傳統中，它指的是萬物合一的體驗。

亂倫治療實踐

在我看來，在與亂倫受害者的工作中特別重要的一點是，只有與治療師建立了可持續的信任關係，才能開展對深層創傷的工作。必須讓個案確信，這是**她的**過程，**她**可以自己決定何時準備好讓體驗發生。治療過程的方向和速度由她來決定。如果她想中斷治療，必須尊重她這決定。研究中經常描述到，某些女性只能承受階段性的治療。這是很自然的，一些女性在多年的控制之後，很難自己做主。她們已經學會了投降，並試圖在治療中重複這種模式。跨越邊界的情況通常被發現的時候太晚，所以治療師在這裡要特別注意，要鼓勵女性承擔對自己的責任和權利。

在任何情況下，都必須尊重個案心理和生理所能承受的極限。我們必須牢記，疼痛的強度可以達到個案可以承受的臨界點，但不能超出其可以承受的極限。因此，對緊張的童年創傷經歷的回憶過程，只能由個案自己來決定和控制。我認為，由治療師來決定一位女性應該什麼時候「將她過去未完成的和受干擾的過程融入她的現在」是危險的 [11]。對我來說，這種形式的治療意味著出現再次創傷。我還有這樣一種印象：因為女性個案需要盡快把過去的事情忘掉，治療師

11　原註 7：參見 Hildebrandt, E. 的論述，出自〈對成年女性亂倫受害者的治療〉（Therapie erwachsener weiblicher Inzestopfer）。收錄於 Backe, L./ u. a.（編輯）：《家庭中對兒童的性虐待》（Sexueller missbrauch von Kinder in Familien）。1986 年於科隆出版，第 66 頁。

們被這願望誘惑，想要盡快針對創傷展開工作。而我認為，這些女性需要很多時間來整合自己的體驗。我們需要在治療陪伴方面有很高的敏感性，以便正確地提出我們的干預措施和相應的強度。一方面，讓女性自己決定自己的過程固然重要，但另一方面，我們有必要在治療中設定清晰的界線，不要讓自己被缺乏邊界意識的個案誘惑。尊重個案的性愛、身體和心理邊界是治療責任的一部分，即使她自己還不能察覺到這些邊界。一位來自於自助團體的女性非常清楚地表述了這一點：「亂倫受害者必須首先學會瞭解自己的界線，最重要的是要感受到它們。由於試圖引誘治療師越界的行為通常是無意識的，所以需要治療師對這種引誘有足夠的同理心。」

許多女性個案將這種治療看作是過去依賴情形的重現。治療師和個案在權力和專業知識方面的不對等性，讓個案聯想到小時候的情形，並引起相應的尋求保護和引領的需求。治療師必須意識到，他們被賦予了很大的權力。利用亂倫受害者的極度依賴需求，並採取強勢的領導方式，有很大的危險性。同時，治療必須避免任何壓力，因為這將再次跨界。

我曾採訪過許多女性以便瞭解對她們來說，在治療中什麼是重要的、他們希望從治療師那裡得到什麼。也許以下整理的內容可以幫助那些和亂倫受害者一起工作的人士。

我希望：

● 我作為一個完整的人格能得到尊重，而不是被打上病態和不治之症的烙印；
● 不要用藥物來搪塞我；
● 能賦予我治癒的勇氣；
● 即使我訴說的是一些令人髮指的事情，人們也會相信我；

- 我的經歷被認真對待；
- 我描述的事實不會被降格為幻想；
- 亂倫不被輕描淡寫地忽視；
- 我的治療師真的瞭解性剝削；
- 他們問我關於亂倫的事；
- 它們幫助我表達那些不可言說的東西；
- 他們理解我的不信任；
- 他們支援我，讓我擺脫羞恥和罪惡感；
- 讓我保有責任和選擇的自由；
- 我不會被審判和譴責；
- 我可以說「不」、也可以批判；
- 他們以開放和誠實的態度來對待我；
- 治療不是一面空鏡子；
- 他們不會讓我對亂倫的事實負責；
- 不要逼迫我原諒；
- 他們能承受得了壓力，可以承受我的憤怒和絕望；
- 他們保護我免受自己的破壞性影響；
- 他們不只是在口頭上，而是鼓勵我創造性地表達自己；
- 他們絕不會不經過我允許就觸碰我；
- 當我想參加團體或做公共事務時，他們會鼓勵和支援我；
- 他們不會放棄我，即使我需要很長很長的時間。

　　很多女性都有這樣的經歷，她們要尋找很長的時間才能找到合適的、支持自己療癒的治療陪伴。我想鼓勵所有的女性從不滿意的治療束縛中解脫出來，而不是花上好幾年的時間，重演童年的舊模式，不能走，也不被允許離開。

　　一位成功跳出的女性寫道：「儘管如此，我還想再試一次——我相信我會成功的。我知道今天要找到一個『合適

的』治療師是非常困難的。繼續尋找——這是唯一的解決辦法，即使很多次都不成功，也不放棄。不管怎麼說，這總會讓你變得更強大。我相信在這樣的對等的諮商關係裡，崎嶇的路也並非完全沒用。」

從以下這個願望清單裡，可以選擇一些對（亂倫）受害者具有核心意義的話題進行亂倫治療。我在這裡想到的是斯格羅伊 [12] 也曾提出的問題：

1. 為什麼這樣的事情會發生在我身上？發生這樣的事情是我的錯嗎？為什麼我沒有阻止這樣的事情繼續發生？我為什麼沒有好好保護自己？

2. 在我身上到底發生了什麼？我被虐待是真的嗎，還是我只是在幻想？是我為了讓自己變得有趣而虛構了這種虐待，還是我把夢境跟現實搞混了？我真的已經知道發生在我身上的所有事情了嗎？還是說我要有心理準備，在治療中會記起更多的事情？可能是我瘋了，無法擺脫受虐的念頭？

3. 我為什麼要保持沉默呢？我為什麼不告訴家裡的其他成員，讓他們更妥善地保護我呢？我保守祕密是因為我能從中得到什麼好處嗎？是因為我喜歡這樣嗎？為什麼向別人訴說這件事對我來說總是那麼困難呢？我究竟在怕什麼呢？

4. 這樣的傷痕是不是一輩子都會刻印在我身上？有人能看出我是亂倫受害者嗎？真的有治癒的可能嗎？如果

12　原註 8：參見 Sgroi, S. M. 的論述，出自〈童年遭受過性虐待的成人倖存者的臨床方法〉（A Clinical Approach to Adult Survivors of Child Sexual Abuse）。收錄於《弱勢群體》（*Vulnerable Populations*），第 137-187 頁。

有人知道我被虐待過，還會喜歡我嗎？

5. 為什麼我不能像其他人一樣發展正常的關係？為什麼我在每個群體裡都覺得自己是陌生人？為什麼我無法擺脫我是一個失敗者的想法？

亂倫治療的過程中，要嘗試對以上所有問題展開工作。這包括妥善地理解受害者的認知過程並幫她梳理這個過程。亂倫治療中這種透明、教學式的方面非常重要，而這也要求治療師對虐待問題有充分的瞭解。

我想特別強調一下與遭受過性剝削的女性共事的一些重點。

揭露和面對

在每個涉及性剝削的成年受害者的治療過程中，都會在某一時刻出現受害者究竟應該如何對待家庭其他成員的問題。家庭聚會、慶祝活動和生日都是極大的壓力體驗，因為與加害者的相遇是不可避免的。拒絕參加家庭慶典往往會帶來一些不愉快的問題，這些問題又會進一步造成壓力。所以很多女性都希望能擺脫這種壓抑的處境，最終打破多年來對亂倫的沉默。

特別是那些曾經被性虐待過的女性做了母親之後，她們擔心自己的孩子會被同一個虐待者虐待，一想到要跟人解釋為什麼永遠不允許自己的孩子跟他們的祖父母在一起，她們感到壓力很大。對自己孩子的關愛可以成為揭開祕密的動力，哪怕是向孩子們揭開這祕密。通常母親會根據孩子的發展階段來決定非常明確地告訴孩子、允許他們抵抗不喜歡的

接觸，即使是來自家庭中值得信賴的成員。那些本身就是亂倫受害者並能夠因應這種虐待的母親們，知道如何以最佳的方式保護自己的孩子。但是，我也接觸過還沒有處理好創傷經歷的母親們，會不敢切斷孩子和祖父母的聯繫。她們覺得有義務讓孩子擁有祖父母。針對這一點，我想說的是，沒有任何女性欠小時候虐待她的父親人情；她們也沒有義務承諾他與孫女的聯繫。即使母親切斷了女兒與加害者的關係，也並沒有奪走女兒任何權利。假設一個加害者在沒有反省自己的行為前，就會對孫女有不同於對女兒的表現，這是種錯覺。每位母親都有權利與家庭的意願劃清界線，以及出於維護自己子女的利益來行事。母親需要非常特殊的支援才能知道她們劃清界線是合理的，而且能改善她們自己的生活。

在治療過程中，一些女性意識到，她們的沉默遵從了一條不成文的家庭法則。禁止公開談論家庭中的虐待和暴力將鞏固壓迫、權力和恐懼的氣氛。不得不保持沉默是性剝削創傷的一部份，因為沉默使人孤立、使人感到不安全、感到羞恥。

所以，決定最終打破這種多年的沉默，可能是亂倫受害者療癒過程中非常重要的一步。但是，向前邁出的這一步除了有治療效果外，也有可能讓所有對治療有效的事物變成具有毀滅性而且完全令人失望。出於這個原因，自助書籍和研究文獻都談到這個話題，以有助受害者做出決定。一般認為，無論是和家人溝通還是與加害者對質的決定，都必須經過非常周密的計劃和準備。我想就我自己的經驗和對相關文獻的瞭解 13，來探討一些需要考慮的重要因素。

13　原註 9：參見 Courtois 和 Bass 的論述，分別出自《治癒亂倫的創傷》（*Healing the Incest Wound*）與《治癒的勇氣》（*The Courage to Heal*）。

這樣的對質是否有用，始終要由女性當事人自己來決定。任何人都不應該強迫她邁出這一步，無論是來自同伴的壓力還是來自治療師對這種想法的期待。在我看來，女性們也不應該被遊說，認為必須把事情告訴家人才能真正地康復。沒有任何這樣的規定：只有面對加害者和家庭其他成員才能達到治療的目的。還需要小心是，某些小組成員對揭祕經驗的熱情會引發連鎖反應，並超出小組其他參與者的承受能力，因為他們在治療過程中處在不同的發展階段。

我認為，整個對質問題其實屬於治療的後期階段，因為它需要受害者具備極大的穩定性。首先，要有良好的與治療師之間的信任關係、有社會網路的支持、有自尊心的提升，才不會很快就動搖。重要的是，女性已經學會了妥善地保護自己。她們對於亂倫相關責任的態度是明確的，憤怒和悲傷的感覺也有足夠的空間得到表達。只有當受害者不再害怕自我破壞的反應或危險的分離機制、只有當受害者已經能將受虐經驗整合進生活、只有當受害者不再因家庭中的指責和否定而質疑自己的身分認同，女性才敢於面對像「對質」這樣困難的任務。

打破沉默可以有很多不同的方式。首先，受虐者可以向治療之外的人傾訴，比如，一位閨蜜很可能會傾聽並相信亂倫受害者。這一步對受害者女性來說就意味著衝出了亂倫的牢籠。能夠談論這件事也許是新體驗的開始，而這些新體驗可以克服羞恥和孤獨。我的朋友和伴侶在面對這件事的態度上，比我的家庭可能更開放。因此，首先在自己感到安全和受尊重的地方透露祕密，是有意義的。之後我可以想像一下，家裡誰最有可能嘗試來理解我：可能是位遠房親戚、也可能是家族中不合群的怪人、也可能是遠嫁出去的姑姑或阿姨，或者和我關係很好的姐妹，從她那裡我在其它事情上也

總能感受到支持。如果確定了我要和誰說這件事，就要仔細檢查自己做這個決定的動機。我對揭開這個祕密有什麼期待？寄以什麼樣的期望？我的期望現實嗎？說了對我有什麼好處、又會有什麼損失？可能發生在我身上最壞的情況會是什麼？我該怎麼處理？

在治療中，一切有可能出現的反應都可以先在想像的層面展開。非常重要的是，要非常具體地考慮揭開祕密的後果。也許這女人會不被家族承認、也許會被剝奪繼承權、也許她希望保持聯繫的家人會轉身離開、也許他們認為這個女人瘋了，嘲笑她、指責她撒謊；也許母親會崩潰、生病，也許會離婚，父親會自殺……也可能什麼都不會發生，受害者女性感到自己再次被背叛。這女人夠堅強嗎？強大到可以不把有可能發生的家人自殺算進自己的「債務帳戶」嗎？她能把這種責任留給自殺的當事人嗎？當她發現自己的母親和父親背叛了她，從來沒有關心過她的幸福，她能忍受得了嗎？

在當面對質的念頭裡最深層的渴望，也必須在治療中討論。它們往往變成了一種幻覺，當事人很難告別這種幻覺。她們渴望得到重視和理解；希望得到同情；希望加害者承認自己的罪過，並請求原諒；希望母親承認自己沒有保護好女兒、希望母親承認自己很抱歉，並站在女兒這一邊、跟丈夫談話，最終一家人能破鏡重圓，一切都變好起來。根據我和亂倫受害者一起工作的經驗，我不得不說，這些願望、這些想法很普遍，但現實往往大相逕庭，只有極少數值得鼓勵稱頌的例外情況。希望能夠改變父母，讓他們去做心理治療；希望最終得到認可和理解等等，有這種願望的，絕不僅是亂倫受害者。但在這裡，認清現實格外重要，要有被否定和輕視的心理準備。

如果做足了思想準備、知道我的這些願望和期待根本

無法實現，那麼最終為自己抗爭、提出要求、維護自己的權利，還是會讓我有一種滿足感。我可以明確要求只有父親支付我的治療費用，並且我以後再也不希望被擁抱或親吻等等，我才覺得公平。

以上這些考慮意味著，只有為了我自己而邁出這一步，揭祕和對質才能起真正的治療效果。我必須非常清楚，即便我不確定家人能認可我受的創傷，但我自己的經歷對我來說是真實的、我不依賴別人的判斷。如果我想從無力感中走出來，如果我想把自己從羞恥感、罪惡感和對亂倫負責中解放出來，那麼說出真相就可以成為我治療道路上非常重要的一步，它能增強我的自尊心。有意識地讓自己置身於默不作聲的家庭規則之外，單單這種意識就可以向我傳達一種自主的感覺。

有時，當女性們放棄了對其他家庭成員的所有期待，反而出現了一些她們不敢奢望的情況，比如，開始和母親在一個全新的層面交流。這些女性自己的開放態度使其他家庭成員也能夠報告他／她們遭受的性虐待經歷。坦然說出曾經發生的事情也可以保護妹妹們未來不再受到性虐待，或阻止已經存在的性虐待。

揭祕的方式、時間和地點，建議越詳細越好。我在哪裡感到安全？我需要證人還是需要有人支持我和家人進行面談？角色扮演或書面對話是獲得信心的極佳方式，當面對質需要這樣的信心，尤其是在以下這種情況下：我不僅想把發生在我身上的事情告訴其他家庭成員，而且還想要尋求與加害者當面對質；我想質問他，是什麼原因促使他以這種方式來傷害我。對質的前提是，我已經妥善地處理了自己的感受，自己當初可能被性喚起的愧疚感和羞恥感已經結束。與加害者的對質也有特別高的風險，可能會引發加害者的暴力

反應。事先認真考慮所有可能的後果是非常重要的。加害者的可預測與不可預測的程度有多少？他過去是否有暴力傾向？當我離開家時，我是否感覺得到了足夠的保護？我害怕他會報復我嗎？訂定一個精確的計劃，如此一旦對質結束後，知道可以向誰求助是很有意義的。也許我需要一個額外的治療時段、也許我不想一個人在公寓裡過夜、也許我想之後去旅行，來製造空間上的距離。這些話題也必須事先詳細討論，因為對質可能比想像中更令人不安。重新陷入實際上已經克服了的自我破壞式的行為模式，是其中的一大危險。事後我可能無法尋求幫助和支持，因為我掉進的黑洞可能會讓我完全癱瘓。

自助小組和治療小組與個人治療工作相結合，可以使女性做好準備，使得對質成為她們對自身力量的一種體驗，讓她們變得強大，而不再是受害者。

收復性愛的失地

對我來說，亂倫治療往往具有奧德賽的特點。被性虐待的人失去了很多生活所需的事物，因此在治療中，需要重新發現已經失去的事物，在重新獲得的同時也吸收它們。在這裡，我首先想到的是身體這個受害、受壓迫和被剝削權利的地方。

弗拉基米爾‧伊爾金（Vladimir Iljine）下面的這段話，準確地表達了是什麼將亂倫受害者引向了痛苦的中心：

「如果我失去了我的身體，我就失去了我自己。如果我找到了我的身體，我就找回了我自己。如果身體動了，我就活了，整個世界就動了。沒有這個身體，我就什麼都不

是，而我的身體，……它是我存在的起點，也是我存在的終點。」

這些句子，對亂倫受害者來說是真實的體驗，但反過來說，身體也是她們憎恨自己的源頭，是壓迫和自我孤立的開始。大多數女性都要為自己的身體和性慾抗爭。這種收復失地的工作需要耗費大量的時間和精力。治療可以伴隨著這個過程在不同的層面進行。首先，女性要檢查自己的身體意象是怎樣的。在放鬆訓練的協助下，我建議她們開始一個富有想像力的身體之旅，將注意力集中在身體的不同部位：最強和最弱的部分、最敏感和最脆弱的區域；她們最想改變的部分和她們根本不想改變的部分，她們引以為傲的部位和其它她們拒絕接受的部位，因為這些部位讓她們感到羞恥……在深度放鬆中，女性試圖以奇幻之旅的形式重新發現自己的身體及其內在空間。最後，當她們體驗到身體的完整性，甚至最矛盾的成分都能被整合時，我就在大紙上畫出身體的輪廓，並請她們將放鬆練習中與身體有關的一切體驗，用不同的顏色寫在這個身體輪廓上。由此產生的意象提供了非常多可以展開工作的起點。

不熟悉放鬆方法或呼吸技巧的治療師們應該鼓勵他們的個案在個人治療之外參加治療小組，在這些小組中會傳授這些技巧。這麼一來，身體上的障礙和緊張就可以得到釋放。

在波士頓有為亂倫倖存者提供的治療性有氧運動小組，藉由運動和舞蹈來釋放憤怒和緊張。在與身體有關的治療方法中，我只考慮那些適合亂倫倖存者的技術，這些技術相對比較溫和，不是很痛，因為高度對抗性的生物能量方法往往會被體驗為再次創傷。

由於受虐的女性往往對自己的身體需求完全沒有意識，吃得不好、睡得不夠，所有能幫助受害者更有意識地體驗自

己身體的步驟，對治療都是很重要的。

對我來說，治療始終意味著對身體的呵護，不是現代身體文化意義上地將身體市場化，以功能和業績為目的，而是把身體作為我們自我的一種表達方式來關懷。我們的身體是我們身分認同的一部分。亂倫受害者感到自己被玷污的身體裡沒有人居住。因此，我們可以理解，她們努力尋找自己身體是要給自己找一個家。

學會接受和愛護背叛我的身體，往往是一條非常漫長的道路。在鏡子前的練習可以有助我是在不危險的情況下熟悉自己、給予自己肯定的資訊。我必須一次又一次地下決心傾聽我的身體和身體發出的信號。這是我唯一能學會阻止分離／分裂，阻止自己離開身體的方法。

一位個案在處理情緒特別激動的話題時，會明顯地變得麻木、失去對身體的感覺；這時我會請她做一個深呼吸，確認她內心深處發生了什麼、在什麼時候開始了這種麻木的感覺。談論那些讓她突然感覺受到威脅的事情，能夠重新建立與自我的聯繫，從而讓她感覺到自己並沒有完全被這個機制擺佈。同時，她需要一種決定和有意志的行為，來保持活在此時此刻的狀態。

最常見的是，當女性發現自己處於與性愛有關的情境當中，除了讓自己變得麻木之外，無法用別的方式來劃清界線時，她們就會描述這種僵硬的感覺和某種程度上從身體中抽離的感覺。

由於整個性行為領域和暴力很緊密地聯繫在一起，女性必須在伴侶關係中找到一種全新的性愛。在這種伴侶關係中，她們體驗到自己是在積極行動，而不再是被動地受苦。核心問題不再是讓自己成為一個物件，而是要感受到自己是一個行動者。

亂倫受害者在治療過程中也需要得到有關自己的性權利的訊息和鼓勵。關於亂倫和性行為的文獻[14]列舉了一些清單，以說明女性自信地捍衛自己的性權利。例如：

1. 我有權說「可以」或說「不可以」。
2. 我有體驗性愛愉悅的權利。
3. 我有權利在性生活中設定自己的界線。
4. 我有權與我的伴侶談論亂倫問題。
5. 我有權在性行為中採取主動。

　　只有當女性學會了表達自己的慾望，學會了在自己的慾望和別人的慾望之間劃清界線，才有機會從自我忽視中走出來，才有可能擺脫傳統女性身分認同模式。不僅是亂倫的受害者要為自己的需求和身體的權利而鬥爭，關於婚內強暴的討論也非常明確地指出，女性必須付出特別的努力來保護自己的身體不被利用。由於身體在童年時受到性虐待的創傷，受性剝削的女性更難以建立積極的身體意象。

　　治療不僅僅是個簡單地反思女性自我理解的所在，它可以超越這一點並帶來行為上的改變。從這個意義上來說，尋找失落的身體也是尋找真正的自我，因為每一種與身體合作的療法都指向人的整體。

　　性啟蒙在亂倫治療中尤為必要，因為早期的性剝削所帶來的困惑、內疚和孤立，使人們對性體驗產生了依賴、無助和無望的態度。什麼是正常的、什麼是不正常的這些扭曲觀念需要糾正。

14　原註 10：參見 Maltz/ Holman 的論述，出自《亂倫與性》（*Incest and Sexuality*）；Bass 的《治癒的勇氣》（*The Courage to Heal*）。

女性需要得到承諾，閃回不會永遠持續下去，但在針對亂倫問題展開工作時，卻會變得特別強烈。因為當某些問題進入意識時，癥狀往往會變得更加嚴重，所以女性有必要做好準備，讓癥狀的再現自然地成為治療過程的一部分。腹部絞痛、生殖器部位疼痛和感染、嘔吐、窒息等一連串難以理解的緊張癥狀，往往會在對性這個主題展開工作的階段加劇。我們要鼓勵受害者女性堅持下去，並告訴他們，臨床經驗顯示，一旦我們在處理和整合創傷方面取得進展，這些癥狀會再次消失。這些反應必須被理解為一種療癒危機；在這種危機中，為即將到來的轉化步驟而進行的鬥爭會變得更加明顯。

　　一名年輕女子可能會突然不自主地開始自慰，卻始終無法找到真正的紓解，而陷入了深深的恐慌。有的女性則因為體驗到自己對性完全沒有興趣，擔心自己會永遠失去慾望而憂心忡忡。我只能一再指出，在治療中要創造一個空間，讓女性能夠體驗到所有的感受都有一席之地，並且這些感受都能被傾聽，這非常重要。治療師的接納、開放的態度可以成為讓這些女性對自己更寬容的榜樣。

　　當女性因為需要刺激而談及性幻想[15]時，她們尤其需要更多的支持。只有透過「異常的、病態的幻想」才能喚起自己的性慾，讓她們感到害怕、羞恥和愧疚，這是我們在治療工作中經常遇到的。只有透過幻想那些暴力場景和幻想重複的性羞辱才能感受到快樂，這對她們來說是很大的困擾。一些女性報告說，她們在閱讀被強暴女性的自我報告時會進行自慰，並認為兒童被性虐待的場景令人興奮。因此，她們認為自己墮落得令人髮指，應該受到譴責，並認為這些幻想和

15　原註 11：參見 Bass 的論述，同原註 9，第 239 頁以下。

行為模式只能證明加害者其實是對的；她們譏諷地指出，自己早在很小的時候就像個妓女，一切都是自己罪有應得、咎由自取。由於需要用身體和精神的虐待幻想來滿足自己的需要，她們因此會產生不安全感，不知道自己是否是受虐狂。認為一個被性剝削的女性是一個祕密的受虐狂、她除了受虐別的什麼都不想要，這樣的謬論必須在治療中展開，並提供造成這種條件反射關聯的具體資訊。對許多亂倫受害者來說，暴力和性行為是相互關聯的。我們第一次體驗性的基調對我們的餘生有很大的影響。當我們生平第一次在生殖器上體驗到興奮的感覺，而這種感覺又伴隨著野蠻和屈辱時，我們就很難體會到快樂和痛苦是兩回事。這種刺激與反應、性暴力與性快感的致命結合，是一個習得的條件化過程。女性首先要學會不要有罪惡感。這些幻想不是她們編造的，而是受虐待的經歷迫使她們產生的。[16] 在解決這些問題的同時，我還為個案提供一些讀物。這些讀物討論所謂的「女性受虐狂」的話題，或者討論真實的慾望和性幻想之間的區別。亂倫總是會造成性生活領域的不安全感和混亂。因此，治療往往是以一種新的方式來理解性，從不同的角度來看待性。

由於性受虐女性特別經常遭受「閃回」之苦，在此我想簡單談論一下這個話題。在各種性親密狀態下，女性會感到被那些讓她們感到自己受虐待的圖像、氣味或聲音所淹沒，所有的性快感即刻消失。厭惡感和痛苦感經常出現，女性會把伴侶推開，或者回到舊的防禦機制。我發現，整理出一份喚起早期受虐經歷的誘因清單非常有用。[17] 比如：

氣味（酒精、汗水、香煙）、場所（臥室、浴室、

16　原註 12：參見 Bass 的論述，同原著 9，第 262 頁。

17　原註 13：參見 Maltz/ Holmann 的觸發因素清單，同原註 10，第 78 頁。

床）、聲音（呻吟聲、沉重的呼吸聲、言語），也包括一天中的某些時段或某個手勢都會引發恐慌或死亡反射。一旦確定了這些誘因，女性就可以和伴侶討論如何處理這些問題。例如：可以避免或注意以下條件：不要當著愛人的面抽煙、喝酒；不在臥室，而選擇在客廳親密。為了營造更親密的氣氛，也可以改變親密接觸的時間，不在黑夜裡，而是在白天進行。

凡是能使當事人達到最佳控制狀態的行為，通常都能讓當事人體驗到沒有恐懼的感覺，這包括：主動提出性愛的要求，選擇一個她覺得不受他人擺佈的姿勢，在她感受到威脅時說不。特別是在性生活中，女性常常受到「誰說了 A，就得說 B」的規矩蠱惑。也就是說，她們認為如果自己在一開始表示了對性的渴望，就沒有權利中斷性接觸。

亂倫受害者的伴侶也常常覺得自己成了受害者，覺得自己被「正常」的性生活體驗欺騙了，並因為經常被當成是加害者而感到痛苦。他們強烈的情緒通常在同情、憤怒、失望和聽天由命之間切換。在我看來，夫妻之間學會相互交流，共同嘗試與對方達成一種解放的、深刻的性愛是絕對必要的。受過性創傷的女性需要一個支援她們並能在情感上作出回應的伴侶。她們希望有個男人向她們傳遞這樣的資訊：她們是有價值的，而且不僅僅以性愛來衡量雙方關係的品質，她們要找的是溫柔，而溫柔並不僅是性行為的前戲。這些女性需要一個在她們說「不」時能尊重她們決定的伴侶，他不會藉由提出婚姻責任來強制行使自己作為丈夫的性權利。亂倫受害者在被問及她們希望從伴侶那裡得到什麼時，一再提到她們需要愛和耐心，以及伴侶承諾不會排斥她們的亂倫經歷。

而這些女性也必須不斷努力，讓自己意識到過去和現

在、加害者和伴侶之間的區別。把所有的憤怒和內疚都傾瀉在伴侶身上，而真正的加害者卻逍遙法外，這是很危險的。女人常常忽視丈夫的性需求，忘記了性慾是天然的。對她們來說，所有的對話都圍繞著性愛，但同樣屬於伴侶關係的，那些連繫情感、美好的事物，卻被排除在外。

伴侶也需要鼓勵自己堅持下去，並確信自己是受人喜愛的，不必永遠接受沒有性生活的想法。他需要感受到女性努力想要改變這種狀態、盡力形成對性的新態度。他也希望自己的感情和需求能夠被接受和認真對待。另一方面，對他來說重要的是，清楚地知道哪些是他不能越過的邊界。他需要明確無誤地知道妻子或女友的需求，這樣他才不會一直活在自己做什麼都不對的感覺中。

伴侶們常常有這樣的感覺：受害者女性們對他們的期望太高了。他們應該有耐心，在他們自己都感到軟弱、無助和被拒絕的時候，還要能夠傾聽、安慰和表達支持。我想鼓勵伴侶們也尋求治療的意義，特別是當伴侶的性拒絕與自己有關，而自己又無法因應自己的反應的時候。

重新發現情緒

內心最深的內核受到過傷害的人，都知道什麼是憤怒。也許他／她感受到一種無力，也許是一種想殺人的憤怒，這讓他／她對自己的破壞性感到害怕。即使他／她本人早已忘記了自己曾經極度地憤怒、暴怒過，但他／她的身體並沒有忘記。所有的情緒都會被儲存和記錄在身體里。因此，不同的治療方法都發展出了一些練習，以重新觸碰到這些古老的情緒，因為壓抑的憤怒會讓人生病。

憤怒有很多面孔，總能找到一些表達方式。性剝削的後期影響大多與憤怒有關。每一種成癮、每一種自殘行為的背後，都是憤怒。自殺是一種把憤怒指向自己的終極措施。

當治療成為安全的場所，女性就可以大膽地脫下防禦機制的束縛，把積壓多年的情緒釋放出來。這時，對她們來說，她們的怒氣和憤怒並不會摧毀她們所針對的人；在治療環境中表達的憤怒也不會導致發瘋，「憤怒不是魔法，只是一種情緒」。[18] 這是個非常重要的體驗。害怕失去控制，害怕顫抖、尖叫和驚恐發作，阻斷了憤怒的自然表達。很多女性因為害怕憤怒而選擇凍結所有的情感，或者逃避到毒品中去。治療可以幫助這些女性學會如何以健康的方式來處理憤怒，讓最深的情感也能在一個受保護的環境中得到釋放、讓她們從黑暗中走出來時不再恐懼。

亂倫受害者尤其羞於表達憤怒的感受，因為那會讓她們感到內疚，她們認為自己必須保護加害者，因為她們害怕自己不被允許再愛那個讓自己憤怒的人。她們堅信自己沒有權利憤怒，因為她們「不顧一切」地仍然要愛自己的父親。她們首先要能允許自己生氣。口頭或身體上表達憤怒可以讓她從內疚感中解脫出來。亂倫受害者需要憤怒，才能不放棄，才能擺脫心理上的畸形。作為治療師，即使個案內心的一切都有可能變晦暗的時候，我們仍然必須鼓勵他們堅持下去。我們要相信她們能從困境中解脫出來，即使她們自己已經不再相信。我們必須相信治療過程，即使個案沒有或者已經不再有這種信任。這不是廉價的安慰，而是充滿共情的並肩作戰。

18　原註 14：參見 Casriel, D. 的論述，出自《重新發現情緒——尖叫療法和團體動力學》（*Die Wiederentdeckung des Gefühls. Schreitherapie und Gruppendynamik*）。1975 年於慕尼黑出版，第 279 頁。

雖然體驗憤怒和悲傷對治療過程很重要，但人們拒絕沉浸在這些情緒中、用各種策略來避免這些感受的再現。我可以把虐待淡化為早已消失、把性剝削的程度輕描淡寫、用合理化來迴避。防禦機制表明，揭開癥狀背後的真相，往往比和熟悉的舊癥狀共處來得更痛苦。自我有一種強烈的傾向，執著於熟悉的世界和自我意象，害怕新事物。人往往對改變一些東西有很大的抵觸情緒，重新體驗自己的過去有多痛苦，這種抵觸就有多強烈。

終於釋放出來的、劇烈的怒火指向治療師的情況並不少見，因為治療師們體驗到了敵意——治療威脅到了患者內化了的家庭系統，包含著一種與父母分離的呼喚。在這一階段，為了讓自己的內心繼續留在父母身邊，繼續以受害者的身分被虐待的舊傾向又一次全力以赴地回來了。這個階段的治療特別關鍵，需要治療師非常多的理解。但是，我的經驗是，一步步地承認和處理憤怒，最終可以整合經歷過的事情，遠離理想化的父母形象。

另一種經常有的令人乍舌的傾向是對父母的美化：對於過去的事情、對於無法改變的事情，激動是沒有意義的，畢竟父親也是自己童年的受害者，母親確實沒有機會充分保護孩子。

愛麗絲‧米勒在她的書中非常詳細地論述了這個問題。她描述了孩子們是如何被「程式設計」，不去注意父母對自己的虐待、如何學會默默忍受所有的羞辱和強暴的。所以，亂倫受害者仍然羞於追究加害者的責任，羞於責怪父母、不允許自己對強暴了她們靈魂的人有恨意，反而喜歡用聖經裡的第四條戒律孝敬父母來反駁，或者應父母的要求寬恕父母。

原諒

　　幾乎所有的亂倫受害者都要以某種方式來處理原諒的問題，就此，我有一些思考。當很多女性在治療中被告知，或在治療之外被朋友、家人告知，她們必須原諒那個羞辱、強暴和剝削了她們的人時，我想，她們的憤怒是非常可以理解的。她們抗拒這個在她們看來並不人道的要求，並把原諒的責任推給那個允許亂倫發生了的上帝。被要求原諒，大多數女性覺得自己再一次被剝奪了憤怒的權利。她們覺得自己又一次被什麼給欺騙了。

　　愛麗絲‧米勒在其《被禁止的知識》一書中曾把「與父母和解的道德要求」稱作是治療過程中「不可避免的障礙和癱瘓」[19]。她還提出了治療師們使用一種教育操縱的論點，該論點最終是以犧牲患者的利益來保護家長的教育體系。

　　在我看來，找到「原諒」在辭典中的定義，對於喚醒我們對這個問題的意識是很重要的——這個我們經常聽到的、要求原諒的問題。「『原諒』，是指某人對人或對上帝有罪，而他懺悔這種罪過，使其從此不再發生。而『寬恕』強調的是寬恕者的和解態度；與『寬恕』相比，『原諒』更強調的是『同意赦免罪惡』。」[20] 我能理解那些不願意原諒性剝削的受害者女性，正因為加害者往往沒有任何悔意，所以她們不想為加害者開脫罪責。有人認為，實行性剝削的那些人本身也有一個可怕的童年，但受害者抗議這樣的說法，認為這是種推托之詞。她們總不能裝作什麼都沒發生。如果裝

19　原註 15：參見 Miller, A. 的論述，出自《被禁止的知識》（*Das verbannte Wissen*），第 196 頁。

20　原註 16：參見 Duden 的論述，出自《德語文風詞典》（*Stilwörterbuch der deutschen Sprach*）。1971 年於曼海姆出版。

作什麼都沒發生，那就不是原諒，而是一種變相的否認和迴避憤怒的方式，會阻礙治療的進程。

「真正的原諒不會導致憤怒，只會穿越憤怒。只有當我能夠對自己所受到的不公正待遇感到憤怒、能夠認識到自己受到的迫害、能夠如其所是地看清迫害者、能夠看清這些迫害者的真面目，並能夠允許自己恨他們，只有這樣，原諒他的道路才會向我敞開。直到童年早期被迫害的事情被挖掘出來，被壓抑的怨氣、憤怒、仇恨才不會永遠繼續下去。」[21]愛麗絲‧米勒認為，憤怒過後，對童年的哀傷為成年人的成熟開闢了一條道路，讓她看到父母的侷限性，從而變得能夠有真正的同情。我並不確定每個瞭解自己被性剝削源頭的人到了某個特定的時候（最好是在沒有任何教育或宗教鼓勵的情況下），是否會突然明白：「父母是不得已的，因為她們自己也曾經是受害者。」[22] 在我看來，這個過程與其說是時間問題，不如說是有意識地與已經發生了的、世界上任何東西都無法改變的過去保持距離。只有當亂倫受害者感到自己有足夠力量來塑造自己的生活時、當她生活的中心不再是加害者，而是她自己本身的時候，她才能做出決定不再讓童年的苦難來主宰她的生活。這預示著，女性的內心已經發展到了某種階段，在這個階段，她們終於體會到自己有選擇的權利。只有當這種可能性出現在我們面前，我們才能決定自己是要繼續絕望下去直到生命的盡頭，還是自覺地把自己的生命當作自己的責任。只有這樣，「原諒」，也就意味著放棄、才有可能發生。

我認為，有意義地談「原諒」，只有在「放下」的情

---

21 原註 17：參見 Miller, A. 的論述，出自《起初說是教育》（*Am Anfang war Erziehung*）。1983 年於法蘭克福出版，第 286 頁。
22 原註 18：參見 Miller 的論述，同原註 17，第 287 頁。

況下才有可能進行。寬恕從字面上來看與放棄有關。如果我能夠放棄對加害者的任何期待，如果我放棄多半是虛幻的希望：希望他終有一天會來認罪，希望他最終會公正地對待我，請求我與他和解……只有這樣，寬恕才能成為我治療過程中的一道步驟。只要我堅持認為加害者還欠我什麼，我就仍然受他的束縛。只有當我放棄了加害者必須贖罪的主張，我才有可能與自己和解。

同時，我認為應該向所有的亂倫受害者傳達這樣的訊息：是否、如何、何時處理「原諒」和「寬恕」是她們個人的決定。我認為，把寬恕設定為治療目標是錯誤的。沒能邁出這一步的女性又會因為這治療目標而感到內疚和糟糕，因為她們會把不能原諒再次體驗為自己的失敗。努力實現「原諒」的治療方案 [23] 會讓女性覺得她們必須再次做一些她們內心不準備做的事情。

一種使人願意「寬恕」的情緒狀態和信仰、愛和希望一樣，是不能被強迫的。[24]

哀傷

亂倫對我來說是非常接近死亡的體驗。這兩種極端情況都是關於分離和失去，這其中，哀傷工作都是必須的。如果沒有哀傷的能力，我們就會迷失方向，因為這樣我們就會對已經死去了的、早已逝去了的東西抓住不放，無法向個人成

23　原註 19：我想到的是美國家長聯盟（Parents United）的計劃。

24　原註 20：參見〈寬恕〉一章（Das Kapitel Forgiveness）。出自：《財富》（*Fortune*），收錄於《難以啟齒的罪惡》（*The Unmentionable Sin*），第 208 頁以下。

長再邁進一步。

在亂倫之前，我們曾經是那個天真無邪的孩子，但我們失去了它，也失去了我們本可以成為的那個孩子的意象。對我們來說，一切珍貴的東西都被拿走了。我們生活在自己的身體裡，卻像流亡一樣，我們失去了身分認同、失去了天真無邪、失去了感情、失去了對這個世界正義的信念。我們可以控訴的事情太多了：信任的喪失、想要安全地親近的希望破滅、讓生命變得越來越狹窄的防禦機制、崩潰的世界體系、過早地被驅逐出童年樂園；被譴責，感到羞恥和內疚，我們在生命的正中間感受到了死亡，從來沒有哀傷的空間。假如有哀傷，我們小時候也不可能活下來。但是，如果我們作為成年女性仍然無法哀傷，我們也就無力生活。唯一的生命機會是從穿越悲傷中來的。

因此，對於亂倫受害者的治療來說，死亡和哀傷研究的洞見非常重要。我自己與死亡相遇的經歷和對臨終者的陪伴，也讓我瞭解到「死而後生」對人的核心意義。尤其是近年來，希臘心理治療師喬哥斯・卡那卡基斯（Jorgos Canacakis）在他的書中、在哀悼研討會上的報告都表明，「無力哀傷」對我們的生活造成了多大的阻礙。[25] 他講到因阻斷哀思而導致的個人和社會的精神扭曲。亂倫倖存者就是個很好的例子，說明了被壓抑的悲傷是多麼的敵視生命。她們的身體由於多年的鬥爭，已經變得不那麼敏感，變得麻木，靈魂的喪失導致了心靈的石化。「我們像僵屍一樣的行為使我們對他人和大自然來說都很危險。既然我們已經感覺不到自己，就不能指望我們對別人有什麼感覺。咆哮、自

25　原註 21：參見 Canacakis, J. 的論述，出自《我看到了你的眼淚》（*Ich sehe deine Tränen*）。1987 年於蘇黎世出版。

責、爆發的毀滅性的憤怒、自我懲罰行為與深度抑鬱期和對生活的厭倦交替出現。我們認為自己一文不值，看不到未來的意義和希望。」[26]

哀傷有助於將我們自身與發生在我們身上的事情切割開來。哀傷的處理與界線有關，而這正好對於因為界線喪失而遭受創傷的亂倫受害者來說是一個不可迴避的話題。哀傷工作的一部分是人們承認自己的喪失是一種喪失，從而接受這種喪失。哀傷使人再次面對一切的傷害和痛楚。經由哀傷，我得以觸碰到我內在的小孩，受阻的能量終於可以重新流動。在哀傷和悲痛中蘊含著巨大的轉化潛力，因為哀傷，我接受過去的一切都是屬於我的，並在這個意義上重新成為一個「整體」。在哀傷中，我戰勝了曾經戰勝我的事物，找到了新的自我與世界的關係。當我允許自己哭泣時，我重新找回了我自己。悲傷讓我打開了心扉，讓冰封的自性變得柔軟。只有透過哀傷，我才能獲得自由、大膽地去生活和愛。

因此，處理哀傷對我來說是治療過程中一個非常核心的組成部分。在哀傷過程的第一個階段，我與女性們一起處理她們所失去的一切。對所有喪失的命名和識別挑戰了以往的否定機制，這些都與強烈的情緒有關。有的女性第一次經歷了憤怒和抗議，有的女性則陷入了情緒混亂，幾乎說不出話來，身體則以最嚴重的癥狀來反應。作為治療師，我們必須做好危機爆發的準備，因為受害者也許是第一次從情感上體驗到亂倫經歷的致命性。作為陪伴者，我們必須在這裡創造可能性，讓正在爆發的感情找到一種有創意的表達方式。我在下一章將介紹所有以體驗為導向的治療技術，它們很有價值也很有幫助。如果能用文字、圖畫、表情創造性地建構哀

26　原註 22：參見 Canacakis 的論述，同原註 21，第 217 頁。

傷的潛在能量,那麼轉化的過程就已經開始了。然後,進一步的哀傷處理就了穩定的作用。以往情感和念頭總是圍繞著舊的傷害轉圈,現在有了全新的特徵。它不再是以前的惡性循環,而是每轉一圈放下一些東西,發現一個新的角度,為我澄清一些東西。儘管逐漸放下舊有的態度是很痛苦的,但這種痛苦卻能引領我走出內在寸草不生的荒蕪,讓我成熟起來,發展出一種有血有肉的人格。只要我能夠突破那些舊有的、想要避開一切風險的行為模式,我的生命就不再刻板。如果我能讓我此時此刻的生命不再需要的一切都死去,這就是一種自我解放的行為。只有我下決心拋下過去,我才能從童年經歷的奴役中走出來,因為我無法改變它。但只有當我面對所有過去的感受時,我才能變得自由;只有當我再次觸碰到憤怒和悲傷時,它們才不再主宰我。

時機成熟,走進生活 [27]

兒時曾受虐的人在生活中都有這樣一種感覺:自己付出了太多。多年來默默無聞地任人擺佈,造成了根深蒂固的自我孤立,以至於失去了自己的身分認同。只有在漫長的回憶和命名過程中,這些女性才能找到類似於身分認同的事物。一開始,這通常看起來像是她們把自己當作受害者,當作一切壞事和惡事的代罪羔羊。此外,她們還覺得自己被癥狀所奴役,在人際關係中常常發現自己又回到了受害者角色。內疚感和孤獨感強化了除了受害者之外、自己什麼都不是的感

27　原註 23:參見 Kübler-Ross, E. 編輯的論述,出自《成熟地面對死亡》(*Reif werden zum Tod*)。1977 年於斯圖加特出版。

覺。我見過很多完全認同受害者角色的女性，她們唯一的身分就是把自己看成亂倫的受害者，只以受害者的身分面對世界。「職業受害者」（professional victim）就是形容這樣一種人類的存在方式：不知道責任，只知道背負內疚的沉重負擔。

這些人仍然與她們的過去融為一體，她們停滯不前，覺得必須強迫性地重複講述同樣的故事。她們仿彿被困在一個圈子裡、被鎖定在受害者的角色中，無論出現哪種病都只是再次證明她們註定是受害者、她們命中註定就是不會有更好的生活。這種態度是非常危險的，因為受害者會不自覺地用自己的弱點來操控周圍的環境，只能繼承原型的另一極——加害者，並將其投射到其他人身上。這就強化了已經非常痛苦的內在與外在、自我和世界的分裂。退縮到受害者角色的人是封閉的，她們的思維仍然受到限制，固守在善惡二元上。行為範圍也仍然受到限制，因為害怕再度失望迫使她們停止冒險。生活對這些女性來說，似乎是一種不可能的冒險。

要想被治癒，她們必須放棄受害者的身分。她們必須從祭品變成獻祭者，放棄那些曾經賦予她們全部身分的東西。這麼一來才能戰勝那些害怕自己到時候一無所有、害怕自己會陷入無法忍受的空虛的恐懼。不斷地專注於受害者的角色可能會讓人上癮，以至於受害者沉迷於痛苦。若沒有痛苦，這樣的人就會覺得自己一無所有。雖然受害者的自我意象使她無法生活，但這種形象也賦予了她一定的結構。如果沒有什麼東西可以替代這個結構，她就不能放棄受害者的角色。

為了達到真正的自我，我們必須把內心的烈士變成女英雄。這是一次夜間的海上航行，是通往彼岸的通道，是從痛苦走向療癒。只有讓認同受害者的那部分死去，我內在的

孩子才能活下去。有些女性不敢放下受害者的角色，因為她們害怕這樣會背叛自己內心受傷的孩子。畢竟，她們花了很多年的時間才發現通往這個孩子的路徑，她們感到強烈的抵觸，不願意放手。她們首先要學會理解，這不是要離開孩子，而是要建造一間內心的新房子，讓孩子感到自由和安全。

這樣做的前提是要有一個漸進的哀傷的過程。第一步是承認現實，接受自己的失去是真實的。那麼，我們必須能夠在情感上重溫這種喪失。在接下來的一步中，我們試圖在這個以這種失去為特徵的世界中找到自己的方向。最後，我們要收回所有被這種失去所壓抑、所束縛的能量，這樣，我們才能把這些能量用在新的邂逅上。這個轉化的過程與庫博勒·羅斯（Kübler-Ross）[28] 所描述的那些失去處理階段有很大的關聯。亂倫受害者都是在生活中面對過自己死亡的人。因此，她們的療癒過程及整合過程與那些要因應死亡必然性的過程是能相比的。也可以這麼說：這個過程也是要因應死亡必然性的過程。根據庫博勒·羅斯的說法，面對致命疾病或親人死亡的人都會經歷一些階段，我想把這些階段與亂倫受害者的治療過程結合起來討論。

1. 震驚和否認

在治療中第一次發現自己小時候被性剝削的女性，通常會有震驚的反應。震驚是因為這個想法在她們看來很離譜。她們陷入混亂的情感旋渦，為自己曾有過這樣的想法感到糟

28　原註 24：參見 Kübler-Ross, E. 的論述，出自〈對將死之人的訪談〉（Interviews mit Sterbenden. Die fünf Stadien sind zusammengefasst bei Mauksch）。Mauksch 總結了這五個階段。收錄於《成熟地面對死亡》（*Reif werden zum Tode*），第 38 頁。

糕、內疚和墮落。隨著痛苦的增加，女性們會求助於這樣的想法：是她們想像出了這一切，而相關讀物或治療師把她們引向了錯誤的方向；性剝削從未真正發生過。他們拒絕面對真相。敏銳的治療陪伴有助於驗證那些童年經歷。但我們也會遇到情感層面的否認。死亡反射、精神麻木、凍結所有情感都是因應創傷的嘗試。

2. 憤怒

內心矛盾的加劇導致從否定式的「不是我」到抱怨式的「為什麼是我？」。感到孤獨，但也有憤怒和無意義感是這個階段體驗的特點。女性們感到自己被上帝拋棄，感到迷失和被扔在一邊，開始出現對加害者的憤怒、對沒有提供保護的家人的憤怒。治療師應該支持憤怒和憤怒的表達。女性需要得到承諾：她們的憤怒是合理的、她們的仇恨是一種健康的反應。在這個階段，對失控的恐懼非常強烈。女性們怕崩潰、怕發瘋、怕應付不了步步緊逼的回憶畫面和閃回。有時她們過早地中斷治療，因為她們覺得自己現在的情況更加糟糕。對這些戒斷反應，在治療中一定要多加尊重。女性們需要情感上的支持和鼓勵，相信他們可以完成治療。

3. 談判

不能接受瀕臨死亡這事實的患者，試圖通過談判爭取「更多的時間」。我把這種「談判」理解為亂倫受害者的一種「是我，但是……」的態度。在我看來，這種態度是為了再次保護自己。例如，亂倫會被輕忽地描寫為：「是的，它發生過，但只有一次」，或「是的，我被虐待過，但父親還是愛我」。或者女性試圖用心理動力學的解釋來化解性剝削的事實，讓它看起來不那麼嚴重：「是的，我是受害者，但

我父親其實只是在尋求我母親拒絕給他的親密感。」個案在
這個階段也需要大量的時間。治療要創造內在的空間，讓她
不僅能向前走，也能向後走，還能迂迴曲折地走。治療中的
成長過程很少是線性的。

4. 抑鬱

走到了這個階段的人，不再抗拒，而是可以說「是
我」。這是一個高強度的哀傷時期。對我來說，這是治療過
程中最重要的一個階段。因為只有當我意識到性虐待給我整
個的生活帶來的所有後果，當我可以命名、哀悼所有的喪
失，才有可能邁出下一步。很多女性的治療卡在了這個階
段。但這恰恰是一個轉捩點，這是一個新開始的機會。整合
意味著重構一個整體。這個整體和完成治癒有關。亂倫治療
正好與如何重新成為一個完整的人所要經歷的不同階段有
關。當我透過哀傷再次觸碰到自己內在最受傷的核心時，我
就可以重新走向人群。

5. 接受

現在，作為一個要面對死亡的病人，我「做好了死亡
的準備」——作為一個不得不面對性剝削的女性，我足夠成
熟，可以走進生活了。分析我的過去並努力克服所有相關影
響、處理所有與此相關的情感，讓我找回了自己。現在，我
不再沉溺於那些喪失，而是決定照顧好自己內心的孩子，用
從中釋放出的能量去創造未來。

第九章

治療方法

我個人治療態度的首要前提是整體性的治療理念。由於性剝削對人的傷害是全方位的，所以治療也就要改變人們的思想、情感和行為。因為性虐待有多重成因，治療不能受限於單一方法。在對亂倫受害者的治療中，方法和技巧必須是多元的。我們要學會嘗試、去做實驗，不僅要傾聽，還要用心去聽：什麼對個案的成長有促進作用。所有的技術都基於以下這種治療態度：尊重和愛護人類的本質。

在亂倫研究中[1]，有以下四類不同的治療技術：

1. 壓力和因應技巧；
2. 基於體驗的表現力——宣洩技巧；
3. 以洞見為導向的心理動力學技術；
4. 認知、行為治療技術。

第一組技術通常與危機干預有關，是基於壓力研究的結果。它用來幫助人們度過急性危機期，掌控極具威脅力的淹沒性情緒，並學習減壓技巧。各種形式的減少恐懼的放鬆訓練在這裡都有意義。

第二類和第三類主要是藉由處理意識和無意識素材來

1　原註 1：參見 Courtois 的論述，同前章原註 9，出自《治癒亂倫的創傷》（*Healing the Incest Wound*），第 187 頁及以下。

展開工作，常使用格式塔療法、心理劇、表情治療等廣為人知的技術。在角色扮演中，個人的學習過程被激發，可以預見到衝突；在遊戲情境中，可以演練新的因應方式。人本主義心理學中所有注重處理生活故事和促進創造力的方法，在亂倫治療中都很重要。藉由創意媒介、色彩、聲音和結構化語言的幫助，衝突能夠以體驗為導向的方式來解決。這些媒介促進了覺知力的提升，即發展出更完善的觀察和感受的能力。對於鞏固薄弱的自我功能，它們尤其重要。

第四類療法與態度和期望的結構有關，旨在進行認知重組和行為改變。在這些方法的框架內，治療具有說教的成分，因為它提供了有關性心理發展和性別角色定型觀念起源的具體資訊。特別是在團體治療中，替代性衝突解決策略和認知重組過程會用來作為治療方法。

治療師可以根據自己的培訓背景，使用自己最熟悉的治療策略。如果有盡可能多的方法適用於不同的個案，那自然很有效果；根據個案的情感、認知和心理需求，對方法進行個人化調整是非常重要的。這要求治療師具有很強的靈活性，區分何時能用對抗性，何時能用支持性的方法。同時，重要的是要喚醒個案的信心和安全感，讓她們自己決定要暴露自己的情感到什麼程度，什麼時候又需要再次以保護性的方式關閉情感區域，以避免完全無助地任由情感擺佈。

這些不同技術的使用也取決於我大多時間是在個人內在層面還是在人際關係治療目標上工作。個人內在問題包括個人歷史的處理、壓力因應和強烈情感的處理、自尊的提升、劃定邊界的能力等。由於亂倫受害者往往在很小的時候就受到了創傷，因此她們的自我功能必須得到支援，即在認知和情感分化的能力、自我責任感、現實控制和挫折耐受等方面都需要得到支持。這個階段的治療目標是建立自我身分認同

感。

　　人際治療目標更多與當事人的溝通和社會功能有關，需要在治療過程中給予不同程度的重視。對於在很小的時候就受到性虐待的女性，治療方式與早期受到創傷的人的治療是一致的。對於前文已經提到過的邊緣型人格障礙，就需要在臨床上注重人際關係方面的問題。在治療中，女性要能體驗到發生在此時此刻的關係。

夢的處理

　　作為一個以深度心理學為導向的治療師，對我來說，夢的處理、想像力和視覺性的表達是分析工作的中心，也就是說，第二類和第三類的方法是我分析工作的中心。在亂倫倖存者的夢中，必須特別注意孩子主題的動機。被遺棄在森林裡的孩子、不小心被丟在超市籃子裡的孩子、被遺忘在抽屜或地窖裡的孩子，都是遺棄情結的典型表現形式。在我的理解中，亂倫也是關於被拋棄的原型體驗。這種顛覆性的背叛總讓我想起聖經《詩篇》第二十二篇所描述的被拋棄的原型場景。

　　「我的神，我的神！為什麼離開我？為什麼遠離不救我？不聽我唉哼的言語？我的神啊！我白日呼求，你不應允；夜間呼求，你不作聲……我如水被倒出來，我的骨頭都脫了節，我心在我裡面如蠟熔化。我的精力枯乾，如同瓦片；我的舌頭貼在我牙床上，你將我安置在死地的塵土中。」

　　在治療中，我感受到的正是女性個案這種被個人和原型父親拋棄和背叛的絕望。但恰恰是這種拋棄，迫使她們變

得覺醒、尋求治療。所以這些夢中的孩子也都包含著創造性的一面，因為孩子代表著自我實現的衝動。兒童主題可以表達自我更新、重新煥發生機的願望。那麼孩子就可以被理解為是真實自我的象徵。所有創造性的媒介，比如說繪畫和聲音，對我來說都是非常重要的方法，可以讓我接觸到夢裡顯現的內在的孩子。我鼓勵女性們接受她們夢中的孩子，允許孩子們接受他們缺失了的母性和父性。與夢有關的工作還包括創造性地改寫夢境，「發明」一個新的結局，或以另一種媒介來翻譯夢境提供的資訊。比如可以透過手勢將夢中的場景具體化。恐懼、驚恐、石化在夢中作為人類的典型存在方式，可以透過手勢和姿勢來表現。「邊界」這個話題總是反映在亂倫受害者的夢中，我讓這話題在治療中得到空間上的體現。比如，我要求女性用姿勢和手勢來確定哪裡是她需要的、能讓她感覺到安全的界線。對我來說，這也意味著治療設置要盡可能的開放。我曾和一些人一起工作過，她們很長一段時間不得不把椅子推到房間最遠的角落，這樣她們才能感到安全。我也經歷過一個年輕女子必須躲在椅子後面才能說話的時段。

由於我們在治療中經常面對無法言喻的問題，所以所有的非語言技術對夢的處理也很有意義。捕捉夢境中的威脅性內容，是接受夢境很重要的一步。我的個案將典型的夢境翻譯出來：將她們受傷的女性氣質化為音調、將支離破碎的自我拼接成拼圖、將威脅性的性驅力凝結成面具。從夢境出發，這種極具畫面感的建構過程就有了自己的動力。一位個案以畫冊的形式，將自己童年的創傷經歷製作成了震撼人心的記錄片。

想像力和視覺效果

　　積極想像是榮格所描述的一種用來與內心的形象和人物進行生動對話的心理治療方法。它是與深層心靈的溝通、是自我和無意識之間的交流。想像力可以引領我們進入一個變化的過程、打開一個「自由的空間」，維雷娜・卡斯特（Verena Kast）[2] 在她寫的關於想像的書中已經非常清楚地表明了這一點。想像過程在其它心理學理論中也有穩固的地位。我在這裡特別想到勞爾納（H.C. Leuner）的錯覺意象體驗和美國的其它類似方法；這些方法沒有使用「想像」這一概念，而是講「視覺化」（觀想）。在想像中嘗試的生活計劃帶領人們超越熟悉的生活，進入新的未知空間，使我們內在與造化核心的聯繫變得特別具體。

　　在與亂倫倖存者的工作中，想像也是與器官的對話，是穿越被性侵過的身體的旅程、是學習重新感受自己和重新體驗身體的重要工具。

　　想像力對於掌控消極想法方面也很重要。在這方面，它具有行為治療的特點，在深度放鬆的幫助下，透過練習自我控制來支援自我的控制能力。在想像中，困難的、可怕的畫面可以一步步解決，並帶來行為上的改變。想像過程中的動力為我們提供了新的策略，來與內在和外在世界打交道。

　　夢境中的畫面表達的是我們內在的靈魂景觀，是類似的、想像出來的願望或記憶的畫面，傳達的是我們非常個人化的、在這世界上的存在方式。在想像中，我進入了自己的軌道。我開始感覺到自己所站的位置，並與自己的情緒相連

2　編註：維雷娜・卡斯特（Verena Kast）是瑞士著名作家，也是榮格研究學者。

接。以我個人的經驗，特定的、與當事人童年有關的引導性想像，特別是當這種想像涉及到更精神化的記憶時，對治療非常重要。比如，在做完一個放鬆練習後，我建議個案想像一下她小時候在那裡長大的房子，並進入所有的房間，注意觀察自己有什麼樣的心情，或者聞到了什麼氣味，讓她小時候躺過的床，或者檯燈、地毯等出現在眼前。通常，想像力幫助那些久已忘卻的記憶出現在陽光下，但所有那些超越具體經驗的東西，代表著個人內在領域的東西，對治療的理解也很重要。這就要靠治療陪伴者的創造力來激發想像力，使工作過程變得輕鬆。我有過非常深刻的體會：畫面中的女性們會想像她們精神受到重創之前的那個孩子。與這個孩子的對話讓我看到，即使被認為已經死了的靈魂，也可以從這個死亡中復活，這一過程讓我深受感動。尤其是在亂倫治療中，我對人類靈魂的信任和信心得到了鞏固和加強。

催眠治療

最近，美國文獻也報導了一些治療方法，是利用催眠術來獲得通常無法透過意識獲取的（亂倫受害者）早期記憶。雖然這樣做可以在睡眠恍惚狀態下驗證對虐待的懷疑和預測，但我覺得，用這種方法來治療（亂倫）受虐女性是有爭議的。如果無論是在夢中還是在想像和創作性建構中，無意識都沒有揭露出她的「祕密」，那麼我們可以提出以下這個問題：藉由催眠所發現的素材是否可以被整合。此外，催眠中，那些被性剝削的人們要承受失控之苦。對這些人來說，催眠也是非常有爭議的，特別是對於那些在幼年時就已經遭受過失控的性剝削受害者。我更偏好用那些類似於自體訓練

和漸進式放鬆的方法，讓人的自主性從沉睡中、從波濤洶湧的意象中走出來。只要是自我暗示的形式，且女性在其中體驗到自己是表演主體和控制主體，這就可以成為一種有益的深入探索自己的形式，就像我們從各種冥想技術中所知道的那樣。在我看來，一種誘導進入恍惚狀態的外在暗示和催眠是很危險的。因為許多女性都有自發陷入恍惚狀態的癥狀，在這種狀態下，她們體驗到自己沒有行動能力，催眠很可能會鞏固這種沒有行動能力的狀態，而非消除這些狀態，因此，這種做法是危險的。

以書寫作為治療工具

我在前面的章節中已經提到過，靈魂謀殺讓人沉默。因此，治療師要幫助患者重新找回失去的語言，讓難以啟齒的事件變得可以傾訴。寫作可以形成創作衝動，並讓人開始有創造性的體驗。語言本身就有一種治癒的力量，所以我鼓勵和我一起工作的個案尋找自己的語言，用文字來表達自己。語言也總是和行動有關，所以透過寫童話和幻想可以整合那些分裂出去的人格碎片、無意識的衝突可以透過投射來處理。這樣一來，寫作往往就成了一個創造性的治療方案。

寫出來的文字凝結成了最私祕經歷的記錄。我的個案們寫下日記和夢的記錄、書信和對話、童話和詩歌。這些都是整合創傷的重要工具。當童年的真相被白紙黑字地記錄下來時，人們對自己的性剝削經歷有了更真實的體驗。畢竟，她們承受著對自己一次又一次的懷疑，此外，還要抵禦環境中的輕視和不信任。因此，把發生的事情寫下來，可以成為一種自我主張的行為，也是對所經歷的事情的驗證。在不確定

的階段，當舊的壓抑機制再次變得強大時，有些女性會回去找出以前的記錄，以記住虐待是真實發生過的而不是想像出來的。

　　寫作可以妥善幫助我們最終走出過去籠罩著我們的迷霧，讓自己重新看得更清楚。寫作意味著敏銳的自我觀察，因此也總是從無法行動中邁出去的一步。在寫作的過程中，這些女性常常感到這不僅關係到她們個人的生活和痛苦，也關係到與社會內在結構的抗爭。有無限多的話題可以支持意識化的過程，並連接到被埋葬了的情感。這裡，我想舉一些跟寫作主題相關的例子：

● 我最大的願望和需求是什麼？
● 我想在治療中達到什麼目的？
● 我對未來的希望是什麼？
● 我最美好又最可怕的童年經歷；
● 我與母親、父親、兄弟姐妹的關係；
● 我和身體的關係；
● 我和我的成癮；
● 我的防禦機制；
● 我的性慾；
● 我的恐懼。

　　我常常有這樣的體會：寫作比較容易打破沉默。這樣一來，受害者就可以跟隨自己的節奏。也許他們會在一段時間內把自己寫下的東西帶進每次治療中，而不透露出來。對我來說，重要的是：書寫並不意味著要寫給別人看。但同時我也想讓大家體會到溝通有多強的治癒力。在我看來，能夠耐心地等待個案打開通往他們內心的通道，並以尊重的態度進

入這個內心空間，在治療工作中尤為重要。當信任的基礎建立起來後，再大聲地朗讀、慢慢地體會每一句話，就能成為一種深刻的體驗。

在美國，經常有一些研討會專門透過寫作進行，讓女性最終學會從無語中走出來。

受害者和加害者往往會盡可能籠統地談論虐待行為。日記可以成為讓事情非常清晰地呈現出來的地方，記錄究竟發生了什麼事、我的哪些身體部位被觸摸、在這些部位我有哪些感受、我的腦海中出現了哪些想法，對光線、氣味和聲音的感知，都儲存在我的身體裡。這個練習對於那些聲稱自己記不清楚的人也很有幫助，她們因為無法準確描述事情發生的時間、地點和頻率而感到絕望。她們必須傾聽自己的內心，學會相信自己的感覺。可能壁紙的花紋會帶來這樣的印記，或者地毯的細節讓人有某種有形的氣氛、某種內在的氛圍，這種氛圍讓人感到壓抑和恐懼；在那裡會出現無法具體描述的空間，但當事人可以感覺到。

在面對內在的父母時，寫信是個非常重要的工具，可以觸碰到內心的憤怒和痛苦，並在失望中釋放綁縛在父母身上的能量。大多時候，這些都是不打算寄出的信，但卻能起到清除自己靈魂障礙的作用。這裡，我想引用一位年輕女孩的例子：

「親愛的父親：

今天，我想給你寫一封信，這是我人生中第一次想要給你寫信。而這也將是一封你永遠也讀不到的信。可我覺得是時候和你談談了。但是，我坐得越久，想寫的東西越多，我心裡這樣的願望就越強烈：你死了該多好！我相信，只有這樣，我才能獲得自由。對不起，我太刻薄了，太直白了。

哦，是的，我和你在一起也度過了非常愉快的時光。還記得你和我們這些孩子一起做聖誕禮物的時候嗎？我記得很清楚。那時候你對我來說可是個大人物。我真為你感到驕傲。你會那麼多東西。

我知道我對你來說很特別，早在母親期待……（家中哥哥的名字）出生的時候，你就已經那麼想要一個女兒。你很失望，因為又是一個兒子。當我出生的時候，你是那麼的幸福。今天，在我看來，母親終於把你想要的女兒給了你，她很高興，把我這個女兒留給你『用』。而你又是怎麼對待這個女兒的呢？我常常希望有一天你能走來對我說：『我很愛你。我請求你原諒我，我做了那麼多錯事。讓我們忘掉過去的一切，我將來會給你你真正需要的東西——我能給你的父愛』。可是，我從來沒有從你的口中聽到過這些話，而今天，一切都太晚了。你錯過了，你也毀了我的整個童年和整個青春。你可能覺得孩子沒有什麼感覺，孩子都會忘記的。但你錯了。請你給我解釋一下，為什麼你會在夜裡來找我？我沒有忘記。儘管我沉默了二十年，今天很多東西都模糊不清了。但今天，我好想張開嘴，發出當年的尖叫聲，指責你的尖叫聲。

當我聽到臥室的門打開時，我真希望自己能哭出來。我的喉嚨卡住了。而你已經站在我的床邊，躺在我的床上。直到今天我還能感覺到你的手堵在我的嘴上。每當我想說一些重要的事情的時候，我就會感覺到這隻手堵住了我的嘴。你就沒想過你會讓我如此痛苦嗎？事到如今，我仍然經常獨自痛得厲害，反覆想起一些事情，想起那些你用你的『尾巴』給我帶來的痛苦。

父親，我是愛你的，可為什麼你卻從來都不愛我？我想要的不是你的性愛。我很想向你伸出手，以示原諒，但我做

不到，父親⋯⋯」

除了日記、書信以外，與女性因性虐待而最飽受折磨的身體部位進行書面對話，也是以體驗為主的重要工作方式。在治療過程中覺得太不自由，無法在角色扮演中展開對話的人，特別鍾愛寫作。對性刺激起反應的身體部位往往被指責為叛徒，但在對話過程中可以為此制定新的方向並改變態度。

我已經提到了尋找內在的孩子，於這一工作目標而言，寫作是一種有效的技巧，可以幫助我們和這個內在的孩子取得聯繫。由於兒童主題在夢中扮演著如此核心的角色，我經常建議藉由與這些夢中的兒童進行對話來作為治療工作的開始。那些相對於文字更鍾情於繪畫的人，往往會選擇用繪畫來觸碰自己內心的孩子，或者為自己內心的父親塑造形象。

閱讀療法

整合性的自傳和詩歌療法是一種透過語言媒介啟動和支持成長過程的方法。閱讀是一個重要的治癒因素。人們很早就知道，書籍可以幫助人們提高體驗和批判能力，拓寬自己的邊界。

特別是在和亂倫受害者一起工作的時候，我發現閱讀有關性虐待主題的詩歌、小說、受害者自我報告和記錄非常有用。閱讀的時候，女性可以完全控制局面，這一點對她們是有利的。她們可以設定自己的節奏，如果內容太過情緒化，她們也可以隨時把書放在一邊；她們可以在任何時間、任何地點，把與自己特別相關的所有內容一次又一次地拿出來。

性創傷完全孤獨的象徵性感覺被打破了。單單是這一方面，覺得自己被人理解了、有認同自我的可能都毫無例外地可以減輕心理負擔。

　　書是無聲的見證者，它看不見我的恥辱；當我因憤怒而把它扔到角落時，它卻很有耐心。心理治療師沃夫岡・施密德鮑爾（Wolfgang Schmidbauer）寫過許多專業的書籍和小說，他認為，在所有媒體中，書最接近治療過程。書「氣息悠長，它把許多思想和感情串聯成一個有意義的整體變成自己的。最理想的情況下，它會成為對一段現實全新的解釋。一本書可以等待，就像任何一個好的治療師都必須能夠做到的那樣。」[3]

　　文學和詩歌對我個人來說也是很重要的精神指引，所以我很喜歡閱讀療法，因為它能讓我更妥善地與自己和他人溝通。

改變態度和行為的治療方法

　　當我描述治療技術的時候，我把技術理解為藝術、理解為支持人類治療過程的所有方法的整體。我並不是用這個詞來表達對人的機械化、物件化的看法。

　　認知技術旨在消除誤解，改變扭曲的思維和認知過程。這就需要分析典型的評價模式和行為模式。

　　在對亂倫倖存者的治療中，傳達社會認知學習理論和理性情緒療法的內容可能非常重要。很重要的一點是，要讓個

3　原註 2：參見 Schmidbauer, W. 的論述，出自《羅沃爾特劇團》（*Rowohlt Revue*），1989 年出版。

案知道：已經會的東西也可以再放下，這些並不必然決定我們的一生。反覆體驗到自己是受害者的女性，往往對生活和自己有某些特殊的態度和期望。這些態度往往具有完全非理性的特點，與現實不符，助長了情感障礙。內心的自言自語總是以同樣的方式進行，導致了對行為負面結果的期待，降低了可以改變自己行為的信念。但我需要堅信我的行動也能改變一些東西，否則我的因應能力是沒有意義的。

典型的思維和認知扭曲包括或者全對，或者全錯、走向極端、以偏概全、錯誤估計、誇大和低估、選擇性認知、貶低積極性、錯誤的結論等。

眾所周知，在所有嚴重的負面事件面前，人迫切需要解釋和理由。這背景下，歸因論變得很重要。亂倫受害者從性剝削的事實中會得出關於自己的結論，例如，「我一定是壞人，否則這種事根本不會發生在我身上。」

在對亂倫受害者的治療中，用塞里格曼（Seligman）[4]的「習得性無助」的概念來理解也是有意義的。這一概念指出，一個人如果反覆體驗到自己的努力對環境沒有任何實際影響，即沒有效果，就會產生抑鬱症。兒時遭受過性虐待的女性在反覆經歷過無法反抗的情況下，會產生相應的抑鬱反應。她們後來作為一個成年女性的態度切合地體現在以下我在治療中經常聽到的話當中：我永遠無法掌控自己的生活，永遠無法從無助中走出來，永遠無法找到一個可以信賴的人，亂倫的罪魁禍首是我自己，所以我不配擁有更好的生活。

改變這些根深柢固的消極思維模式的一種方法是採取所

4　譯註：馬丁・賽里格曼（Martin Seligman）是美國心理學家、教育家和作家，被稱為現代正向心理學運動之父。

謂的「肯定式」話語使用。當事人在自我暗示的意義上每天重複幾次這樣的話語，尤其是在出現負面思想的時候。女性們把這些肯定的話語寫在小紙條上、貼在家裡的鏡子上，或者一直放在手提包裡帶在身邊，比如「我**有**感情，我**可以**培養信任，我可以設置界線」。

認知技術的作用是化解錯誤的歸因，認識到這些歸因在何時何地才有效，並以新的、更現實的態度取而代之。為此，在治療中也要傳遞這樣的資訊。我認為，如果沒有充分認識到性虐待的心理動力和社會影響，就不可能真正改變對亂倫創傷的態度。治療師必須不斷質疑女性消極的自我概念，指出那些虛假的罪責。在我看來，亂倫特有的態度模式和期望模式有助長維持依賴行為。

這種認知重組的過程是極其困難和漫長的，因為這些模式也代表了維持心理認同的加工機制。這裡最終涉及的也是一個漸變的過程。必須用建設性的方式，如對自己的人生負責來代替諸如罪惡感之類的有問題的內化。只有透過這個轉化過程，女性才能實現行為的穩定改變。

在治療中，可以學習新的行為方式來取代之前的自我毀滅模式。女性一步步地學會對自己好一點是有可能的。對自己的靈魂採取父母般的關懷態度，而不是總是期待別人的救贖而屢屢失望。就像吸毒者在戒毒治療中要學習積極強化的概念一樣，亂倫倖存者也要自己重新發現什麼能在她們極度需要和絕望的時候給予她們安慰和意義。

很多女性都非常害羞，因為害怕而不敢談論那些能安撫自己、但讓自己顯得可笑或幼稚的深層感受。然而，這些行為中的每一種都需要我們給予最大的尊重。對於一個女人來說，香薰燭光浴能滿足她放鬆身心、感受美好的需求；另一個女人則買來上好的身體乳，一邊擦在身上，一邊和身體

說話。有的女性會和朋友、閨蜜通很長時間的電話，當恐懼大到無法承受的時候，就買一隻泰迪熊帶在身邊睡覺，或者她們又把小時候的玩具娃娃拿出來，把所有的絕望都託付給它。我認為，與個案一起進入她童年的象徵性世界，並在治療中談論這些凝聚在幼年時的洋娃娃、泰迪熊和木偶人物上的東西是非常重要的。這樣一來，我們熟悉的兒童治療中的沙盤遊戲對於亂倫受害者來說，也可以是形成新行為模式的途徑。越來越多符合解剖學的玩具娃娃被用作治療和診斷的輔助手段，[5] 因為象徵有時是發現早期行為和用新的行為來代替早期行為的唯一途徑。治療工作本身就具有「遊戲分析」的特點，這個術語在費倫奇（Ferenczi）[6]的作品中已經出現，後來在精神病治療中得到了鞏固。

在亂倫治療中，還必須改變治療態度。擺脫經典的鏡像節制態度（Spiegel-Abstinenz-Haltung）和解釋技術是必不可少的。「沒有共情，就沒有治癒」——一九八八年發表的費倫奇日記中的這道標題[7]非常清楚地說出了治療中需要什麼樣的態度才能觸碰到那些早年受虐的人。在這些情況下，我們反覆要面對的問題是：如何處理那些前語言期的、意識無法進入的內容。一切固著在前語言期的體驗，只有透過情景再現才能獲得意義、必須透過交流才能體驗到。在治療中，我們一定要經常搭建新的橋樑，小心翼翼地靠近，並感受自己內心的想法，因為治療師自己的感受可以用來瞭解個案無法表達的東西。

---

5 原註 3：參見 Donna Vita《唐那‧維塔》系列出版物，1，1988 年於柏林出版。

6 譯註：薩德‧費倫奇（Sandor Ferenczi）是位匈牙利精神分析學家，也是精神分析學派的重要理論學家。

7 原註 4：參見 Ferenczi，S. 論述，出自《沒有共情就沒有療癒》（*Ohne Sympathie keine Heilung*）。1988 年，法蘭克福出版。

我們所學到的關於治療早期障礙的一切知識在亂倫治療中也同樣非常重要。對共同體驗的強調、「母性」的參與和友好態度是允許「以退為進」等這種療法的重要方面。我們必須將我們的治療態度和方法定位到我們所陪伴的人所處的各個階段。為了讓個案和自己取得深入的連接，深入地陪伴（個案）進入退行階段至關重要。（治療師）深入地陪伴對於幫助個案與內心深處的自己取得連接有多重要，與退行中所獲素材的工作就有多禁忌，特別是當個案為了不讓自己去體驗沒有界線，同時又正處於建立結構這樣的重要階段的時候。我認為，在與亂倫受害者一起工作時，仔細地澄清診斷是非常重要的，因為複雜的癥狀往往可以在邊緣人格障礙的背景下發現，而這需要非常複雜的治療方法。

　　受亂倫影響的人在危機時期需要特別的支援。她們常常很難因應治療的中斷，並對被遺棄感到強烈的恐懼。在這樣的階段，凡是能在象徵層面上傳達客體穩定性的東西對存活來說都可能是必要的。有時，我會給害怕自己在治療停頓時期精神崩潰的個案一個診療室裡的物件，比如：一塊石頭、一個貝殼、一顆球或者一本書。這樣在分離的時間裡，就有一種過渡客體，它承載著一些內涵，個案一碰到就會恢復意識，不會讓線斷掉。因為我們承擔了個案一種輔助性的自我功能，所以分離特別容易帶來創傷。

　　在治療工作中，我們需要非語言技術以便藉由創造性的表達來促進治療過程。例如，彼得‧海因爾（Peter Heinl）[8]開發的一項技術就很有效果。他試圖藉由客體雕塑，在直覺—象徵層面來接近「無聲的空間」。

8　原註 5：參見 Heinl, P. 的論述，發表於弗里茨‧珀爾斯研究所（Fritz Perls Institutes）位在貝弗西（Beversee）舉辦的一場研討會上關於整合心理治療的討論。

對於有高度自殺傾向的女性，我建議制定一個應急計劃，也就是讓個案寫下自己喜歡的東西、能讓自己平靜下來的事物，或者讓自己有安全感的事物。因為在急性恐慌的情況下，或者在深陷抑鬱的時候，她們已經不再有能力思考這些事物，因為她們只覺得自己被吸進了一個黑洞。那麼，事先準備的這樣的清單就可以成為救命稻草。

　　事實證明，在有高度自殘行為和自殺傾向的情況下，與個案簽訂一份合約並規定具體的行為規則，將促進自我責任感。在對亂倫受害者的治療中，自殺的風險特別高。女性往往將自殺視為擺脫恥辱和難以忍受的痛苦的最後機會。

用家譜樹來工作

　　家庭治療技術之一，創建家庭「基因圖」，也用於和酒精成癮者的治療工作。我透過彼得・海因爾[9]的出版物和研討會瞭解到這方法，並在治療實踐中體驗到它對亂倫患者的治療非常有成效。這方法是要建立一種跨越三代的「內在家譜」，不以家譜為原則，而是以家庭的內在觀念為基礎。亂倫家庭的心理動力對於理解性創傷尤為重要。性虐待獨特的代際傳遞模式可以藉由基因圖非常迅速、直觀、簡潔地掌握。在研究家譜的同時，我以結構化和快速理解的形式接收到大量有關家庭內部關係結構、典型家庭主題、家庭神話和家庭祕密的資訊，這些資訊給了我很多寶貴的治療上的靈感。

9　原註 6：參見 Heinl, P. 的論述，出自〈基因圖的視覺分析技術〉（Die Technik der visuellen Analyse von Genogrammen）。收錄於《家庭動態》（*Familiendynamik*），1987 年第 2 期。

我還發現，受了重傷的人，如果給他們一定的結構，他們可以更容易地談論自己的家庭。基因圖創建包含相當複雜的任務。例如，必須從整個素材中選擇相關資訊。回憶是值得鼓勵的，但這裡也有一項規則在起作用：即使是強烈的情感也必須轉譯成簡單的、預定的象徵。這減少了被記憶淹沒的恐懼。指出這其中的關係（誰、何時、與誰在一起？），可以在一個家庭系統中建立起明確的界線，而這家庭系統之前的主要特徵是失去了這界線。

雖然為了呈現家譜，這個方法提出了簡單的象徵，但其中還是有很大的個人發揮空間，這樣一來，基因圖的視覺分析又可以提供有關家庭動力的重要資訊，但這些資訊往往還不能很好的意識化。在治療工作中，我也有這樣的經驗：透過創建基因圖，一個變化的過程已經開啟，這對處理亂倫問題很重要。我在治療實踐中遇到的不同個案使我更堅定了這樣一種觀點，也就是亂倫的家庭傳統是存在的。由於在畫基因圖時我讓個案用彩筆來表達亂倫關係，所以界線的缺陷特別醒目。這種跨越邊界的視覺化表達也可以緩解個案的壓力，因為她們可以透過體驗自己是這個家庭系統中的一部分，並發現這個家庭系統是如何自覺或不自覺地影響了自己的人生道路，從而走出完全孤立的感覺。

由於基因圖揭露了家庭的祕密，而這些祕密是家庭病理的核心，因此，描繪家庭基因圖的女性同時開始與其他家庭成員保持距離，這可能意味著她開始逐漸脫離對家庭的執著。

基因圖是在治療過程中創建的，這樣我才可以參與、體驗其中的過程。只有這樣，才能展開實際的基因圖工作。同時我也使用格式塔療法中的各種技術。

透過照片和孩子們的相簿，我們試圖一起追尋個人發展

的斷層，讓家庭氛圍在治療中重新變得可體驗。

有時，我建議個案用「生命全景圖」的形式來表達個人的生命之路，或者把那棵家庭樹畫成一棵象徵生命的樹，並富含同理心地、對照著來看待人生故事中一個個重要的主題，比如性愛。如此這就可以作為一種富有想像力的或者富有畫面感的工作方法，幫助（個案）更妥善地探究自己當下在整個人生中的位置。

另一種表達家庭內部關係的方法是社會關係圖，這也很適合亂倫治療。

個案在治療開始時畫了這幅社會關係圖（第 32 頁中間），來表達父親是多麼地無用和灰暗。它在家族體系中沒有起任何作用，完全是個無足輕重的人物。在對她用「空椅子」技術進行格式塔治療的過程中，對父親危險性的認識才第一次出現。她才明白，出於父親對她內心的威脅，她必須把父親從心靈中分裂出去，以至於把他置於家庭系統之外。當她試圖與空蕩蕩的椅子上的父親進行對話時，她的恐懼感越來越大，以至於一句話也說不出來。在圖片中，她試圖展示坐在椅子上的人畜無害的父親如何變成了危險的黑色父親惡魔。

靈性方法

對於治療的整體性，以及對於超個人的治療模式來說，人類存在的靈性層面都起了重要的作用。冥想和靈性療癒是人類渴望靠近自性的方法。一旦在治療中解決了那些核心的堵塞，那些不再與生存有關的，而是與負責任的自我設計和意義有關的領域就會打開。在這個層面上，還需要其它的方

法來獲得在身、心、靈上真正的療癒。

在靈性治療的框架內，治療會試圖使個案的能量開始振動。最終目標是接觸到一個人自己內在的力量；在中國，這種生命的能量也被稱作「氣」。所有的靈性治療都試圖恢復與自性（真我）的聯繫。治療涵蓋較明顯可見的層面到微細的層面，進而啟動能量進程並促進意識的擴展。這些治療方法始終是為了啟動「內在的治癒者」、為靈性體驗創造空間。

由杜克海姆伯爵（Graf Dürckheim）和瑪利亞‧希皮烏斯（Maria Hippius）發展出的啟動療法（intitiatische therapie），包含了眾多「從源頭治療」的方法[10]。我自己對這些方法的體驗影響了我整個的治療態度。我認為杜克海姆意義上的個人身體療法對於陪伴亂倫受害者特別有幫助，因為這種方法試圖拆除一切阻礙「轉化運動」的身心堵塞。在這種療法中，治療工作是為了確保轉化過程也能在身體上表現出來。對於受過嚴重性創傷的女性們，我推薦她們用這種方法來「觸碰」自己。

作為一位分析心理學家，我對人類靈魂的理解包含一種超個人領域的定位。這就意味著，所有可以深化對自己的生活和環境的超驗感知的方法，對我來說都是重要的治療方法。比如，在個人和集體的神話層面工作可以和超越我們存在的東西建立某種聯繫。

到底是要藉助可以跨越意識和無意識間界線的神話和童話，還是透過想像和冥想來接近超驗的自我，對我來說，最終還是一個非常個人化的決定。

---

10 原註 7：參見 Schoeller, Gisela 的論述，出自《從源頭治療》（*Heilung aus dem Ursprung*）。1983 年於慕尼黑出版。

由於受亂倫影響的人在生活中要一次又一次地掙扎著做自己命運的主宰，所以我認為冥想是一種特別有療癒效果的方法，能有助於找到自己內在的智慧、學會相信內在的指引。一切藉由認知療法可能帶來的態度和行為上的改變都可以在冥想中得到深化，並擴展靈性的維度。冥想作為一種內在的聚合，可以成為整合嚴重內在創傷的重要治療因素。有時候，女性只有在冥想的時候才能體驗到自己是一個整體，因為她們只有在向內探索的過程中才會再次接觸到那核心，而那核心一直保持著純潔無暇，從未受過傷害。進入自己的中樞、感受生命能量的深刻體驗，為個案開啟了通往進一步治療和意識發展的道路。

第十章

治療死角

——治療中的性虐待

　　我現在想把注意力轉向一個在瑞士和德國特別禁忌的話題，長期以來，它一直被視為一種無名的罪行。[1] 我想談的是男治療師和女性個案之間的性親密關係。在這裡，語言上我特意清晰地表述為男治療師和女性個案，是因為有足夠的證據表明，這種形式的性剝削絕大多數是男性治療師所為。克雷梅里烏斯[2] 指出，儘管在專業上，兩種性別犯錯機會差不多相等，但在四十年的精神分析工作中，他只遇到過一例女性治療師跨越（心理治療）界線的性越軌行為。

　　這個問題和亂倫非常相似，也同樣地被掩蓋。我們越是執著於「治療家族」的神話，越是難以質疑「白衣天使」；亦難以質疑我們的醫生和心理醫生以及治療工作的指導原則。特別是從專業的角度，以批判的態度來探討我們職業的黑暗面，會遇到非常大的阻力。在分析培訓機構，治療中的性越軌也早已司空見慣。據報導，在美國的文獻中，專業期刊起初甚至拒絕刊登這方面的文章。[3] 但近年來，媒體對各

1　原註 1：參見 Davidson, V. 的文章〈精神病學中沒有病名的問題——治療師與患者的性愛〉（Psychiatry's Problem with no Name. Therapist-Patient Sex）。出自：《美國精神分析雜誌》（American Journal of Psychoanalysis），1977 年第 37 期，43-50 頁。

2　原註 2：參見 Cremerius, J. 的論述，出自〈中立最大化與現實〉（Abstinenz-Maxime und Realität）。收錄於《沙發上的誘惑》（Verführung auf der Couch）。1988 年於弗萊堡出版，第 168 頁。

3　原註 3：參見 Pope, K.S./ Bouhoutsos, J. 的論述，出自《治療師和病人間的性親密關係》（Sexual Intimacy between Therapists and Patients）。

種虐待行為有越來越的報導，目前在美國對行為不道德的治療師也提起了越來越多的訴訟。考慮到性虐待在治療中的頻繁發生，保險公司在其專業責任保險中也加入了相關條款，拒絕賠付因性剝削引起的索賠。一九七六年二月十四日，《洛杉磯時報》報導，根據保險數據推算，有百分之二十的男性治療師在其職業生涯中，至少與個案發生過一次性親密關係。

在德國和瑞士，儘管公眾對這種形式的虐待還缺乏認識，但治療中的性侵已是一個不爭的事實。由於我經常在治療中陪伴亂倫受害者，所以我必須面對這個話題。童年遭受過性剝削的女性被認為更容易在治療中再次受到創傷。蘇黎世第二屆亂倫（治療）大會結束後，有多位在治療中曾被性侵的女性找我做心理分析。我對治療中跨越邊界的看法要基於以上我與亂倫受害者的治療工作經驗背景來理解，其實還有大量沒有童年受虐經歷的女性在治療中受到性剝削。在下文中，我對執行法官的功能和扮演道德使徒角色不感興趣。類似這樣的「對人的設定」會讓我們一次又一次地陷入職業和人生的理想化。然而，對我來說，重要的是，我們要清楚地知道，究竟是從什麼時候開始，我們不再能感受到自己的責任，從而造成為人處事以及治療上的失敗。對我來說，談論這個話題是要讓人們意識到性越界的危險，並澄清亂倫背景下的心理動力。

這一話題會引出一系列的問題，比如對我們職業的自我理解問題，諸如法律和預防方面的問題也可以在這語境下來討論。我在這裡只談與我們的（亂倫）主題相關的觀點：治療中的性剝削是亂倫的一種、是對（治療）關係的錯誤處

1986 年於紐約出版，第 26 頁及以下。該書提供了這方面非常好的素材。

理、是「語言混淆」——費倫奇[4]用這術語來形容成年人用激情的語言來回應（個案）對溫柔的兒童式訴求所帶來的混亂。

一位年輕女子這樣描述她的經歷：

「我的分析師是生命中第一個對我溫柔、我也被允許對對方溫柔的人。溫柔和激情對我來說是兩回事：我渴望溫柔和溫暖，對激情感到恐慌，對性愛感到厭惡。然而，對他來說，溫柔是和性幻想、激情以及性接觸彼此連繫的。因為我想靠近他，所以我要對他的激情負責。」

這是對個案訴求極深的誤解。她需要一個能給她母親般理解態度的人，需要一個治療師把自己當成一個「客體」，讓個案可以在這個「客體」身上帶來新的經驗，建立新的結構。然而治療師提供的不是「愛的存在」，而是性愛；不是回應個案真正的對於人際連結的需求，而是滿足治療師自己的需求。

我們也要問問這種越界的原型式心理動力。這種界線的喪失發生於哪種原型領域中？被父親性虐待過的女性，作為成年女性，在治療中又再次被她們的治療師剝削，被她們信任和依賴的人剝削，這該怎麼解釋？這種背叛會給這些女性的心理生活帶來怎樣的後果？她們如何因應再次創傷？當我們和個案開始工作，而個案在之前的治療中受到過性剝削，哪些治療策略特別重要？我們要面對哪些困難和自己的感受？

我認為，只有在分析中也考慮到性慾的象徵性特徵，才

4　原註 4：參見 Ferenczi, S. 的論述，出自〈成人與兒童之間的語言混淆〉（Sprachverwirrung zwischen dem Erwachsenen und dem Kind）。收錄於《精神分析著作》（*Schriften zur Psychoanalyse*），1970 年於法蘭克福出版。

能充分回答這些問題。這更多與個案對治療師的態度有關，事關未解決的童年衝突和父親投射。治療師和個案之間的能量叢集，超越了純粹的個人層面。在尋找個人父親的背後，個案也是在尋找原型性的父親，渴望與另一個人結合，使自己變得完整。

「很長一段時間，我把他當做神。我想，當時，我需要這樣一種他像神一樣的幻覺，因為他無論如何都不應該像我的父親那樣。」

這是對完整性的需求，是渴望成為我們註定該成為的樣子。這種希望在我們的分析工作中看來像是某種可能性。透過對治療師的投射，我們相信自己找到了靈魂嚮導、找到了心靈導師，他連接著我們和我們最深的核心，使我們最終可以在自己身上找到一個家。

「早在很小的時候，我就一直把上帝想像成一個無性的存在——一種安慰的、傳遞愛、溫暖和安全感的存在，並且能理解他所傳遞的這一切的一種存在；他像是一個超越塵世的家園，因為在這個塵世我沒有家。」那些特別喜歡把自己當成是智慧老人的分析師們特別有可能陷入自我膨脹、享受被當做神的感覺。

正是這個原型維度會成為治療師和個案的機會，或者，如果分析師不能認清自己的責任，將超個人層面的投射在個人層面盡情享用的話，會帶來醫病雙方的自我毀滅。

也許，簡單瞭解一下我們的專業背景，會有助於理解這一點。心理治療專業與醫生和牧師的指導原則有很大關聯，這些指導原則深深地植根在我們西方人的意識當中。早在兩千兩百多年前，《希波克拉底誓言》[5]就規定了醫病間禁止

5　編註：希波克拉底為古希臘時代的醫師，被後人尊稱為醫學之父，他所

性接觸。

「請阿波羅、醫生、阿斯克勒庇俄斯、希吉婭和帕納西婭以及所有的神祇為我作證，我發誓，我將盡我最大的能力和判斷力來履行這道誓言和這份職責……無論我進入哪個房間，我都將本著病人的利益和虔誠而進入；我將戒除任何隨意的不公正和任何其它的傷害，也將戒除與女人和男人、自由人和奴隸身體上的一切行為！……如果我履行了這誓言，不違背它，願我在生活和醫術上獲得成功、願我得到眾人的認可，直到永遠；如果我跨越界線，違背了我的誓言，則相反。」

在心理治療領域遵守這種自制原則的原因與分析情境的特殊性有關。在經典精神分析中，節制原則與治療態度密切相關，這種態度用佛洛伊德的話來說，是對「中立－匿名－外科醫生－鏡子」的要求。佛洛伊德的這種態度對於那些在很早年就受到心理傷害的人來說，是極其適得其反的，而且類似於再次創傷，因為對於這些人來說，分析師的中立態度會被感受為一種敵意。拋開這點，這種自制原則仍然總是被違背。佛洛伊德試圖用反移情來解釋這種違背自制原則的行為。同樣，在最近的研究中，分析師和個案之間的性親密關係也常常被描述為失敗的移情和反移情。[6]

分析情境下，無意識的活躍隱藏著很多危險。我們的女性個案們帶著她們所有的傷害和脆弱來到我們這裡後，我們鼓勵她們完全地敞開心扉、放下所有防禦，以開放的心態迎接心理轉化的過程。達爾伯格（Dahlberg）在一九七〇年

訂立的醫師誓詞被稱為希波克拉底誓詞（Hippocratic Oath）。儘管其不具任何法律上的效力，卻被視為醫師職業都應遵守的道德典範，直到今天。

6　原註5：參見 Cremerius 的文章，同原註2。

就已經指出：「治療師想要和個案上床太容易了。她們是來尋求解釋的，並對我們深信不疑。她們別無選擇。如果她們太退縮，醫病關係沒有形成，治療就無法進行。我們掌握著所有的牌。」[7] 從一開始，關係就是不對等的。分析師往回收，個案往外給。這種治療框架提供了一定的保護，使雙方不至於絕望地彼此糾纏並保持距離，以便認識舊有的關係模式，而不是一起陷入其中。

通常，治療師被看做是擁有知識和專長的人。知識帶來的優越感和更強的行動能力意味著權力；即使治療關係不再是階級性的，而是一種契約或者對話式的交流，治療師仍有權力決定治療發生的條件。他擁有完全的控制權，可以決定何時、何地、多久發生一次性行為，以及在什麼時刻結束。被性侵的女性對此感受非常強烈。

「他總是把我們性接觸的條件規定出來。他定好了時間，在要走的時候又把我推開我因為下一個個案還在等。我覺得受到格外的羞辱和傷害。總是由他來決定怎麼做的空間，而這個空間從來沒有擴大到治療的界線之外。」

對救贖的想像和對治癒的渴望也可能在治療中被喚醒，以英雄和拯救者的形象被投射到治療師身上的情況並不少見。但分析師也會把自己的拯救幻想投射到個案身上，比如說把她當做他的「阿尼瑪」（Anima）[8]。不能不明確指出分析師也有自己的錯誤態度。因此，反移情就不再只是對個案的簡單回應。分析關係會形成依賴。一般情況下，女性能

7　原註 6：參見 Dahlberg, Ch. 的論述，出自〈患者與治療師之間的性接觸〉（Sexual Contact between Patient and Therapist）。收錄於《當代精神分析》（Contemporary Psychoanalysis）。1970 年 6 月第 2 期，107-124 頁。

8　譯註：Anima 源自拉丁文，意為生命或靈魂。在榮格理論中，Anima（阿尼瑪）指的是男性內在的陰性特質。

充分意識到自己的依賴，而分析師則有可能忽視或合理化自己的依賴。在治療中受到虐待的女性，於事後回顧起來時，會這樣表達這種依賴：

「治療是我的生命，是我唯一的現實。」

「這種極端的依賴形式使我的生活更加困難，而不是更加放鬆。我的人生沒有變得開闊，反而變得越來越狹隘。」

「我只活在分析裡，也只為分析而活。」

因此，權力以及以全知全能者自居的誘惑，成了助人者行業的基本難題。[9] 過於簡單地將分析師所代表的健康和個案所代表的疾病區分開來也是危險的。在這種建構的協助下，與個案保持距離使得真正的理解和遇見被排除在外。

醫病關係的核心是個案對治療師的信任不被背叛，權力不被濫用。在治療合約中，治療師承諾將自己的願望和需求放在一邊。分析師聲明，他將盡最大努力促進個案的心理發展，保護她的健康。在任何情況下，分析師都不得濫用他／她作為治療師的地位來損害個案的利益。必須排除治療師和個案之間的性接觸，因為濫用權力的後果會導致個案病情惡化、增加對治療師的依賴，治癒的希望將嚴重受損。

因此，美國專業組織的道德準則中有一段話，明確拒絕與女性個案的性接觸，認為這是不道德的 [10]；若無視這規範會受到嚴厲制裁。在美國，女性患者無疑得到了較好的保護，成功的賠償訴訟較多，保險公司對治療她們的醫生和治療師所施加的壓力也不是沒有效果。與此相反，如克雷梅里烏斯所述，在蘇黎世以及在德國的分析培訓機構會掩蓋這類案件並保持沉默。同時，參加培訓候選人的不安全感和各種

9　原註 7：參見 Guggenbühl, A. 的論述，出自《權力：助人者的危險》（*Macht als Gefahr beim Helfer*）。1978 年於巴塞爾出版。

10　原註 8：Pope 的書中列出了每個協會有關道德準則的相關段落。

流言蜚語也非常多。

　　我在向瑞士精神分析學會（蘇黎世佛洛伊德研究所）和瑞士存在主義分析學會以及瑞士分析心理學學會詢問時得知，這些學會並沒有將美國這類明確的聲明納入其行為準則。我對以下的聲明感到格外驚訝：「我們的前提是：我們錄取的培訓學員要有很高的道德素養。與病人的性行為是不道德的，這一點在我們的社會中似乎從一開始就不言自明。」[11] 克雷梅里烏斯在上述論文中指出，對接受培訓的分析師的要求和對教學分析師的要求之間存在差異。教師的腐敗案件被默默忍受，而受訓學員則受到嚴密檢視。

　　同樣地，據三位培訓委員會的主席表示，在瑞士存在主義分析協會有一個普遍的共識，也就是：「治療師對個案任何形式的『使用』都是『不道德』的，特別是性方面的」，但是卻沒有制定任何道德準則。「明確制定這方面的準則是不是就能更完善地限制那些頻繁發生的虐待行為——經濟上的、自戀上的、性方面的虐待，對此，不同人士可能會有不同的意見，比如，我個人就對此深感懷疑。」[12]

　　我認為，治療中對高道德素養的要求和對性越軌行為心照不宣的共識，不足以承諾個案能得到充分的保護。當然，在那些制定了非常明確道德準則的社會中，所有的心理治療師都會認為：性越軌是治療師缺乏道德素養的表現。這時我會想到例如美國精神分析協會、美國精神病學協會、美國心理學協會、全國社會工作者協會、美國婚姻家庭治療協會。但在我們這裡（歐洲）也有些協會和學會的榮譽準則明確禁

11　原註9：參見1988年12月12日蘇黎世佛洛伊德研究所給本書作者的個人信件。精神分析研討會也給我發了類似的答覆。

12　原註10：A. Holzhey博士給本書作者的個人信件。

止協會成員與個案間的性接觸。[13] 在我的印象中，「政治灌輸、宗教傳教工作、性關係，特別是強制束縛都是不允許的」[14] 這樣的聲明是為了保護病人，而缺乏監管是為了保護分析師。對受害者來說，知道分析師如果無視榮譽準則也會受到各種處罰，如開除和罰款、被協會除名、失去執業許可等，是非常重要的。

性親密關係只要開始，就不能再談什麼治療。當治療師不再提供治療，而是提供自己的肉體，並渴望個案的肉體，治療師就打破了他關於無私和道德操守的承諾。考慮該職業的光明面（像太陽神阿波羅一樣），就不能不顧及它的陰暗面。我們在騙子、假先知和邪教治療團體的形象中遇到這種陰影。那些為了自己的目的而操縱個案、把個案變成物品的治療師，已經成為他們陰影的受害者。然而，這不僅和個人缺點有關，也和男權價值觀有關；它和權力結合在一起，並且沒有受到足夠的批判和質疑。很少有施虐的治療師願意在督導中批判性地研究這個個人和集體的陰影問題。在我看來，正視自己、承認自己有可能犯錯，在培訓機構中沒有得到充分的強調。

由於治療情境在心理動力學方面的特殊性，以及醫患／諮商雙方知識和權力關係的不平等，使得一些作者將治療師和個案之間的性接觸與亂倫禁忌相提並論。治療師和個案之間的性關係是違反禁忌的，它會加深現有的創傷體驗並帶來新的創傷。

13　原註 11：例如德國事務分析協會的道德準則。

14　原註 12：參見《心理治療師道德守則》第 5 條（*Punkt 5 der Standesregeln für Psychotherapeuten*），1988 年 11 月 24 日委員會的提案。

「治療師─患者性關係症候群」[15]

治療師和個案之間的性親密關係的後果與上述創傷後應激症候群之間也有驚人的相似之處。有人試圖將這種情況在臨床上的表現描述為「治療師─患者性關係症候群」。這包括以下幾個重要方面：

1. 矛盾。
2. 內疚感。
3. 隔離。
4. 空虛。
5. 注意力和專注力方面的認知障礙、閃回、噩夢、被思想和意象侵擾。
6. 身分認同障礙和界線障礙。
7. 無法信任（在依賴、控制和權力之間的衝突）。
8. 性生活中的不安全感。
9. 情緒不穩定、嚴重抑鬱。
10. 壓抑的憤怒。
11. 自殺風險增加。

需要指出的是，這些癥狀並不都是在治療師進行性剝削之後立即表現出來的，有些情況是在相當長時間之後才出現的。因此，在虐待期間，受害者很可能還沒有意識到這種經歷對他們的心理健康會產生多麼深刻的影響。

這些看似蒼白的癥狀清單背後，隱藏著無數女性的痛苦和絕望。在此，我想引用一位女性的話來為諸多受害者發

---

15 原註 13：參見 Pope 的論述，同原註 3，第 64 頁。

聲：

「我今天才知道，我與男性的經歷在我的靈魂中留下了多深的傷痕，而這種傷痕比我願意承認的要深得多。三十歲的時候，我曾經參加過一次團體動力研討會。當時，我對心理學幾乎一無所知。走出這一步的導火線可能是我對秩序和辨別力的追尋，因為我跟父親的關係讓我對父性—靈性—秩序原則產生了困惑。

在那裡工作了一段時間之後，我陷入了意想不到的無意識動盪。我只是單純地放手，完全沒有保護；只是完全出於內在的動力而做出反應。我覺得自己被小組的培訓師所吸引，他是一位經驗豐富的心理治療師，我在他面前尋求支持和保護。然而，我的解體傾向並沒有得到公開的處理，我也因為經驗不足，不敢在小組中表達自己。在研討會結束時，我只是迷茫地東奔西跑，不知道自己想去哪裡、屬於哪裡。在這種狀態下，我見到了治療師，他把我抱在懷裡。不是作為一個父親，也不是作為一個有意識的心理學家和個人，而是作為一個男人。我永遠不會忘記他的腹部是如何壓在我的身上。我就像被電到了一樣，變得更加迷茫。我再也控制不住自己。在家中與男友的親密接觸也不斷地被有關這個男人的念頭干擾。我的不安、被驅使、敏感被拉伸到了極致，我無意識中的恐懼越來越激烈，最終把我送進了封閉的精神病院。我無法形容門在我身後關上時我心裡的恐怖，那一刻我深深地感到被拋棄。感謝上帝，透過一位朋友的幫助，那次的住院只有三天。但這三天，感覺更像是三年甚至三十年那麼長。

出於震驚，我開始狂熱地尋找解釋。此外，我與治療師開始了書信交流，很快，這種交流就變得非常私人化。在事

發幾個月之後，我和男友一起去旅行並拜訪了他。我需要再次見到他，大概有兩個原因：一方面是為了感受到強烈的吸引力，另一方面是為了讓我未曾說出口的問題得到解答，滿足我對秩序的渴望，因為畢竟這個男人是個靈魂專家——另外，他還比我大十六歲。

聊完後，在送我上車的路上，他拉著我的手沒有鬆開。臨別時他擁抱的力度讓我感到困惑，從那以後，我再也無法跟男友親密接觸。回來後不久，我們就分手了，但和治療師的關係卻越來越緊密，雖然他已經結婚了。然而，我們的關係讓他更有力量，他找到了自己的出路，擺脫了二十年來不大快樂的婚姻，我們準備一起過日子。在我們非常幸福地相處了三年之後，我又參加了一個培訓班。在那裡，我再次體驗到了自己無意識的激烈、自我暫時被它淹沒，不再有任何指引。我的伴侶被這件事嚇壞了，他決定和我分開。他或多或少給我貼上了精神病和精神分裂症的標籤；我幾乎痛得發瘋，就像掉進了一個大黑洞，因自殺妄想而變得抑鬱，一時無法再生活和工作。

我今天才知道，正是這種失去摯愛父親之後難以形容的痛苦使我走上了靈性的道路，開始了對內在的探索。」

這裡引用這位現年四十歲女性的來信是想讓大家切身體會到，邊界喪失對靈魂的震撼有多強烈。

在美國，有一段時間以來，有一些團體一直在解決性剝削個案的非常具體的問題，如加州大學的「治療後支持小組」（Post-Therapy Support Group of the University of California）、紐約的「防止心理治療虐待全國委員會」（National Committee for Preventing Psychotherapy Abuse）、華盛頓的「制止治療師虐待協會」（Stop Abuse

by Counselors）、德克薩斯州的「心理受虐患者協會」
（Association of Psychological Abused Patients）等。

歷史回顧

　　如果你覺得治療中的性侵是個現代問題、是我們時代精神的黑暗面，那麼，我想提醒大家，亂倫和性剝削一樣，是治療中的老問題。自從精神分析存在以來，我們就明白界線的劃分問題。對自制的要求、禁止醫生用病人來滿足個人慾望，都是老生常談的問題。這種被稱為「防禦性的」自制觀念是為了保護醫生不要在性活動中迷失自我，忘記自己對病人真正的工作和義務。

　　我想起了最近流行的關於費倫奇的討論；他試圖給病人小時候沒有得到的愛。費倫奇是佛洛伊德多年的密友。關於創傷對神經官能症意味著什麼，他的論述和佛洛伊德在誘惑理論上的觀點一致。甚至在佛洛伊德早已撤銷了自己的論述之後，他仍然強調最親近的親屬對兒童進行性引誘的事實。「對此，有人反對說，那些是兒童本身的性幻想、是歇斯底里的謊言，但接受分析的病人們對這種（成人對兒童的）不當行為的無數供述，很容易駁倒這種反對意見。」[16]

　　在費倫奇和佛洛伊德的衝突中，治療中的性侵、分析框架內界線的混亂發揮著重要作用。佛洛伊德在分析的框架中已經非常明確地表明了他對愛和移情的態度。費倫奇接受了佛洛伊德的分析後，明白了自己以前對病人犯下的某些過

16　原註 14：參見 Ferenczi 的論述，同本章原註 4，最早發表於 1933 年，第307 頁。

失。佛洛伊德警告費倫奇，他自己的需要會讓他在病人那裡陷入母親的角色，讓自己被溫柔所迷惑，對此，佛洛伊德批評這是使徒約翰式的衝動與狂熱。

這裡，我想引用佛洛伊德一九三一年十二月十三日信中的一些細節，因為它與我們的主題有關。

「你毫不掩飾地親吻你的病人們，並讓他們親吻你……現在想像一下，你這樣的技術公開後會帶來什麼樣的後果。沒有一個革命者不會被更激進的革命者打出場。所以，很多獨立思考的思想者會對自己說：為什麼要止於一吻？如果再加上『拍拍』會達到更好的效果，而且目前還沒有人這樣做。然後，更大膽的人會站出來，採取下一步的行動，以供觀瞻和展示——很快，分析技術裡將包含所有和（有性經驗的）少婦們和寵物黨們有關的劇碼。如此技術上的成功會大大增加分析師和個案對分析的興趣。」[17]

如果我們今天回顧精神分析的歷史，就會發現，費倫奇並不是唯一一個在分析環境中難以劃清界線的人。

幾年前，卡魯特努托（A. Carotenuto）關於榮格和他的病人薩賓娜・斯皮爾萊恩（Sabina Spielrein）婚外情的《祕密平衡日記》引起了很多人的關注，也引起了人們對榮格道德操守的質疑。這本書的標題透露了這樣的資訊：這段關係已經超出了治療設定的範疇。[18]一九七七年在日內瓦發現的薩賓娜・斯皮爾萊恩的信件和日記裡，記錄了治療如何戲劇化地失去了界線。早在她住進布爾霍爾茨利診所後，在榮格作為她的治療師對她進行門診治療的時候，兩人之間就已經

17　原註 15：參見 Jones, E. 的論述，出自《佛洛伊德的生活和工作》（*Das Leben und Werk von S. Freud*）。1962 年於伯恩出版，第 517 頁。

18　原註 16：參見 Carotenuto, A. 的論述，出自《祕密平衡日記》（*Tagebuch einer heimlichen Symmetrie*）。1986 年於弗萊堡出版。

產生了激烈的愛情。至於治療出軌的實際程度、是否發生了性關係的猜測，我認為無關緊要，在關於榮格的討論中，這個話題肯定是說不完的。即使沒有這些事實，對愛情和治療的傷害和背叛也是顯而易見的。她寫道：「對我來說，那是一段可怕的日子，我不得不跟男朋友分手，與那些想奪走我理想信念的黑暗勢力作鬥爭。我真的日夜都在哭泣。」

我想挑幾個方面來弄清楚我們的分析講師們是如何將他們個人的失誤合理化的。這種合理化，我們在亂倫語境下已經知曉。一九〇九年六月十一日，薩賓娜·斯皮爾萊恩寫信給佛洛伊德：

「四年半前，榮格博士是我的醫生，後來他成了我的朋友，再後來成了我的『詩人』，我最親愛的人。最後他接近我，事情就像『詩』一樣發生了。」「他宣揚一夫多妻制，他的妻子自稱不會反對。」

起初，榮格向佛洛伊德描述自己受到引誘，是個受害者，他覺得自己被一個復仇的病人迫害和剝削。他把他們之間的長期關係稱作一種道德義務，一種保護病人免受病情復發的利他主義行為。女人是男人的誘惑者；把一切責任都推給誘惑他的病人——這只不過是亂倫話題的不同表達方式而已。

關係不對等的不適感和互換角色的願望，也許在任何分析情境下都有可能被喚醒。但只有在象徵層面來理解個案與分析師結合的渴望，真正的轉化才有可能在心靈內部發生。因此，這種驅力絕不能在「肉體」上反應和兌現，因為這將使得心理過程晦暗不明，阻礙個人化和（與分析師的）分離。

在與薩賓娜·斯皮爾萊恩的關係中，是榮格自己轉換了角色，在醫病關係中帶入了自己的需求。他在一九〇八年給

她寫道：「我，應該是許多弱者的力量，卻是最弱的。您會原諒我就是這樣一個人嗎？我冒犯了您，忘記了一位醫生對您的職責。您是否願意理解和體諒我是一個最軟弱、最善變的人？」

榮格在這封信中承認自己病了的事實，是一個真實的例子，說明失去界線是分析過程中的核心問題。佛洛伊德在給榮格的信中也提到了這個話題。他解釋，這個職業的危險之一，恰恰在於被我們治療中用到的「愛」灼傷。也許我們必須牢記，在諮詢關係中，分析師要承擔怎樣的原型能量，這一點，在分析工作的早期還很不清晰。分析師的專業權威是由「聖祕」元素來豐富的。因此，他才以救世主、英雄或眾神使者的形象出現，並透過這些角色散發巨大魅力。

直到後來，在給佛洛伊洛德的信中，榮格才能夠承認自己的罪惡感，說自己辦了一件「苦差事」。然而，就我們這裡的敘述而言，榮格寫給病人母親的那封信同樣是重要的，因為在信中，他玩世不恭地保持著這樣的態度：只要他的專業服務沒有得到報酬，他作為治療師的角色就不應該對個人接觸構成任何限制。

「當我不再把自己的感受放在次要位置時，我就從她的醫生變成了她的朋友。我就比較容易放棄自己作為醫生的角色，並且不覺得自己受到職業義務的約束，因為我從來沒有開過帳單。治療費用規定了對醫生的限制。我相信您也明白，一個男人和一個年輕的女孩不可能只停留在友好關係，而不使其它東西悄悄溜進他們的關係當中。原因在於，他們為什麼要阻止愛情發生呢？而另一方面，醫生和他的病人可以談論最親密的事情；只要病人有需要，他們可以要求醫生給他們所有的愛和關注。但醫生知道自己的界線，也絕不會越界，因為他的努力是有報酬的。這給了他必要的約束。」

這裡呈現出的是一種既不能理解為醜態百出，也不能用完全無助來解釋的態度。醫生是否能利用病人，不是看職業道德、不是看關係的性質，而是看報酬。「一個失去界線的治療師覺得，在現有的社會條件下，人與人最可靠的界線是金錢的界線。透過情感結合起來的愛，用錢就可以永遠斷開。」[19] 這種態度在現代看來就是：當治療師宣佈治療結束，不再需要支付費用時，治療師和個案之間的性行為就是被允許的。

貝特爾海姆在他對這本書[20]的評論中，為這種方法的效果辯護。「我們可能得承認，她（斯皮爾萊恩）是被她和榮格的關係治癒的。如果這是真的，那麼，不管人們給這種方法和態度起什麼名字：治療、誘惑、移情、愛、共同的白日夢，榮格的方法和態度——借助相互的愛情關係對薩賓娜·斯皮爾萊恩起作用——就是一種治療工具。」這種看法並非沒有人質疑。克雷梅里烏斯在序言中寫道，莎賓娜·史皮爾萊恩從未真正從她在榮格身上受到的傷害和侮辱中恢復過來。不過，從信中我感覺到，經歷了這一切之後，這個女人並不僅只是活了下來。她已經能夠收回自己對分析師的投射，並擺脫了分析師在她身上的投射；她已經從固著中成長，連結了自己的創造力和能量。儘管很少有女性能夠從這樣的經歷中走出，但看起來仍是有可能的。

看到現代的「像家族企業一樣的心理家族」，我聯想到心理培訓機構，並總會想到以下這類的俗語：「蘋果不會掉在離樹幹太遠的地方」，「老的怎麼唱，小的就怎麼叫」。

---

19 原註 17：參見 Nitzschke, B. 的論述，出自《性與男性》（*Sexualität und Männlichkeit*）。1988 年於萊恩貝克出版，第 382 頁。

20 原註 18：參見 Bettelheim, B. 的論述，出自〈心理學界內醜聞〉（Skandal in der Psychofamilie）。收錄於《每日公報》（*Tagesanzeiger Magazin*），1983 年第 43 期。

似乎有種想法已經悄然出現，認為分析師和個案之間發生性愛的結果並沒有那麼嚴重，因為精神分析早期的偉大榜樣們，以及今天的許多教授和教學分析師們都逃脫了懲罰。最近的各種研究甚至顯示，有治療師們對個案進行性騷擾，因為他們是由同一位教授訓練出來的，而眾所周知，這位教授習慣性地對他的女學生進行性虐待。[21]

支持治療師——個案性行為的主張

在完全不同層面的意義上，佛洛伊德給費倫奇的信仍是對的。經典技術的革命者，也是佛洛伊德所稱的激進派和獨立思想家們，沒有止步於「拍拍」個案。就像美國支援亂倫而衍生出來的遊說團一樣；自一九六六年以來，要求把治療師和個案之間的性行為作為合法治療手段的人士也粉墨登場。有一本叫做《愛的治療：病人和心理治療師之間的性親密關係》的書[22]，把性交說成是一種「治療工具」，在我看來，這是非常危險的。事實上，從現有的研究中可以清楚地看出，在涉及年輕、有魅力的女性時，首先需要這種治療「工具」。大齡有性需求的女性顯然無法享受到這種「愛的治療」。因此，巴赫（Bach）[23] 很準確地提出了這樣一個問題：「治療師是否應該與每一個『需要』他的個案發生性關係，無論這個人對他是否有性吸引力？異性戀治療師該如何對待同性戀的個案，假如這位同性戀個案對於同性治療師的

21　原註 19：參見 Pope 的論述，同原註 3，第 38 頁，但蘇黎世也有一些培訓機構以容易越界而聞名。

22　原註 20：參見 Schepard, M. 的論述，出自《以性愛治療》（*Sex als Therapie*）。1974 年於科隆出版。

23　編註：喬治・R・巴赫（George R. Bach）是位美國心理治療師。

興趣像其他異性戀個案對異性治療師的興趣一樣強？」[24]

　　即使在我們周圍，也開始有越來越多的治療形式，把治療中的性行為說成是為了促進治療。當男治療師插入個案的陰道時，他希望將其理解為「打開了陰道脈輪」。讓我印象深刻的是，儘管我對身體治療方法很熟悉，但迄今為止，我還沒有遇到一個在實踐中使用這種方法的女性治療師。而另一方面，我熟悉的男治療師們在這個領域都是非常「專業」的。

　　尤其是在身體療法中，界線非常重要，因為恰恰在這裡叢集累積著太多陰影的誘惑。由於這種能量修行往往是由大師人物頂著治癒者的光環來帶領，女性們極其難辨真假。在此，我想引用一位三十三歲女性的經歷：

　　「我和一位老師一起工作了很長時間，我認為他是我靈性上的父親。在我成長的道路上，他給了我非常多的鼓勵。我生平第一次感到自己被完全理解和接納。我全心全意地愛著這個男人，敬重著這個男人。但後來我經歷的一件事，讓這份愛有了深深的裂痕，我在分析的過程中才真正明白自己的痛苦程度和這經歷的深層含義。這個人治療他人，特別是治療女性的時候，要讓她們回歸到自己的身體，感受自己的能量流，也就是生命流。在我們認識一段時間後，我自己也有過這種待遇。我要完全脫光衣服，他用他那雙激發感受的手觸摸皮膚，到處按壓，並提出一些解釋，尤其是生殖器部位。透過之前的瑜伽經驗，我已經瞭解了很多關於能量中心等方面的知識，所以我知道學習在骨盆底部完全打開有多重要。但他結束這種治療的方式，讓我失去了距離感和內心的

24　原註 21：參見 Bach/ Molter 的論述，出自《心理爆炸》（*Psychoboom*）。1976 年於杜塞道夫出版，第 115 頁。

自由。結束的時候，他彎下腰來，讓我也可以撫摸他。而我也這樣做了，因為我發自內心地愛他。然後，他希望我可以直接叫他的名字，而不再用尊稱。最後，他送給我一幅他畫的水墨畫。那一個小時之後，我就迷糊了。我的身體反應是出血。之後，我又經歷了兩次這樣的『治療』，然後我聽從自己內心的聲音拒絕了，儘管他一直提出要『牽著我的手』。我愛這個偉大的人，沒有人比我更愛他。可惜這一關係中的死穴卻永遠無法跟他本人澄清，因為他作為老師的無限權威已經使他失去了自我批判的能力。」

治療師─個案性愛的聲援者們使用的合理化藉口和我們從聲援亂倫的遊說團那裡瞭解到的很相似，在這裡，我想舉一些例子。我引用了一部分美國文獻，因為據我所知，還沒有任何在德國或瑞士發表的支援這種性剝削形式的文獻，儘管足夠的臨床經驗告訴我，德國、瑞士的做法和美國的做法沒有任何不同。我對這方面的瞭解，也不僅僅是透過深入學習文獻獲得的；我對這個話題的敏感度也要歸功於那些信任我的女性。

首先我想引用麥卡尼（McCartney）的一部作品，他和女性個案發生性關係是眾所周知的。有趣的是，他在作品中提到了 M・鮑斯（M. Boss），而鮑斯在他的著作中沒有任何地方提到這種界線，這種允許分析師表達自己愛意的邊界。麥卡尼聲稱，根據他的經驗，百分之十到三十的個案不僅想談論與分析師的關係，而且他們需要在治療中用身體來表達這些感受。「約有百分之十的人認為需要藉由相互脫掉衣服、運用生殖器或性交等極端方式來表達自己」[25]。

25　原註 22：參見 McCartney, J. 的論述，出自〈公開的移情〉（Overt Tranference）。收錄於《研究學報》（*Journal of Research*），1966 年第 2 期，第 236 頁。

他所塑造的解放天性的分析師們在我看來是極為奇怪的，因為他所定義的解放天性包括治療師對病人的性慾做出「必要的」反應。在我眼裡看來，這是打著治療的幌子用女性個案來滿足（治療師們的）性需求。令人欣慰的是，這位分析師已經被美國精神病學協會除名。

認為性接觸的慾望來自於病人，而且這樣的舉動並沒有傷害個案，反而是分析師為了個案的利益以及為了個案的治療過程而採取行動——這似乎是種我們在亂倫語境下已經瞭解過的合理化解釋。在亂倫語境下，加害者為自己辯解：女兒們是主動的、是她們在尋求親近、完全同意這件事，父親從來沒有使用過暴力。同樣，治療師也為自己辯解，稱這是兩個成年人之間的邂逅，他們都自由地決定和對方在一起。但在現實中，無論是孩子還是當事人，都無法自由同意發生性關係。雖然個案可能比孩子更瞭解性的意義，但醫病關係總是由某種片面的情感依賴來界定，排除了真正的自由。

就像人們常說的，父親對女兒的性啟蒙對於女兒的性生活是有益無害的，也有足智多謀的治療師提出性治療是首選療法，尤其是在滿足他們自己的性趣和需求的時候。

治療師並沒有給個案提供一個治療管道，讓她真正獲得自由，而是把個案固定在自己身上；是他有神奇的力量喚醒她成為一個女人的氣質，讓她更妥善地感受自己的身體。但是，即使女性給人的印象是她的女性氣質已經覺醒，這種新的女性氣質往往也不屬於她自己，而是屬於擁有它的人。

我還發現一些令人堪憂的研究，這些研究報告了所謂的性行為在治療中的積極作用，特別是當這種積極作用所佔百分比相對較高的時候。這樣的結果讓我想起，有人試圖把亂倫說成是對發展特別有利的事情。批判性地閱讀這些研究是很重要的。這些數據是基於治療師的評估，還是真的是患者

的自我報告？這些研究來自哪個陣營？時間因素也很關鍵。有可能在與分析師發生不正當關係時，被詢問的女性還無法評估這種糾葛的長期後果。要想正確評估這種情況，需要非常長的時間跨度。此外，我們在和亂倫受害者的工作中瞭解到，女性多年之後仍然不能將虐待看作是性剝削，也不能允許自己有這樣的感受，因為這麼做的破壞性太大。即使所有的渴望、夢想和希望都變成了巨大的幻覺並呈現出原形，她們往往仍然袒護著父親——治療師。有一位女性問自己這樣的問題：

「我為什麼要站在一個如此折磨我、不顧我的感受、踐踏我的尊嚴的人的一邊呢？是對美好時刻的回憶嗎？是因為那些他給我的、我從他的眼神和觸摸中感受到的溫暖嗎？——是否這些讓我不得不沉默？我是不是要感激那些溫柔，是那些溫柔讓我覺得自己是個女人？有意識地去傷害我深愛的人，讓他受傷，我不是就完了嗎？」

由於女性們認為發生性關係是自己的錯，這也會讓她們對治療中濫用權力的後果產生扭曲的印象。「是我想要他。為了得到他，我什麼都做了。」——這句話我聽過好多次。然而，我想再次指出，無論個案的行為如何，跨越性界線的責任最終還是在治療師身上。

亂倫者和性虐待治療師

這兩類加害者有很多共同點。在關於性虐待的文獻中，我們總能讀到，發生亂倫的家庭往往表現出錯亂的互動模式，並出現角色顛倒。父親「必須」出於自身在情感上的巨大缺失以及男權社會化，而轉向女兒，讓她來彌補一切不

足。於是，女兒成了父親的母親。她的角色是要比別人更瞭解孤獨的、不曾被理解的父親；她關心他、猜測他的需求並及時滿足他。在類似的角色中，我們可以發現治療師在治療過程中也漸漸地偷渡了一個類似於角色反轉的情境。他越來越多常始談論自己的矛盾，最初是為了說明問題，後來是出於讓自己感到放鬆的需要。說話的不再是個案，而是治療師。個案成了一個細心的傾聽者，這對治療師來說變得越來越重要；個案成了唯一一個真正理解他的人。雖然她的治療師，這個無法觸碰到的理想化男人，突然有了人性的一面讓她一開始感到驚訝，但個案自己的抑鬱情緒消失了。現在，她覺得自己的生活有了新的意義，因為她被需要。

在這階段的治療中，治療師仍然可以聲稱自己是在公認的人本主義心理學的框架下表達開放性和真實性。他可能也會因為讀到了「治療中發生的一切都是關係，而不是移情」這樣的表達，而感到欣慰。在他看來，自我揭露只是為了發展更完整的關係形式。個案有了明顯的積極變化，使治療師相信他的行為是正確的。透過這個善解人意的傾聽者的新身分，個案也感覺到自己的價值和力量；她自己的問題已經退居幕後。幾乎在不知不覺中，兩人都走向了越來越親密的關係。既然他們之間的親密關係是如此的明顯，那麼，在靈魂伴侶和身體上的親密表達上設置界線，顯得多麼矯情！

我希望這樣的描述能讓大家清楚地認識到自戀型人格障礙嚴重的治療師有多危險。畢竟，治療中的性侵往往主要不是關於性，更不是關於愛和治療，而只是關於依賴關係中成癮性地尋求得到肯定、缺乏內在的被接納或享受權力。這些治療師已經失去了與個案真正的聯繫，他們在治療合約之外行動，並且已經違背了他們最初承諾的一切。

一直以來，我都被那些報告自己每天工作十幾個小時

的同事們嚇到了。我怎麼可能在這樣的情況下，在分析中保持活力？社會無能和交流障礙，再加上受挫的依賴需求，這些在治療師和亂倫父親中很常見。當治療成為了生活的替代品，當服務對象是唯一可以建立聯繫的人，那麼濫用的危險就很大。如果個人生活已經不復存在，不能再給我提供足夠的滿足和平衡，我就要利用我的個案並借用他們的人生。在我看來，如果我在治療工作的狂熱中，陷入了成為一個偉大的治療者的宏大幻想，這整件事也是是有問題的。

就像相關研究想要給亂倫父親做出性格定位很困難一樣，描述典型的施虐治療師的性格特徵也很難。我在這裡只簡單回顧一下對亂倫父親性格定位的各種嘗試，列舉一些關鍵詞：自戀型人格障礙、自己童年被遺棄的經歷、依賴性需求受挫、缺乏男性認同感、低自尊、共情能力缺失、衝動控制能力弱、挫折耐受力低、社會無能、偏執、嫉妒態度、缺乏自我批評、內疚感和自責感，以及諸如否認、合理化、指責等強烈的防禦機制。

對性侵犯罪的治療師人格的研究還處於起步階段。不過，從已經知道的案例中，我相信可以發現這兩種犯罪者的情況有很大的相似之處。從治療師的嚴重性格障礙來看（在我看來，如果在職業生涯中反覆對幾名患者進行性侵，和／或採取明顯的虐待狂態度對待患者的情況下，這是很明顯的），許多治療師都表現出自戀癥狀。強迫性重複因素在這兩組中也起到了一定的作用。顯然，治療師們所做的是自己童年時遭遇的事情。一旦自己被虐待，就會再次成為虐待者。童年創傷一再重複的特殊性，我們在前面的章節已經介紹過了。在此我得提醒大家留意愛麗絲‧米勒所說的：「與民眾的看法相反，一個人所經歷的不公正、屈辱、虐待和強

暴並非沒有影響。」[26]

精神分析的解釋假設了患者對母親有強烈的仇恨，這種仇恨會不自覺地表現在與患者的性接觸中；這是一種遲來的報復行為，經由這種發展，治療師最終戰勝了母親。

驚人的是，這兩類人用的防禦機制也是相同的。這裡我想到的是典型的投射和推卸責任。

美國頻頻發生的心理治療師違背職業操守的損害賠償訴訟非常清楚地表明，女性主動誘惑的神話絕不是消亡了，而是成為了一種極方便的、受歡迎的工具，來維護（治療師）自己的清白。就像在亂倫審判中，加害者將女孩描述成一個挑逗的蘿莉塔（Lolita），其早熟的誘惑力連最正直的父親都無法抵擋一樣，在法庭檔中也一再出現精神科醫生和心理治療師的證詞，認為這只是一次性的不當行為，並且，是女個案將整個治療色情化，挑起了誘惑。

在為性侵行為辯護的合理化理由中，排在第一位的理由是——聲稱這是「愛情」。加特雷爾（Gartrell）和赫爾曼在研究中談到，百分之六十五的治療師將愛作為核心動機。這其中，百分之九十二的治療師認為患者愛他們。[27] 不再沉默的亂倫受害者們在個人經歷報告中也提到，父親曾經悄悄對她們說，這一切都是出於愛，所以是非常特別的事情；他只跟她分享，因為他只愛她。治療師們在被要求交待罪行的時候，也喜歡在證詞中用愛和深切的靈魂伴侶來描述，而且這些在治療中已經得到了證明。

即便是性剝削也要用愛來解釋。阿芙蘿黛蒂在治療環

26　原註 23：參見 Miller, A. 的論述，出自《起初說是教育》（*Am Anfang war Erziehung*）。第 285 頁。

27　原註 24：參見 Gartrell/ Herman 的論述，1986 年出版，第 1128 頁。

境中的作用是為了將事件神祕化，使其變得可以原諒。[28] 然而，正是因為沒有愛，他們才會如此傷害性、破壞性地使用自己的權力。

我想引用赫希提到的一個治療中的案例：[29]

「……治療師曾聲稱病人是第一個也是唯一一個他愛上的人，他完全依賴她，這是種深深的愛。他經常約她在咖啡館或餐廳見面，在那裡他說出自己的煩惱。頻繁的性接觸是在治療室中進行的，對於這些接觸，他繼續收取約定的治療費，因為性對女病人來說也是好事。治療師已婚並有子女，沒有考慮和患者有進一步的發展。不過，患者在這個案例中的作用也不容小覷，她並不喜歡這樣的同房接觸，而更享受在長時間的交談中看到治療師的弱點。出於抑鬱與依賴，治療師經常要求見她，這讓她有一種對他的權力感。」

無論患者本身的因素在這其中佔多大比重，都不能免除治療師得獨自承擔越界責任的事實。在我看來，罪咎感的歸咎完全是不合適的，根本不應該免除治療師的罪責。赫希從他的臨床實踐中舉出了第二個例子，這也可能導致一個危險的、錯誤的結論。這個例子是：

「在一個案例中，這位心理治療師沒有徹底完成治療師培訓，卻玩世不恭地以病人得到的『母乳太少』為由，為自己利用病人來口交的行為辯護：現在病人有可能得到了（口欲期）補償。」

這個心理治療師沒有經過完整的培訓，我覺得是有問題的。事實上，訓練水準根本不能擔保克制。法國的一份研究

28　譯註：阿芙蘿黛蒂（Aphordite）在希臘神話中是代表愛情、美麗與性愛的女神。這裡指治療師把治療中的性侵解釋為愛情。

29　原註25：參見 Hirsch, M. 的論述，出自《真實的亂倫》（*Realer Inzest*）。第 157 頁。

報告明確指出，分析中的性越界主要發生在知名的、有經驗的分析師身上。

在我們培訓機構的課程設定中，克制和虐待的主題即使有，也只是略有提及。我所知道的案例，無一例外都是接受過全面培訓的治療師。即使是美國的研究也證明，他們都是比較成熟的分析師，一般都在四十歲以上，他們往往還擔任教學分析師。如果讓人覺得只有年輕的、培訓得很差的治療師才傾向於越界，那就會產生誤導。

無論是亂倫還是治療中的性虐待，沉默都是其中一個非常核心的條件，可以說沉默確保了性侵得以繼續進行，正因為此，女兒通常都不會知道父親對其他姐妹們的「愛」也是這樣的。在沉默之牆的背後，個案還停留在一個錯誤的想法，也就是她是唯一一個與她的治療師沉浸在這種特殊關係中的人。當她得知，其他人跟她的分析師有同樣的關係之後，這些女性的失望程度只有經驗過的人才知道。只有經驗過的人能體會到這種關於愛情，關於一種獨特的、唯一的靈魂伴侶的論點，有著怎樣的說服力，而這種說服力根本不受正規的職業法規的限制。

這是可以想像的：有的治療師會成為自己合理化的犧牲品，在自欺欺人的情況下，一開始他們真的會告訴自己，自己之前還從未對任何一個女人產生過這樣的感覺。從這裡很快就可以跳到這樣的觀點：即對這個女人的治療其實只是走向個體化道路上的一個陪伴；這不是一個真正的病人，而是一個在意識發展上已經走出很遠的女人，往常的治療規則對她不適合。有見識的治療師甚至可能手頭有歷史資料可以參考，如著名的分析榜樣也曾與個案發生過愛情關係，最後走進了婚姻。

有人認為，走進婚姻是治療中發生性越界情況下一種

圓滿的結局。「如果這不是一個剝削的問題，而是一個嚴肅的、『成熟的』愛情關係的問題，那麼，分析師和病人——應該結婚（Schindler,1982）」[30]。但這裡還是可以提出這樣的問題：走上這條路的著名精神病學家和分析師是否也是他們未解決的「反移情」的受害者？馬莫爾（Marmor）也認為，在這種情況下，治療師最終沒有履行他對該女子作為病人的主要責任。

有觀點認為，即使這（治療越界）不是一個關於移情的問題，而是真正的對關係的渴望、是人的真實反應，也必須放棄。

波普（Pope）[31] 和布胡索斯（Bouhoutsos）[32] 在書中描述的治療師和個案之間非同尋常的關係模式，也讓我想到了亂倫。這裡，我想引用作者舉的一個虛擬例子，因為它指出了治療師和虐待父親在行為上的相似之處。

史蒂夫認為自己是一個特別敏感、善解人意的治療師，而他的病人特麗莎也很欣賞他，因為她是那麼的溫暖和溫柔，跟他冷漠和疏遠的母親正好相反。特蕾莎在這個世界上一直覺得很孤獨，更何況她三歲時父親就去世了。她以前的感情經歷總是在短時間內失敗，所以她把所有的希望都寄託在了和史蒂夫的治療上，以便讓她學會更好地因應生活。她非常高興在這個治療師身上找到了一個能夠如此充分地滿足她對溫暖和接納之無盡需求的男人。在治療過程中，她感覺到想坐在他的腿上，讓他強壯的臂膀保護她。在這個環節中，她要表達這種渴望並不容易，史蒂夫如此積極和肯定的

---

30 原註26：參見 Hirsch 的論述，出處同原註25，第159頁。

31 編註：肯尼斯・S・波普（Kenneth S. Pope）是美國心理醫師與作家。

32 編註：賈桂琳・C・布胡索斯（Jacqueline C.Bouhoutsos）是美國作家，代表作為《治療師與病患間的性親密》（*Sexual Intimacy Between Therapists and Patients*）。

反應讓她很驚訝。雖然她覺得離實現自己內心深處的願望是如此之近，但一種奇怪的恐懼卻悄然而至。她猶豫了一下，但史蒂夫用他一貫平靜的方式安慰她，並解釋說，「情緒矯正體驗」是治療的重要組成部分。對她來說，他將成為支持她發展的人；作為一種角色，他代表著她從未體驗過的充滿愛和關懷的父母。他還介紹說，曾經有位出色的治療師將治療情境描述為「抱持的環境」，即被抱持的地方。最後，他還提到科學研究表明，撫摸是人與人之間交流的重要部分。特蕾莎被說服了，她感覺自己就像一個坐在他腿上的小女孩，溫暖而有安全感。史蒂夫撫摸著她的頭和後背，她完全放鬆了，感覺很好。當他開始撫摸她的雙腿時，她感到困惑，並被奇怪的、她無法歸類的感覺困擾。恐懼和害怕讓她變得完全麻木，她已經不能說話，不能動彈。她全身變得完全不敏感，但她還是聽到他那熟悉的、溫柔的聲音在對她說話。他表示想離她更近，想不穿衣服抱住她：任何東西都不應該妨礙他們的親近。

　　她終於離開了諮商室，卻不知道到底發生了什麼，感到迷茫和沮喪，直到下一個治療時段之前，她幾乎無法正常工作。而他還是一如既往的慈愛和平靜，向她解釋說，她要相信他，因為他要用愛的新體驗來代替她和父母的所有痛苦經歷，而在這體驗真正發生之前，還要很久的時間。雖然她很討厭要脫光衣服的情形，但她還是任由這一切發生，因為只有這樣才能被他抱住。沒有了這種被人抱持的感覺，她就會覺得自己被摧毀了、無法生存，感到空虛。

　　我如此詳細地再現這個例子的原因，是想說明治療中的性虐待看起來究竟是什麼樣子。在這裡，人們對安全感的自然需求、對親近和舒適的深層的兒童般的渴望原本與性無關，卻被治療師利用，來滿足他自己的性需求。

一位女性描述了這樣的經歷：

「早在很小的時候，我就看著鏡子裡的自己，問這面鏡子，為什麼我在任何地方都感覺無家可歸。我是個像孩子一樣依賴治療師、愛著他的女人，在尋找一個我未曾擁有過的家。我得到了一個虛幻的家，裡面卻充滿了困惑、內疚、恐懼和痛苦。」

這種情況與家裡的孩子感到不被母親理解，只能從父親那裡尋求親近感的情況類似。慈愛的父親會舒服地給她撓背、在床上拍著她睡著；當小傢伙絆倒了，他會吻去她的眼淚。而有些父親會要求奇怪的東西，並且不允許任何人知道。他可能也會給她讀一些美好的故事，但會要求回報。這樣一來，孩子、個案就會學到，任何事物都有它的代價；要想獲得親近和安全感，就必須用身體來付出代價。

性虐待並不總是發生在愛和理解的外表下。跟父親在佔有女兒時的威脅、法醫機構報導的對兒童的性暴力類似，當女個案不願意時，治療也會有暴力傾向。我在書的開頭曾指出，有一種觀點認為亂倫是強暴。麥斯特（Masters）和詹森（Johnson）[33]在一九七六年提出，治療師如果利用自己的權力、利用分析情境中產生的親密關係進行性剝削，應以強姦罪起訴。古根布爾（Guggenbühl）[34]在《權力：助人者的危險》（*Macht als Gefahr beim Helfer*）一書中指出了性作為權力和破壞欲的表現形式。破壞欲驅使下的性會逼迫人強

33　編註：麥斯特與強生（Masters and Johnson）是由威廉・麥斯特（William H. Masters）和維吉妮亞・強生（Virginia E. Johnson）等兩位美國性學家組成的研究小組，他們在 1957 年至九〇年代間進行了人類性反應的特性、以及性障礙的嶄新診斷和治療方法等研究，是相關研究中的先驅。

34　編註：亞道夫・古根布爾・克雷格（Adolf Guggenbühl-Craig）是位瑞士精神科醫師與分析心理學家。

迫性地想要無休止地得到滿足。而且這種破壞涉及到雙方。剝削女個案的分析師，在人性和專業方面破壞自己，而女個案則成為自己和治療師陰暗性行為的受害者。分析師的陰暗面裡也總是叢集著個案的陰影。也就是說，雙方都陷入了自我毀滅癮頭上。

來找我治療的女性也讓我警覺到另一種模式，這是我從亂倫治療中知道的。我說的是治療師的一種特別普遍的態度：他們會正式結束治療，以便在下週與個案開始性關係。他們認為現在已經進入了完全不同的階段，但又利用治療中的資訊；以愛人自居，並聲稱自己能夠治癒所有的問題，尤其是性方面的問題。通常在這樣的情況下，治療師甚至是推動治療結束的人，並說現在基本的分析工作已經完成，要開始進入另一種形式的關係，然後，這種關係很快就會顯現出只有性愛、而不是關係。

這種行為讓我想起那些鼓勵女兒儘早自立、搬出家庭、出去找房子住的父親。他們真正關心的根本不是女兒的自主性，而是認為如果女兒不再生活在這個家庭中，亂倫會更合法。寄宿學校和親戚家的住宿似乎也為一些父親提供了一個合適的藉口，好不受阻礙地繼續佔有他們的女兒。但是，正如女兒即使生活在其他地方，也不會停止當個女兒一樣，治療師和個案之間的不對稱關係，也不會因為兩人在治療框架之外相遇而停止。

在一項關於全美國的精神病醫生和病人之間性接觸的研究中，加特雷爾和赫爾曼[35]引用了多位作者的觀點；他們在演講中（有些演講至今仍未發表）明確指出：排除性親密關

35　原註 27：參見 Gartrell, N./ Herman, J. 的論述，出自《精神科醫生與病人的性接觸》（*Psychiatrist-Patient Sexual Contact*）。第 168 頁。

係是諮商雙方第一次見面開始起就該確立下來的條件，即使在治療結束後也不應該解除。這與一種道德契約有關，它界定了治療師不可推卸的義務。即使在治療結束後發展出了友好關係，也必須始終把個案的利益放在關係的中心位置，因為治療師必須保持開放的態度，以便因應在以後的某個時間點、再次作為治療師出現來解決緊急情況。即使治療結束，這種不平等和不同的權力分配和依賴性也永遠不會消除。

當然，執著於這種不對稱關係也會呈現出神經質的特徵，而這樣只會阻礙真正的親近。在我看來，治療師是否一定要始終處於可諮商狀態也是個問題。畢竟，在下一階段的旅程中，還有其他治療師可以陪伴個案。對於個案和治療師來說，放手是非常核心的東西，這觸及到死亡的話題。「離開，總是代表有些什麼死去。」（Partir, c'est toujours un peu mourir）

上面提到的兩位作者顯然認為，治療停止後，移情並不會簡單地結束。分析師的移情和反移情，同樣如此。把愛和婚姻當成是例外，用這一點來為自己辯解，主張性接觸應該被允許等等這些說辭在以上兩位作者看來，都是「天真的浪漫主義」，或者說是對治療關係的本質認識不足。無意識的過程，包括移情，是沒有時間限制的，所以不可能有截止日期──過了這個日期就可以發生性關係。

當然，這種爭論是在精神分析理論形成的框架內進行的。如今，對於分析情境中兩個人之間發生的事情，也有其他觀點，這些觀點不再使用移情一詞。從對話──溝通的角度來看，那些躲在移情背後的分析者，好像躲在保護罩後面，被認為是正襟危坐、人性上沒有得到充分發展的。當兩個靈魂相遇的時候，沒有人不被移情和反移情影響。負責任地對待這股力量需要有深沉的人性、要尊重對方。不過，我

不想在這裡討論治療是什麼或應該是什麼，而是要提醒大家注意一個問題：為什麼亂倫受害者在治療中特別容易再次受到性剝削。

亂倫受害者和遭受性剝削的個案

小時候被父親性侵過的女性都知道，她們深深地渴望重新找到不濫用信任的父親、尋找那個不一樣的父親；在這個父親的鏡子裡，女人終於可以感受到被接受和被愛，而這段過程往往具有奧德賽的特點。渴望最終被治癒的強度，以及渴望在一段超越背叛、促進自信和充分被認可的關係中成長的強度，讓這些女性特別容易失望和變得脆弱。苦難如此之大，個案終於在分析師身上重新找到了自己失去的父親、遇見自己的母親這種內心需求如此強烈，以至於治療師往往無法做出真實的評估。父親情結會給分析師帶來巨大的能量，並為女性的精神生活產生壓倒性的影響。榮格已經表明，父親情結宿命般的力量來自原型。這就是為什麼個人父親的形象中包含了那麼多的魅力、這就是為什麼在經歷了父親魔性的一面之後，對父親神性一面的渴望會被喚醒的原因。上師和分析師成了這些原型式渴望的載體，他們因此變得自我膨脹；在與投射在他們身上的神的形象合而為一時，他們會變得非危險。

兒時受虐的女性一直無法從父親意象中自然脫離出來。失望、壓抑的憤怒、恐懼和無助使她們固著於對依賴的需求。她們的自我還沒有發展到這樣的程度，也就是即使在恢復舊有依賴性的情況下也可以為自己設定一個邊界。在兒童時期，他們學到的不是自主性和自己決定自己的命運，而是

被征服和由他人來決定自己的命運。還是一個孩子的時候，這樣的女性就已經知道了自己是受父親擺佈的，她沒有權利說「不」，也沒人過問她的需求。童年意味著只能被動地接受一種情況，即使是一種無法忍受的情況。所以，女性往往不會想到，如果她們覺得自己不被理解，就可以離開分析師。在治療中反覆出現同過去的依賴情況，如感到被別人擺佈、感到無助，也會使舊有的行為模式重現。女性們再次覺得自己就像昔日的孩子一樣，不得不屈從於分析師的權威，就像父親曾經擁有的權威一樣。

因此，即使在親近已經變成危險的親近時，這些女性仍在接受治療。有時候，即使是破壞性的親近，似乎也比什麼都沒有好。在絕望和孤獨中，哪怕是負面的情緒反應也是一種回應，一種關懷，一種存在的證明。

我經常有這樣的體會，女性想不惜一切代價挽救與分析師的關係。出於她們熟悉的解離生存機制，分析師被分裂成兩半來體驗。一方面是分析師善良、理解、愛的部分，另一方面是分析師剝削的部分。而個案要對這陰暗面負責：她為引誘分析師而感到內疚，並確信她自己要對治療中失去界線負責。

另一種維護「愛的分析師」幻想的方式，可能是到為關係上的陰暗面無關緊要。比如說，女性根本沒有意識這是一種反覆的虐待。另外，再次陷入被剝削狀況的羞恥感和冒犯感也會讓女性心生抵觸，不願意承認自己再次受到了創傷。

亂倫受害者對這種剝削保持沉默有很多原因。孩子怕被看作是騙子而受到批評，也怕被認為是自己有罪。在治療中再次成為（性）虐待受害者的女性似乎也有類似的感覺。她們為自己「參與其中」感到羞愧，擔心沒有人真正瞭解這一切是如何發生的，以及為什麼會發生。這些女性已經學會了

像孩子一樣保持沉默，分析師因此可以很放心，他的不當行為不會被公開。這些女性還特別容易接受治療師的威脅，如果她們對他採取行動，他就會自殺；他生命的一切都由她們的沉默來決定。分析師往往還使用這樣的施壓手段：說她們的心理太脆弱，根本承受不住法庭上的考驗，會在法庭上崩潰，沒有人相信他們歇斯底里式的爆發。

想一想我們現在的法庭是如何運作、在多大程度上是由男性主導的，就不難發現，女性也因為這個原因不願意再被打上烙印。此外，和被父親性虐待的女性類似，也和與父親有著非常矛盾的關係的女性類似，被虐待的個案也不會體驗到她的治療師是邪惡的、或者只是個強暴犯。一些女性最開始把和分析師的性接觸描述為她們生命中最深刻、最扣人心弦的體驗：「仿彿是上帝把我帶走了。」與分析師之間的聯繫也常常會因為他的一句話被煽動而變得更加緊密，比如，他會說他需要這位個案，沒有這位個案他就活不下去；這種關係非同一般，是上帝的恩賜。

在這裡，超個人能量的聖祕（numinosity）被分析師用來滿足了個人的需要。

為什麼治療會再次變成亂倫受害者的親密關係陷阱，原因是多方面的。我想到了之前已經提到的區分親密關係和性愛的困難。如果在童年時，親近就只能以性的形式來體驗，那麼，想要接近分析師的渴望也會以性的形式出現。

因此，分析工作的內容應該是：當個案向分析師尋求性愛時，要明確了解這到底和什麼有關。在性慾的背後，隱藏著一個女人想要被看作是一個人並被接受的需要。她在尋找一種接納和認可的形式；這種接納和認可必須來自分析師內在的女性氣質。性反應是一個錯誤的答案，它既不能治癒個案受傷的女性氣質，也不能治癒她作為人的存在。

後續治療的問題

　　美國的研究表明，性虐待女性受害者的奧德賽之旅並不會在發生性剝削的治療後終止，大多數女性都會尋找另一位分析師，所以問題就來了，當我們與之前在治療中受到虐待的女性一起工作時，要注意些什麼？

　　同樣，正如亂倫受害者在和分析師建立起足夠有承載力的信任關係之前，不會在分析過程中談論亂倫的創傷一樣，在後續治療中，可能需要很長時間才會發現前任分析師的性剝削行為。我認為，這是分析過程中非常重要和微妙的時刻，因為個案現在特別脆弱，所有的舊傷口都已經被打開。這些女性們描述，在打破沉默之後，她們感到被揭穿，常常被恐懼淹沒，害怕現在會發生可怕的、不可預見的事情。現在，細心的陪伴比以往任何時候都重要。這裡的核心問題仍然是信任。個案能不能確信分析師，相信她所說的是事實，會耐心傾聽，而不是立即做出判斷和診斷呢？治療師真的對發生的事情持開放態度，而沒有偏見嗎？治療師能不能承載得起如此殘忍的事實，而不是躲在專業術語的背後，讓性剝削看起來不那麼具有威脅性？是否能尊重個案的需求，只透露個案承受範圍內的資訊，還是治療師試圖從這個女性身上引導出更多他／她認為重要的資訊？是讓個案自己來決定何時、如何工作這個課題，還是治療師把自己的節奏和信念強加在她身上？每種形式的壓迫都是一種新的越界。治療師們一定要注意：不要忘記了自己的角色，變成了法官。當角色混淆，治療師把自己當成法律顧問時，狀況總是很棘手。如果與其他專業人士討論法律方面的問題，會更有幫助，這樣就不會出現角色混淆的問題。

　　治療師和個案之間的性親密關係的後果是致命的，再怎

麼強調都不為過。一般情況下，尋找心理醫生似乎是個案唯一的生存方式、是治癒失去了的靈魂的最後嘗試。

「我之所以離開他，是因為我再也忍受不了這種痛苦。我在自殺和重新嘗試生活之間做出了選擇。我選擇由分析師陪伴，繼續前行。」

個案同時擔心自己會再次被虐待的不信任感不會完全消除。治療師必須非常明確地指出：性親密行為是被排除在治療之外的、治療中身體接觸的界線是清晰明確的，且這些約定對雙方都有約束力。

在我看來，治療師坦誠地說出自己在治療中對性虐待的感受尤為重要。因為如果他／她們無法面對職業的陰暗面，如果對（虐待個案的）同事的體諒阻礙了他／她們面對事實，他們就會要求女性（個案）放下過去，專注於此時此刻。這很容易讓人聯想到亂倫問題。治療師出於自己的童年創傷來決定是否可以討論和處理某個話題。在治療中，治療師能承受得了多少，才能允許多少創傷被提及。

當然，完全不同的反移情反應也是可以想像得到的。在對女同事的督導中，我注意到，性虐待治療師們會引發憤慨和盛怒。伴隨著對受創個案的強烈認同，在這種憤憤不平中，女治療師往往會陷入瘋狂的反應、試圖勸說個案對治療師提起訴訟，而沒有充分尊重個案的矛盾情緒。有責任心的治療師出於憤怒、震驚和道德上的憤慨，會對個案施加壓力，要求他們起訴施虐的治療師，但這麼做的風險很大。出於責任感而呼籲保護其他女性並防止她們遭到性侵的情況也並不罕見，但只有在治療師真的對這項行動負責的情況下，才有可能進行。

雖然這些反應很有同理心，但一定要以個案的利益和意願為唯一出發點。要尊重她的決定；她要自己決定如何處理

對既往治療的矛盾感情，否則，其它做法就等於造成再次創傷，因為又一次跨越了界線、個案的自主性再次被忽視。

個案在徹底審查過自己的動機之後，是否願意採取報案的行動，仍然是一個非常私人的問題。對某些女性來說，為了不再感到自己是一個無助的受害者，這是必要的。很多人只有透過這些正式程序才能體驗到，侵犯真的發生在她們身上。她們需要這種有效性。還有些人則感覺，不這麼做就無法從治療師的魔爪中解脫。受害者各不相同，動機也各不相同。報案可以是報復，也可以是為了讓自己以後不再被剝削、深思熟慮之後的舉動；可以是一種自我主張；可以是對無力感和無助感的反抗；也可以是為了讓其他女性、姐妹同胞們免受自己所受之苦而採取的行動。我也遇到過一些女性，她們擔心自己無法承受告發帶來的心理壓力，覺得保護自己更重要，以免在公眾面前再次受到創傷。

許多女性的感受是，在接下來的治療中，把自己的經歷說出來、被理解更重要。她們不相信法律程序能幫助她們處理自己的經歷。弄清楚在她們之前的治療中到底發生了什麼、這段經歷對她們的生活有什麼意義，對她們的人生似乎更有幫助。這就是為什麼在後續治療中，必須回到那個脫離了治療根本、其它東西悄然開始的所在。

一位治療師在得知同事有性行為不當的情況下，是否應該向專業協會報告這些案件的這個問題在美國引起過激烈的爭論。對一千四百二十三名精神科醫生的調查顯示，他們治療的病人有百分之六十五在之前治療中受到過性虐待。這些精神科醫生描述，在百分之八十七的病例中，這些性虐待的後果是有害的，儘管美國精神病學協會的道德準則中有這麼一段話：「我們要求醫生對那些有欺詐行為、不稱職或道德不健全的同事採取行動」，但只有百分之八的人檢舉了他們

同事的這種虐待行為，[36] 這種明顯壓抑的原因是多方面的：要對治療中獲得的訊息進行保密，即出於職業的沉默義務而不採取任何行動；不願意同事名譽受損以及保護職業聲譽的需要；害怕遭到報復等等。

加特雷爾和赫爾曼的研究[37] 提醒我們注意一個非常令人憂心的情況。在受訪的男女精神科醫生中，男醫生們有很多女性個案，而這些女性個案在之前的治療中被男治療師頻繁性剝削。而更令人不安的是：那些承認自己是加害者的治療師，最常和那些曾經在治療中被性剝削過的女性一起工作。以這些女性在自身強迫性重複的驅使下，不自覺地再次尋找治療師，並在那裡繼續扮演受害者的角色的行為來解釋性剝削的發生，是非常輕率的。這樣的解釋在我看來非常有問題。我認為，這更像是個案的一種嘗試，想要在經歷過傷害的地方去體驗療癒；去尋找那個真正的、不濫用權力、承諾提供保護、並信守承諾的父親。也有一些女性根本無法想像自己作為女人的生命具有任何意義，因為她們在童年體驗到的唯一的「照料」始於父親。在我看來，更有可能是施虐的治療師，為了緩解自己的壓力、為了證明自己不是孤身一人越界，比起那些在治療中不存在施虐問題的治療師，更傾向於詢問個案之前在治療中被性侵的情況。我們也可以想像，同事們互相明白治療中的性親密是怎麼回事，並將「跟自己有關」的病人轉診給那些能理解自己的、並能出於理解進一步幫助自己的同事。

這裡，我不想進一步討論舉報的義務，儘管該領域迫切

36　原註 28：參見 Gartrell, N./ Herman, J. 的論述，出自《預先治療》（*Preporting Practices*）。第 289 頁及以下。有一段話是這麼說的：「醫生應誠實地與病人和同事交往，努力揭露那些在品德或能力上有缺陷的醫生，或有欺詐或欺騙行為的醫生。」
37　原註 29：同上，第 289 頁。

需要深入討論和研究。

在我看來，目前最重要的，是提高公眾對治療機構以及機構中性剝削事實的認識，並採取措施改變這種狀況。然而，我們必須小心，不要成為我們對施虐同事陰暗情感的受害者，不是自以為是、對他人的失誤幸災樂禍、憤慨、震驚、八卦、對醜聞感興趣，而是要對那些陷入我們職業陷阱的人表示同情和憐憫，清楚公開這道德禁忌和職業禁忌時可能有的情感反應。我們需要做的，不是排斥肇事者，而是要有一個開放的氛圍，讓實行性剝削的治療師們能夠尋求幫助，來面對他們自己的脆弱和情感糾葛。

由於施虐的治療師和亂倫犯罪者有相似之處，面對這些治療師我們的態度也表現出缺乏自我省思、洞察力和責任意識等特徵。遺憾的是，我們的培訓機構所營造的氛圍並不提倡公開透明，而是更傾向於變通和隱瞞。這也是為什麼幾乎沒有人在執業幾年後再次充分利用做個人分析的機會，來瞭解自己新產生的盲點。[38] 因此，必須用額外的法律和專業措施來施加一定的壓力，以保障個案免受剝削。

38　原註 30：參見 Cremerius 的論述，同第五章原註 2，出自《節制最大化與現實》。收錄於《沙發上的誘惑》。弗萊堡，1988 年，第 182 頁。

參考書目

1. 一般文獻

1. 一般性文獻

Bettelheim, B.：《生存教育》（*Erziehung zum Überleben*）。
1980 年於斯圖加特出版。

Baumgardt, U.：《多塞爾巴特國王和榮格的女性意象》
（*König Drosselbart und C.G.Jungs Frauenbild*）。1987 年於
奧爾滕出版。

Bloomfield, H.：《與父母和平共處》（*In Frieden mit den
Eltern*）。1985 年於萊恩貝克出版。

Canacakis, J.：《我看到你的眼淚》（*Ich sehe Deine Tränen*）。
1987 年於斯圖加特出版。

Casriel, D.：《再次發現情感》（*Die Weiderentdeckung des
Gefühls*）。1972 年於慕尼黑出版。

Draayer, H.：《我們內在的光》（*Das Licht in uns*）。1986 年
於慕尼黑出版。

Eichenbaum, L./ Orbach, S.：《女權主義心理治療》
（*Feministische Psychotherapie*）。1984 年於慕尼黑出版。

Ernst, S./ Goodison, L.：《女性自助、治療手冊》（*Selbsthilfe,
Therapie – ein Handbuch für Frauen*）。1984 年於慕尼黑出
版。

Ervers, T.：《神話與解放 —— 對榮格的批判性解讀》
（*Mythos und Emanzipation. Eine kritische Annäherung an*

C.G.Jung）。1987 年於漢堡出版。

Frannkl, V. E.：《追求意義的意志》（*Der Wille zum Sinn*）。1972 年於伯恩出版。

Ferenczi, S.：《沒有共情就沒有療癒》（*Ohne Sympathie keine Heilung*）。1988 年於法蘭克福出版。

Hillman, J.：《向內探尋——心理學與宗教》（*Die Suche nach Innen. Psychologie und Religion*）。1981 年於蘇黎世出版。

榮格：《回憶、夢、思考》（*Erinnerungen, Träume, Gedanken*）。1979 年於蘇黎世出版。

《佛洛伊德和榮格的通信》（*Briefwechsel S. Freud/ C.G. Jung*）。1976 年於蘇黎世出版。

《榮格文集》（*Gesammelte Werke*）。1960-1978 年間於奧爾滕出版。

Krall, M.：《佛洛伊德和他的父親》（*Freud und sein Vater*）。1979 年於慕尼黑出版。

Kuckuck, A./ Wohlers, H.（編輯）：《父親的女兒》（*Vaters Tochter*）。1988 年於萊恩貝克出版。

Kübler-Ross, E.（編輯）：《成熟地面對死亡》（*Reif werden zum Tod*）。1975 年於斯圖加特出版。

Nitzschke, B.：《性與男性》（*Sexualität und Männlichkeit*）。1988 年於萊恩貝克出版。

Miller, A.：《你不該注意到》（*Du sollst nicht merken*）。1983 年於法蘭克福出版。

《被禁止的知識》（*Das verbannte Wissen*）。1988 年於法蘭克福出版。

Niederland, W.G.：《迫害的後果：倖存者症候群——靈魂謀殺》（*Folgen der Verfolgung. Das Überlebenden-Syndrom. Seelenmord*）。1980 年於法蘭克福出版。

Owen, U.（編輯）：《父親——女作家們對父親的描述》
（*Väter. Schriftstellerinnen schreiben über ihren Vater*）。
1986 年於慕尼黑出版。

Schatzman, M.：《對父親的恐懼》（*Die Angst vor dem
Vater*）。1978 年於萊恩貝克出版。

Schoeller, G.：《從源頭上治療》（*Heilung aus dem
Ursprung*）。1983 年於慕尼黑出版。

Schwery, W.：《在覺醒之流中》（*Im Strom des Erwachens*）。
1988 年於因特拉肯出版。

2. 關於性虐待的特別文獻

2.1 學術文獻

家庭教育機構工作組協會（Arbeitsgemeinschaft von
Einrichtungen für Familienbildung）（編輯）：《對兒童的
性虐待——打破沉默》（*Sexueller missbrauch von Kinder –
Das Schweigen brechen*）。1986 年於伯恩出版。

Backe, L./ u.a.（編輯）：《家庭中對兒童的性虐待》
（*Sexueller missbrauch von Kinder in Familien*）。1986 年於
科隆出版。

Baurmann, M. C.：《性、暴力和受害者承受的後果》
（*Sexualität, Gewalt und die Folgen für das Opfer*）。1985 年
於威斯巴登出版。

Behme, U./ Schmude, M.：《受保護的空間——對受虐兒童的
診斷和治療》（*Der geschützte Raum. Diagnose und Therapie
misshandelter Kinder*）。1987 年於柏林出版。

黑森州政府婦女事務授權（Bevollmächtigte der Hessischen Landesregierung für Frauenangelegenheiten）（編輯）：《對女孩們的性虐待》（*Sexueller Missbrauch von Mädchen*）。1987 年於威斯巴登出版。

Brinkmann, W./ Honig, M.-S.：《對兒童的暴力 —— 兒童保護》（*Gewalt gegen Kinder – Kinderschutz*）。1986 年於慕尼黑出版。

Burgard. R.：《受虐待的女性——糾纏與解脫》（*Misshandelte Frauen. Verstrickung und Befreiung*）。1985 年於魏恩海姆出版。

Brückner, M.：《女人的愛——關於女性和虐待》（*Die Liebe der Frauen. Über Weiblichkeit und Misshandlung*）。1988 年於法蘭克福出版。

德國聯邦兒童保護協會（Deutscher Kinderschutzbund, Bundesverband e. v.）（編輯）：《對兒童的性暴力——原因、偏見、觀點、協助》（*Sexuelle Gewalt gegen Kinder – Ursachen, Vorurteile, Sichtweisen, Hilfeangebote*）。1987 年於漢諾威出版。

Engfer, A.：《對兒童的虐待：原因、影響和救助》（*Kindesmisshandlung. Ursachen – Auswirkungen – Hilfe*）。1986 年於斯圖加特出版。

Gutjahr, K./ Schrader. A.：《對女孩的性虐待》，高校出版物 256（*Sexueller Mädchenmissbrauch. Hochschulschriften 256*）。1988 年於科隆出版。

Hirsch, M.：《真實的亂倫——家庭內部性虐待的心理動力》（*Realer Inzest. Psychodyniamik des sexuellen Missbrauchs in der Familie*）。1987 年於柏林出版。

Kavemann, B./ Lohstöter, L：《作為加害者的父親》（*Väter*

als Täter）。1984 年於漢堡出版。

Kazis, C.：《結束沉默》（*Dem Schweigen ein Ende*）。1988 年於巴塞爾出版。

Kempe, R.S./ Kempe, C. H.：《對兒童的虐待》（*Kindesmisshandlung*）。1984 年於法蘭克福出版。

Masson, J.：《可憐的孩子，別人對你都做了些什麼？——西格蒙德・佛洛伊德對誘惑理論的壓制》（*Was hat man dir, du armes Kind, getan? S. Freuds Unterdrückung der Verführungstheorie*）。1984 年於萊恩貝克出版。

Rentmeister, C. /「山澗」，反對女孩受虐待的團體（"Wildwasser", Arbeitsgemeinschaft gegen sex. Missbrauch v. Mädchen）（編輯）：《對女孩的性虐待——解救策略》（*Sexueller Missbrauch von Mädchen. Strategien zur Befreiung*）。1986 年於柏林出版。

Rijnaarts, J.：《羅得的女兒們——關於父女亂倫》（*Lots Töchter. Über den Vater-Tochter-Inzest*）。1988 年於杜塞道夫出版。

Rush, F.：《保護得最好的祕密：對兒童的性虐待》（*Das bestgehütete Geheimnis. Sexueller Kindesmissbrauch*）。1984 年於柏林出版。

Stein, R.：《亂倫與愛情——心理治療中靈魂的背叛》（*Inzest und Liebe. Der Verrat an der Seele in der Psychotherapie*）。1981 年於費爾巴赫出版。

Trübe-Becker, W.：《對兒童的暴力》（*Gewalt gegen das Kind*）。1987 年於海德堡出版。

2.2 論文

Amendt, G.：《放飛自我》（*Nur die Sau rauslassen*）。出自：《具體的性》（Konkret Sexualität）。1980 年於漢堡出版。

Bleibtreu-Ehrenberg, G.：《隔壁的性愛狂魔》（*Der Sittenstrolch von nebenan*）。出自《今日心理學》（*Psychologie heute*），1984 年第 1 期。

Brückner, M.：《女性——生活中的強者，關係中的弱者》（*Lebensstark, beziehungsschwach*）。出自《今日心理學》（*Psychologie heute*），1988 年出版。

Franklin, D.：《標籤成為政治問題》（*Etiketten werden zum Politikum*）。出自《今日心理學》（*Psychologie heute*），1987 年出版。

Lechmann, C.：《被強迫的愛》（*Erzwungene Liebe*）。出自：《今日心理學》（*Psychologie heute*），1987 年第 10 期。

Mebes, M.：《安全、強大和自由》（*Sicher, stark und frei*）。出自：《社會號外》（*Sozial Extra*），1987 年 10 月。

Pro Juventute（編輯）：《對兒童和青少年的性剝削》（*Sexuelle Ausbeutung von Kindern und Jugendlichen*），1988 年第 1 期。

2.3 小說和個人報告

Armstrong, L.：《親吻爸爸晚安》（*Kiss Daddy Goodnight*）。1985 年於法蘭克福出版。

Bachmann, /.：《瑪麗娜》（*Malina*）。1971 年於法蘭克福出

版。

Burgard, R.：《強硬和柔弱》（*Die Harten und die Zarten*）。魏恩海姆，1982 年於出版。

Dirks, L.：《愛的恐懼》（*Die liebe Angst*）。1986 年於漢堡出版。

Dorpat, Ch.：《哪個女人像你這樣被愛？》（*Welche Frau wird so geliebt wie du?*）。1982 年於柏林出版。

Fraser, S.：《我父親的房子》（*Meines Vaters Haus*）。1988 年於杜塞道夫出版。

Galey, L.：《父親去世時我沒有哭》（*Ich weinte nicht, als Vater starb*）。1988 年於伯恩出版。

Gardiner-Sirtl, A.（編輯）：《童年受虐——女人打破沉默》（*Als Kind missbraucht. Frauen brechen das Schweigen*）。慕尼克，1983 年於慕尼黑出版。

Hayden, T.：《賽拉》（*Sheila*）。1984 年於慕尼黑出版。

Moggach, D.：《羞愧到臉紅》（*Rot vor Scham*）。1985 年於漢堡出版。

Monikova, L.：《一道傷痕》（*Eine Schädigung*）。1981 年於柏林出版。

Mollehave, H.：《選擇成為海倫還是受傷》（*Helene oder die Verletzung*）。1985 年於萊恩貝克出版。

Spring, J.：《恐懼之後是羞恥》（*Zu der Angst kommt die Scham*）。1988 年於慕尼黑出版。

Walker, A.：《紫色》（*Die Farbe Lila*）。1984 年於萊恩貝克出版。

Wassmo, H.：《沉默的房間》（*Der stumme Raum*）。1985 年於慕尼黑出版。

《有百葉窗的房子》（*Das Haus mit der blinden Glasveranda*）。

1984 年於慕尼黑出版。

3. 英語專業文獻

　　我參考了 Courtois 的大量書目和 Bass/ Davis 的自助手冊中的註釋書目：

Bass. E./ Davis, L.：《治癒的勇氣——童年性虐待倖存女性指南》（*The Courage to Heal. A Guild for Women Survivors of Child Sexual Abuse*）。1988 年於紐約出版。

Bryant, C. L.：《家庭暴力及其治療的超個人視角》（*A transpersonal Perspektive of Domestic Violence and its Treatment*）。博士論文，1986 年於洛杉磯出版，未發表的手稿。

Courtois, Ch.：《治癒亂倫創傷 —— 成人倖存者的治療》（*Healing the Incest Wound. Adult Survivors in Therapy*）。1988 年於紐約出版。

Figley, Ch.：《創傷及覺醒——創傷後壓力障礙的研究和治療》（*Trauma and its Wake. The Study and Treatment of Post-Traumatic Stress Disorder*）。1985 年於紐約出版。

Fortune, M. M.：《性暴力 —— 不可告人的罪惡》（*Sexual Violence. The Unmentionable Sin*）。1983 年於紐約出版。

Gartrell, N./ Herman. J.：《精神科醫師與病人的性接觸——全國調查結果（輯一）》（*Psychiatrist-Patient Sexual Contact. Results of a National Survey, I*）。出自：《美國精神醫學雜誌》（*Am. J. Psychiatry*），1987 年 9 月第 143 期。

Gartrell, N./ Herman. J.：《心理醫生對性行為不端同事的告發行動》（*Reporting Practices of Psychatrists Who Knew of Sexual Missconduct by Colleagues*）。出自《美國精神醫學

雜誌》（*Amer. J. Orthopsychiat.*），1987 年 2 月第 57 期。

Gravitz, H. L./ Bowden, J. D.：《康復指南——一本給酗酒成年兒童的書》（*Guide to Recovery. A Book for Adult Children of Alcoholics*）。1985 年於佛羅里達出版。

Herman, J./Gartrell, N.：《全國調查結果 II》（*Results of a National Survey, II*）。出自：《美國精神醫學雜誌》（*Am J Psychiatry*），1987 年 2 月第 144 期。

McFarland.B./ Baker, T.：《餵養空虛的心靈——成年兒童和強迫性進食》（*Feeding the Empty Heart. Adult Children and Compulsive Eating*）。1988 年於紐約出版。

Maltz, W./ Holman, B.：《亂倫和性》（*Incest and Sexuality*）。1987 年於萊克星頓出版。

Pope, S./ Bouhoutsos, J.：《治療師與患者之間的性親密關係》（*Sexual Intimacy between Therapists and Patients*）。1986 年於紐約出版。

Sgroi, S. M.（編輯）：《弱勢群體——性虐待兒童和成人倖存者的評估和治療》（*Vulnerable Populations. Evaluation and Treatment of Sexually Abused Children and Adult Survivors*）。1988 年於萊克星頓出版。

Smith. S.：《性虐待患者和虐待者治療師——對施虐受虐關係的研究》（*The Sexually Abused Patient and the Abusing Therapist. A study in Sadomasochistic Relationships, In: Psychoanalytic Psychology*）。出自：《精神分析心理學》，1984 年第 2 期。

Ulanov, A. B.：《患者—治療師性案例的後續治療》（*Follow-up Treatment in Cases of Patient/Therapist Sex*）。出自：《美國精神分析學會雜誌》（*Journal of the Am. Academy of Psychoanalysis*）。

Ulman, R.B./ Brothers, D.：《破碎的自我 —— 對創傷的精神分析研究》（*The Shattered Self. A Psychoanalytic Study of Trauma*）。1988 年於希爾斯代爾出版。

Westerlund, E.：《有亂倫史女性的性行為》（*Sexuality in Women with Incest Histories*）。博士論文，1987 年於波士頓大學出版，未發表的手稿。

參考資料來源

　　儘管經過了認真查找，但我還是沒有辦法提供所有文獻來源的精確資訊。因此，以下列舉的清單不盡完整。如有任何補充的資訊，請告訴我們，我們將不勝感激。您提供的資料將於下一版中納入考量。同時，藉此機會，我們也特別感謝作者和出版商允許我們轉載。

下述作品的引用獲得了以下出版商的許可

E. Jones：《佛洛伊德的生活與工作》（*Das Leben und Werk von Sigmund Freud*）。第 3 卷，1962 年於伯恩 Hans Huber 出版社出版。

G. Benn：《母親》（Mutter）。出自：《高特弗里德·貝恩詩集》斯圖加特版（*Sämtliche Werke. Stuttgarter Ausgabe*），第 1 卷：詩歌。1986 年於斯圖加特 Klett-Cotta 出版社出版。

L. Armstrong：《親吻爸爸晚安》（*Kiss Daddy Goodnight*）。1985 年於法蘭克福 Suhrkamp 出版社出版。

《精神疾病診斷和統計手冊【第三版修訂版】》（*Diagnostisches und statistisches Manual Psychischer Störungen: DSM III-R*），

1989 年於魏恩海姆和巴塞爾的 Beltz 出版社出版。

《佛 洛 伊 德 和 榮 格 的 通 信 》（*Sigmund Freud/C.G.Jung, Briefwechse*l），1974 年於法蘭克福 S. Fischer 出版公司出版。

Carotenuto, A.：《祕密對稱日記──處在佛洛伊德和榮格之間的薩賓娜·斯皮爾萊恩》。1986 年於弗萊堡 Köre 出版社出版。

兒童中心協會（Kind im Zentrum）：《對受性虐待兒童及其家庭的社會治療救助》（*Sozialtherapeutische Hilfen für sexuell missbrauchte Kinder und ihre Familien*），摺頁冊。

M. Hirsch：《真實的亂倫──性的精神分析》（*Realer Inzest. Psychodynamik des Sexuellen*）。1987 年於柏林 Springer 出版社出版。

J. Rijnaards：《羅得的女兒們》（*Lots Töchter*），1988 年於杜塞道夫 Claassen 出版公司出版。

SelfHelp 041

靈魂謀殺：亂倫與權勢性侵的創傷治療之路
Seelenmord: Inzest und Therapie

烏蘇拉‧沃爾茲（Ursula Wirtz）——著　席敏娜——譯

出版者—心靈工坊文化事業股份有限公司
發行人—王浩威　總編輯—徐嘉俊
特約編輯—王聰霖　責任編輯—饒美君
通訊地址—10684 台北市大安區信義路四段 53 巷 8 號 2 樓
郵政劃撥—19546215　戶名—心靈工坊文化事業股份有限公司
電話—02）2702-9186　傳真—02）2702-9286
Email—service@psygarden.com.tw
網址—www.psygarden.com.tw

製版‧印刷—中茂分色製版印刷股份有限公司
總經銷—大和書報圖書股份有限公司
電話—02）8990-2588　傳真—02）2290-1658
通訊地址—248 新北市五股工業區五工五路二號
初版一刷—2023 年 1 月　ISBN—978-986-357-276-3　定價—680 元

國家圖書館出版品預行編目資料

靈魂謀殺：亂倫與權勢性侵的創傷治療之路 / 烏蘇拉．沃爾茲 (Ursula Wirtz) 著；
席敏娜譯 . -- 初版 . --
臺北市：心靈工坊文化事業股份有限公司, 2023.01
面；　公分 . -- (SelfHelp ; 41)

ISBN 978-986-357-276-3（平裝）

1.CST: 亂倫　2.CST: 心理創傷　3.CST: 心理治療

178.8　　　　　　　　　　　　　　　　　　　　111021745

心靈工坊 PsyGarden 書香家族 讀友卡

感謝您購買心靈工坊的叢書，為了加強對您的服務，請您詳填本卡，
直接投入郵筒（免貼郵票）或傳真，我們會珍視您的意見，
並提供您最新的活動訊息，共同以書會友，追求身心靈的創意與成長。

書系編號—SelfHelp 041　　書名—靈魂謀殺：亂倫與權勢性侵的創傷治療之路

姓名 _____　　是否已加入書香家族？ □是 □現在加入

電話 (O) _____ (H) _____ 手機 _____

E-mail _____ 生日 ____ 年 ____ 月 ____ 日

地址 □□□ _____

服務機構 _____　　職稱 _____

您的性別—□1.女 □2.男 □3.其他

婚姻狀況—□1.未婚 □2.已婚 □3.離婚 □4.不婚 □5.同志 □6.喪偶 □7.分居

請問您如何得知這本書？
□1.書店 □2.報章雜誌 □3.廣播電視 □4.親友推介 □5.心靈工坊書訊
□6.廣告DM □7.心靈工坊網站 □8.其他網路媒體 □9.其他

您購買本書的方式？
□1.書店 □2.劃撥郵購 □3.團體訂購 □4.網路訂購 □5.其他

您對本書的意見？
□ 封面設計　1.須再改進 2.尚可 3.滿意 4.非常滿意
□ 版面編排　1.須再改進 2.尚可 3.滿意 4.非常滿意
□ 內容　　　1.須再改進 2.尚可 3.滿意 4.非常滿意
□ 文筆／翻譯 1.須再改進 2.尚可 3.滿意 4.非常滿意
□ 價格　　　1.須再改進 2.尚可 3.滿意 4.非常滿意

您對我們有何建議？

_____

□本人同意 _____（請簽名）提供（真實姓名/E-mail/地址/電話/年齡/
等資料），以作為心靈工坊（聯絡/寄貨/加入會員/行銷/會員折扣/等之用，
詳細內容請參閱http://shop.psygarden.com.tw/member_register.asp。

10684台北市信義路四段53巷8號2樓
讀者服務組　收

免　貼　郵　票

（對折線）

加入心靈工坊書香家族會員
共享知識的盛宴，成長的喜悅

請寄回這張回函卡（免貼郵票），
您就成為心靈工坊的書香家族會員，您將可以——

⊙隨時收到新書出版和活動訊息

⊙獲得各項回饋和優惠方案